最新数字媒体技术丛书

手机游戏产业与产品

吴　起　编著

北 京 邮 电 大 学 出 版 社
·北京·

内容简介

《手机游戏产业与产品》是一本专门针对手机单机游戏以及手机网游的基本概念、产业现状、业务策划、产品策划、发行模式、运营策略、文化评论等多方面进行深度分析和案例剖析的论著。适用于通信类、媒体类等和电信增值领域相关的专业的教学实践，也适合社会相关从业人员学习使用。

本书第1章为基础知识章节，从电子游戏的概念与发展简史入手，逐步进入手机游戏的概念、分类与类型的讲解。第2章为手机游戏的产业分析，重点对手机游戏的用户行为属性进行了产业综述。第3章重点讲解手机单机游戏的发行模式和运营策略。第4章通过对四个典型单机游戏案例的系统剖析，渗透了包括业务策划、产品策划、运营技巧、推广策略、管理规范、游戏评论在内的众多知识。第5章是手机网游专题，从手机网游的产业现状和管理规范开始讲起，通过对两个典型案例的剖析，从网游商业模型、收费方式、营销策略到文化剖析、经济学社会学解读、游戏性比较等各个方面，系统地学习了有关手机网游的知识。本书理论联系案例，无论对高等院校相关课程的教学实践，还是对具体企业的运营营销指导，都起到了一定的理论指导或启发的作用。

图书在版编目(CIP)数据

手机游戏产业与产品/吴起编著．—北京：北京邮电大学出版社，2010.2

ISBN 978-7-5635-2101-2

Ⅰ.①手…　Ⅱ.①吴…　Ⅲ.①移动通信—携带电话机—游戏—产业—中国　Ⅳ.①F426.6

中国版本图书馆CIP数据核字(2010)第017174号

书　　名：手机游戏产业与产品
作　　者：吴　起
责任编辑：赵玉山
出版发行：北京邮电大学出版社
社　　址：北京市海淀区西土城路10号(邮编：100876)
发 行 部：电话：62282185　传真：62283578
E-mail：publish@bupt.edu.cn
经　　销：各地新华书店
印　　刷：北京源海印刷有限责任公司
开　　本：787 mm×1 092 mm　1/16
印　　张：13
字　　数：320千字
印　　数：1—3 000册
版　　次：2010年2月第1版　2010年2月第1次印刷

ISBN 978-7-5635-2101-2　　定　价：26.00元

前　言

《手机游戏产业与产品》是一本专门针对手机单机游戏以及手机网游的基本概念、产业现状、业务策划、产品策划、发行模式、运营策略、文化评论等多方面进行深度分析和案例剖析的论著。第1章为基础知识章节，从电子游戏的概念与发展简史入手，逐步进入手机游戏的概念、分类与类型的讲解。第2章为手机游戏的产业分析，重点对手机游戏的用户行为属性进行了产业综述。第3章重点讲解手机单机游戏的发行模式和运营策略。第4章通过对四个典型单机游戏案例的系统剖析，渗透了包括业务策划、产品策划、运营技巧、推广策略、管理规范、游戏评论在内的众多知识。第5章是手机网游专题，从手机网游的产业现状和管理规范开始讲起，通过对两个典型案例的剖析，从网游商业模型、收费方式、营销策略到文化剖析、经济学社会学解读、游戏性比较等各个方面，系统地学习了有关手机网游的知识。

本书中涉及的不少案例剖析，都来自于笔者亲自管理或操作的项目；其中有一些精彩的业务策划或创意设计，来自这些项目小组的成员。比如，《投名状》手机游戏的游戏策划和市场分析报告、《手机大航海》的游戏介绍，来自数字鱼南京分公司，具体执笔人是王飞。《成为大明星 Rain》的业务策划，来自原数字鱼北京分公司的秦鹏，而产品策划来自北京传龙公司。手机网游《神话之宠物情缘》的资料来自数字鱼南京分公司以及北京分公司的网游运营部。手机单机游戏通用下载平台的运营分析来自数字鱼北京分公司的宋海龙。手机游戏 PK 赛运营分析来自原数字鱼广州分公司的钟明艺。《粉红救兵》及其续篇的产品策划来自金吉乐公司。感谢本书中剖析的大部分案例的知识产权所有者——深圳市数字鱼通信信息技术有限公司。

还要特别感谢的是艾瑞咨询联合当乐网调研并发布的权威产业报告——《2008年中国手机游戏用户行为调研报告》，以及艾瑞咨询发布的《中国网页游戏行业研究报告 2007－2008年》。尤其是前一份报告，本书中引用了其中不少重量级的数据调查，作为一些产业分析以及游戏评论的市场数据来源，可谓获益匪浅。

此外，本书中的一些章节，在讲解手机游戏相关管理规范的时候，部分引用了中国移动颁布的相关条例或规定，包括《手机网游暂行管理流程

(20080711)》、《游戏频道暂行管理规范 V2.0 (080714)》等。

最后还要感谢来自互联网上的不少精彩游戏评论或游戏理论文章给我的启发。本书中《手机大航海》部分的游戏评论，引用了其中一些精彩的文章，包括邵德海的三篇文章：《征途启示录——论网络游戏公司的社会责任和历史机遇》、《虚拟物品交易完全可以成为正当职业》、《2008 年网络游戏产业发展预测》，曹筠武、张春蔚、王轶庶合写的《系统》，阿飞的《网络游戏还要被社会误读多久》，Gthief 的《如何在网络游戏中运用经济学》，iamzealotwang 的《网络游戏中的经济学》，Lost Garden 的《Game Genre Lifecycle》以及"a9vg 电玩部落社区论坛"的游戏理论文章《游戏进化论：游戏门类变迁的过程及其影响》，等等。还要感谢李菅、吴伯雄、游春兰、林茹等人给予的大力支持和帮助。没有他们的帮助，就没有本书的诞生。

作　者

目 录

第1章 电子游戏与手机游戏概论

1.1 电子游戏概论

电子游戏(Electronic games),又称视频游戏(Video games)或电玩游戏(简称电玩),是指人通过电子设备(如计算机、游戏机等)进行游戏的一种娱乐方式。电子游戏必须通过显示屏作为游戏的显示界面。

在电子游戏的形成和发展过程中,游戏软件与游戏机始终一起发展。许多电子游戏都是从传统游戏中继承来的,其中图版游戏对电子游戏的发展产生了很大的作用,而目前仿真度极高的视像游戏已经成为主流游戏。许多人认为,电子游戏已经不单单是一种娱乐,而是成为了一种文化现象。有人将电子游戏视为一种艺术,也有人认为它对社会产生了不良影响,尤其是对青少年的身心健康有害。但是,现在电子游戏已经成为了人们生活中常用的一种娱乐方式。

电子游戏的特征主要有两个。其一是互动性,也就是游戏中人与机器之间产生的一种关系。其二是模拟性,也就是游戏对现实世界或思维世界的模拟。

1.2 电子游戏发展简史

第一款电子游戏于1952年面世,是一款只有三个关卡的游戏。游戏平台是真空管计算机,当时现代计算机也只是刚面世不足十年。

第二款游戏是于1958年发行的一款网球游戏——《双人网球》(Tennis For Two)。

1961年,游戏《超级大战》诞生了。这款游戏可以算是现在所有竖版飞行游戏的始祖。

20世纪60年代末,"街机"隆重登场了,发行商是日本的世嘉游戏。

20世纪70年代初,电子游戏出现重大发展。一方面是街机终于走向商业化。而另一方面,家用机也浮出水面,开发商是老牌电子游戏开发商——Atari。Atari最终卖出十万部家用机。这些都极大地促进了游戏产业的高速发展。

20世纪70年代中期,第一款文字类游戏出现。

20 世纪 70 年代晚期，日本的另一大厂商 Taito 也加入游戏行业的市场，推出了经典游戏——《太空侵略者》。

20 世纪 80 年代初，一系列经典游戏相继发行。首先 namco 推出《食鬼》，接着 zork 推出《创世纪》，任天堂也推出《大金刚》(Donkey Kong)。其他电器大厂如飞利浦和 IBM 也于此时加入电子游戏行业。而今天首屈一指的游戏厂商 EA 也在此时成立。

20 世纪 80 年代中期，Atari、世嘉及任天堂将战场转移到家用游戏机硬件上，同时推出新款家用游戏机。

20 世纪 80 年代末期是电子游戏行业的转折点。计算机由于得到显卡的强大支持，开始渐渐崑崛起。而任天堂推出 gameboy 掌上游戏机，则打开了掌上游戏的无限发展空间。

进入 20 世纪 90 年代，家用游戏机已经占据了约 80% 的游戏市场。任天堂发行超级任天堂，世嘉也宣言将会在不久将推出次世代家用机，吸引了大众的焦点。街机方面，capcom 推出街头霸王，为街机争回喘息的机会。而同时，随着奔腾 pentium 芯片的面世，计算机也有了翻天覆地的改变。中国也于这个时期开始自行开发计算机游戏，《仙剑奇侠传》、《炎龙骑士团》、《神奇传说》等经典中文游戏相继推出。

20 世纪 90 年代中期，次世代游戏机横空出世。世嘉和索尼分别发表 Saturn 及 Playstation，任天堂的垄断被打破了，它在两年后才推出 N64 进行反击。计算机游戏方面，微软开发了 Windows 95 系统，为计算机带来了新界面，令计算机游戏从此可在一个更方便的界面运行。

20 世纪 90 年代末期，家用游戏形成三足并立的局面。N64 原本在机能上远胜另外两款家用机，不过其插带式游戏模式，使 N64 丧失了大量玩家。为求改变市场局面，世嘉公司最先推出新款家用机——Dreamcast。到了这个时候，计算机游戏及家用机游戏已经正式分家。正当各款家用游戏机争持不下的时候，由于微软的 Windows 系统几乎已经垄断了所有家用计算机的市场，因此计算机游戏也在这时候有了举足轻重的进步。经典大作《模拟人生》、《无尽的任务》、《暗黑破坏神》陆续在计算机平台上登场。

进入 2000 年，索尼率先向世嘉还击，推出 Playstation 的家用游戏机。而到了 2001 年，任天堂也推出新机种——Gamecube。同年，微软进军电子游戏业，发行了首部家用游戏机——xBox。至此，电子游戏混战由“三国”变成“四国”。不过，21 世纪早期的家用游戏机大战，最终由索尼高姿态胜出——至今索尼已经卖出超过九百万部家用游戏机。论机能，除了 xBox 拥有明显的优势外，其他三强不分伯仲。不过由于索尼依靠着多个游戏内容开发商，所以全球火爆的大作《最终幻想》、《勇者斗恶龙》、《生化危机》都选择着陆在索尼的主机 PS2 上发行，使得 PS2 在第二次家用机大战中获胜。

与此同时，计算机游戏再次出现类型划分，分为单机版游戏和网络游戏两种。单机版游戏自 2002 年开始，Maxis 发行的《模拟人生》已经连续称霸了计算机游戏榜多年。而网络游戏则被认为是最具发展潜力的产业，尤其是在中国大陆。原因是拥有计算机并能连上互联网的人，远比拥有家用游戏机的人多。台湾游戏《金庸群侠传》及韩国游戏《仙境传说》均引发了热潮。

21 世纪中期，网络游戏由于其一直为人垢病的“外挂”问题，使其发展停滞不前，只有暴雪的《魔兽世界》能一枝独秀。而掌上游戏机市场则开始了另一场较量，雄霸了掌上游戏机机市场近 15 年的任天堂，受到了索尼新机 PSP 的正面冲击．而任天堂也不甘示弱，在 GBA 后，完全放弃 GB 系统，推出最新主机 NDS 来迎战 PSP。

2006 年，家用游戏机市场再起风云，第三次家用游戏机大战揭幕。世嘉终于退出了家用机硬件的战场，回归到游戏开发上。在第三次家用游戏机大战中，微软首先做出反应，推出了 xBox360，以强劲的计算机主板作支持，在电子运算上远超其他两强。索尼则推出了 PS3，在 PS3 上创新地使用了蓝光光盘，不过至今新硬件的使用也未为索尼带来任何优势，反而由于蓝光的游戏开发成本高昂，令不少大厂家退出索尼的平台。任天堂则推出 Wii，由于之前多部主机(包括 N64、gamecube)的失利，使得任天堂没有足够的研发资金；这也使得 Wii 在机能上远逊于前面提到的 Xbox 360 以及 PS3。不过任天堂以创意补救，以真实互动为卖点，依然赢得了不少玩家的青睐。

到了 21 世纪初的今天，三款家用游戏机各有长短，第三次家用机大战仍未分出胜负。计算机游戏方面，依然是《模拟人生》和《魔兽世界》等经典游戏大作的天下。而网络游戏则如雨后春笋大量涌现，大量粗制滥造的网络游戏充斥市面，也引起了国家主管部门的高度重视并多次颁布新的法律规范对未成年人身心健康进行保护。值得关注的还有一点，以 2003 年中国移动百宝箱正式运营为标志的手机游戏的崛起，在 21 世纪初的今天有了实质性的进展。随着智能手机普及、手机屏幕和性能突飞猛进、3G 网络环境的到来，手机单机游戏以及手机网游开始进入更多用户的手机。而当移动通信设备和手机游戏结合到一起的时候，一场新的掌上游戏的革命才刚刚拉开序幕。

1.3　电子游戏的分类与类型

1.3.1　电子游戏的分类

如果按照环境设备划分，电子游戏可以分为：街机游戏、电视游戏、计算机游戏 、便携游戏(包括：掌上游戏机或移动电话)。

如果按照使用人数划分，电子游戏可以分为：单人游戏、双人游戏和多人游戏(特指单机多人而非网游)。

如果按照社会性划分，电子游戏可以分为：单机游戏(单人或多人玩同一台游戏设备，不强调社会性)以及网络游戏(多人多设备互联网上同玩，强调网络社会性)。

这里着重讲解一下“按环境设备划分”的电子游戏分类。

街机也称为大型投币电玩(Arcade)，即流行于街头的商用游戏机，以此名称别于个人计算机和家用游戏机。街机又可分类为纯粹提供娱乐的娱乐用机台与会提供奖品的有奖机台。著名的街机包括 Capcom CPS-1、Capcom CPS-2、SNK Neo-Geo、Sega Naomi 等。而特殊街机则包括抽奖、吊玩具、赌博型游戏机。在台湾被称为赌博电玩。由于各国政府的管理不一样，有的合法，有的为非法。这种街机的游戏内容，以机会取得报酬为主。代表的游戏有扑克、宾果游戏机、麻雀游戏等。

家用游戏机(或称家用主机)是用于电视的游戏机，亚洲以外称电视游乐器(Game Console)。这主要与计算机游戏(PC GAME)相区别。运行于家用主机的游戏常称为电视游戏(TV GAME)。任天堂的“红白机”被公认是最成功的第一个商业游戏机。部分家用游戏机玩家认为，游戏机游戏比计算机游戏更有可玩性。游戏机一开始就是封闭平台，各公司独自设计，可用为游戏开发的 GPU 等专门加速硬件，无须遵守开放性计算机标准，因此游戏运算力通常会超过个人计算机。常见的家用游戏机包括：

任天堂(Nintendo)系列——

- FC(Family Computer)Famicom
- SFC(Super Family Computer)Super Famicom
- Nintendo Virtual Boy (Nintendo VB)
- N64(Nintendo 64)
- Wii

索尼(Sony)系列——

- PS(PlayStation)
- PS2(PlayStation2)
- PS3(PlayStation3)

微软(Microsoft)系列——

- Xbox
- Xbox360

世嘉(SEGA)系列——

- MD(Mega Drive)
- SS(SEGA Saturn)
- DC (DreamCast)

日本电气(NEC)& 哈德森(Hudson)系列——

- PC Engine

松下(Panasonic)& 飞利浦(Philips)系列——

- 3DO
- SNK
- Neo Geo CD

掌上游戏机(Handheld game console)是便携的游戏机。20 世纪 80 年代后，个人的行动化设备开始流行；各公司开发了可携带游戏机。最早的掌上游戏机叫做 GAME WATCH，软件使用只读 ROM，无法更换。第一个可以替换游戏的掌机出现在 1979 年，但成功的首个商业掌上游戏机主机仍是任天堂的 GB。目前流行的掌机为任天堂 GBA 和 NDS、索尼的 PlayStation Portable(又称 PSP)。

1.3.2 电子游戏的类型

电子游戏传统上按内容来划分，可分为以下常见的游戏类型——

1. 角色扮演游戏，RPG(Role Playing Game)

   a) 动作角色扮演游戏，ARPG(Action RPG)

   b) 策略角色扮演游戏，SRPG(Strategy RPG)

2. 冒险游戏，AVG(Adventure Game)

   动作冒险游戏，AAVG(Action Adventure Game)

3. 动作游戏，ACT(Action Game)
4. 格斗游戏，FTG(FighTing Game)

模拟格斗类游戏，SFTG(Simulation FTG)

5. 射击游戏，STG(Shooting Game)

a)第一人称射击游戏，FPS(First Person Shooting)

b)卷轴射击游戏

c)3D 射击游戏

6. 策略游戏

a)即时战略游戏，RTS(Real-Time Strategy)

b)即时战术游戏，RTM(Real-Time Military)

c)回合制策略游戏

d)半回合制策略游戏

e)战棋游戏

7. 竞速游戏，RAC(Race Game)

8. 模拟游戏，SLG(SimuLation Game)

9. 养成游戏，EDU(Education)

10. 体育游戏，SPT(SPorT)

11. 益智游戏，PUZ(Puzzle)

12. 桌面游戏，TAB(TABle)

1.4 手机游戏的相关概念

游戏是我们心灵生活的戏剧模式，给各种具体的紧张情绪提供发泄的机会。它们是集体的通俗艺术形式，具有严格的程式。

所谓手机游戏，顾名思义，就是指用户利用随身携带并具有广域无线网络联机功能(GPRS 或 CDMA)的移动终端设备(手机)，随时随地进行的游戏。在进行手机游戏一系列关于产品及运营的讲解之前，有必要对相关的概念进行准确的定义与理解。

手机单机游戏是指未连接无线互联网，只能供单个用户使用的游戏，包括用户可以通过无线蓝牙等进行联机对战类的游戏。

手机网络游戏是基于无线互联网，可供多人同时参与的手机游戏类型，目前细分类别主要有 WAP 网络游戏与客户端网络游戏。

WAP 网络游戏是指手机网页游戏，用户无须下载和安装客户端程序，只需通过手机浏览器进行的一种手机网游形式。

客户端网络游戏是指用户手机需支持 Java 扩展并需下载及安装客户端而进行的手机网游形式，其具体模式与单机游戏类似。

1.5 手机游戏的分类

随着科技的发展，现在手机的功能越来越多，越来越强大。而手机游戏也远远超过初期

"俄罗斯方块"、"贪吃蛇"之类画面简陋、规则简单的游戏，进而发展到了可以和掌上游戏机媲美、具有很强的娱乐性和交互性的复杂形态。

手机游戏可以根据游戏本身的不同，分成文字类游戏和图形类游戏两种。文字类游戏是以文字交换为游戏形式的游戏。这种游戏一般都是通过玩家按照游戏本身发给您的手机的提示，来回复相应信息进行的游戏。举一个简单的例子，曾经很知名的短信游戏"虚拟宠物"就是典型的文字类游戏。在游戏中，游戏服务商会给您一些短信提示。比如服务商可能会给你发送如下短信——"您的宠物饥饿度:70，饥渴度:20，疲劳度:20，喂食请回复内容为数字'1'的信息，喂水请回复内容为数字'2'的信息，休息请回复数字'3'……"那么，您回复数字"1"之后，游戏会给您回一个信息"您的宠物已经喂食完毕，您的宠物的饥饿度变为20"，依此类推，您便可以通过手机短信的方法来进行游戏了。由于短信游戏的整个游戏过程都是通过文字来表达，造成短信游戏的娱乐性较差；但是短信游戏却是兼容性最好的手机游戏之一，同时，这种游戏具备开发周期短的优势。比如针对即将上映的电影大片，开发其同剧情的 KJava 版本的手机游戏，时间往往来不及；但如果改编一个短信游戏，则可以在几天时间内轻松搞定。

如图 1-1 所示就是电影《黄石的孩子》的短信互动小游戏。参与的玩家可以扮演电影中的角色，通过短信上下行的互动，选择正确的行走路线，完成剧情的手机版体验。《黄石的孩子》讲述的故事发生在第二次世界大战的中国战场。1937 年，来自英国的记者乔治·何克目睹了日寇在南京地区进行的残忍的大屠杀，为了告诉世界战争的真相，他深入战地进行报道，被日军俘虏。西点军校毕业的新四军杰克·陈救了何克，但两人双双受伤，逃到后方。何克养病时被澳大利亚女护士丽安排到黄石的孤儿院，在那里有日寇屠杀过后幸存下来的 60 多名性格怪异的孤儿。语言不通的何克不得不肩负起照顾这些孩子的责任。在丧夫女商人王太太的帮助下，何克和孩子们建立起一个新家园。就在这时，战争一步步逼近了，为了躲避日本人的屠杀和国民党的征兵，何克和杰克等人计划带领这些孤儿沿着中国的古丝绸之路跋涉千里逃避战火。他们历尽艰险，翻越雪山，终于来到沙漠的边缘。而根据电影剧情延伸和改编的手机短信游戏，就是描写这一段翻越中国古丝绸之路的经历；但这款短信游戏又决不仅仅是电影剧情的再现，而是"一千个观众就有一千个哈姆雷特"，是每个观众在短信上下行的互动中实现电影中没有的剧情，甚至每个观众自己决定自己版本的电影结局。这正是电影大片与移动增值业务互动的绝好例证。

另一类文字类手机游戏是 WAP 游戏，也被称为图文游戏。几乎 1999 年以后出厂的每台手机都有一个无线应用协议(WAP)浏览器。WAP 本质上是一个静态浏览载体，非常像一个简化的 Web，是为移动电话小型特征和低带宽而专门优化的。要玩 WAP 游戏的话，可以进入游戏供应商的 URL(通常通过移动运营商门户网站的一个链接)，下载并浏览一个或多个页面，选择一个菜单或者输入文字，提交数据到服务器，然后浏览更多的页面。WAP (1. x)版本使用独特的标记语言 WML，允许用户下载多个页面，即卡片组。新版本的 WAP (2. x)使用 XHTML 的一个子集，一次传递一个页面并且允许更好的控制显示格式。两种版本的 WAP 都提供一个比 SMS 更友好的界面，而且更加便宜，只要根据使用时间付费而不是根据信息数。但是它是一个静态的浏览载体，手机本身几乎不需要做任何处理过程，并且所有游戏必须通过网络，所有的操作都是在远程服务器上执行的，其流程如图 1-2 所示。手机将继续带有 WAP 浏览器，而且开发者可能发现 WAP 有利于传送比游戏应用程序提

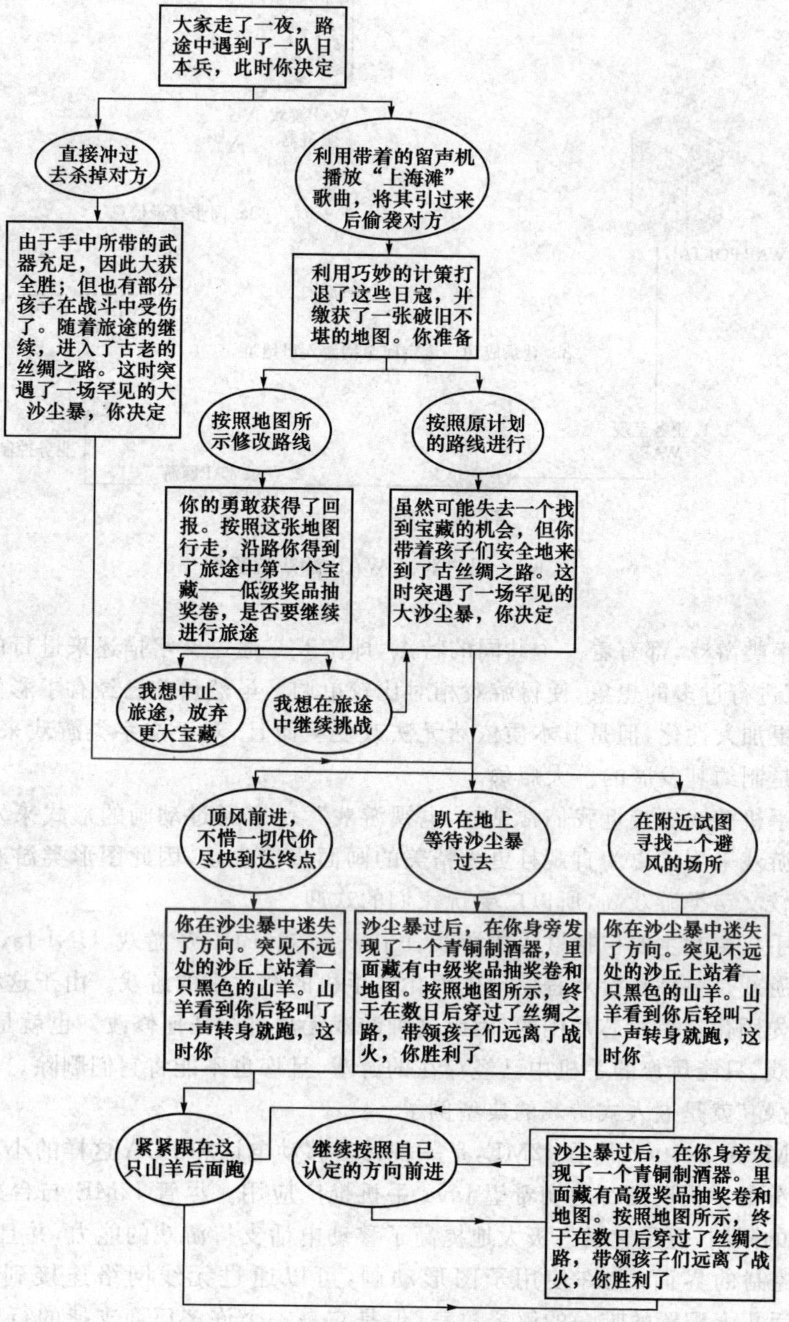

图 1-1 《黄石的孩子》短信游戏

供的更详细的帮助信息或者规则，因为大部分的游戏仍然受有限的内存制约。然而，WAP没能达到高使用率的目标（在欧洲和北美洲，只有 6% 的手机使用 WAP），而且移动运营商和游戏开发者正在远离 WAP 技术。

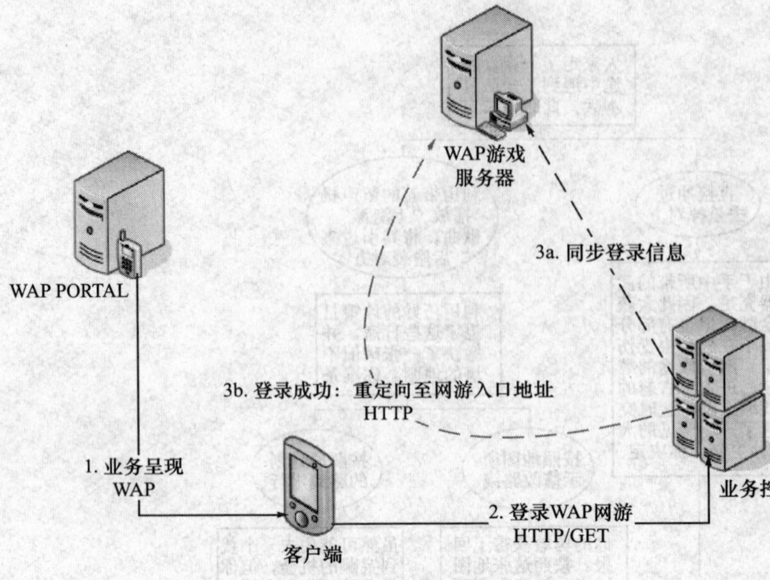

图 1-2　用户登录 WAP 游戏流程图

综观文字类游戏，都有着一个共同的特点，即游戏是通过文字描述来进行的。游戏过程中，需要玩家进行过多的想象，使得游戏相对比较单调。虽然目前已经有了彩信等服务可以让这类游戏更加人性化，但是其本质依然无法改变。而且，对于文字类游戏来说，不低的价格门槛依旧是制约其发展的一大瓶颈。

图形类手机游戏更接近我们常见的“电视游戏”，玩家通过动画的形式来发展情节进行游戏。由于游戏采用了更为直观且更为精美的画面直接表现，因此图形类游戏的游戏性和代入感往往较文字类游戏高，所以广受玩家们的欢迎。

图形类手机游戏主要包括嵌入式游戏、KJava 游戏、BREW 游戏、UNI-Java 游戏等。

嵌入式游戏是一种将游戏程序预先固化在手机的芯片中的游戏。由于这种游戏的所有数据都是预先固化在手机芯片中的，因此这种游戏无法进行任何修改。也就是说，您不能更换其他的游戏，只能玩您的手机中已经存在的游戏，且您也不能将它们删除。诺基亚早期手机中的“贪吃蛇”就是嵌入式游戏的典型例子。

Java 2 Micro Edition 简称 J2ME，是一种针对移动电话和 PDA 这样的小型设备的 Java 语言。大部分的手机厂商都迫切希望 Java 手机推广应用。尽管 J2ME 与台式机中的 Java 相比有很大的限制，但是它已经极大地提高了移动电话支持游戏的能力，并且有比 SMS 或 WAP 更好控制的界面，允许使用子图形动画，可以通过无线网络连接到远程服务器。J2ME 不是手机上配置的唯一的解释语言，但是它是一个许多厂商支持的行业标准。一些专用的解释语言也在某些区域有上佳的表现，如北美 Qualcomm 的 BREW（Binary Runtime Environment for Wireless，用于无线应用程序的二进制运行环境）和一些韩国移动运营商支持的名为 GVM 的标准。

以 Java 为内核的 J2ME，作为基于移动终端的可下载代码技术，为移动互联引入了一种新的模型，即允许手机从互联网上下载各种应用程序，并在手机上创造可执行环境离线执行这些程序。只要是支持 KJAVA 的 GPRS 手机，即可使用通过 GPRS 下载的各种 KJAVA

应用服务，如手机游戏、手机软件等。手机游戏包括单机游戏和网络游戏。其中网络游戏更有 Java 和 BREW 两大阵营支持的多媒体游戏；后两者与 MMS 一样，必须依赖于特定的通信技术(如 GPRS)。中国移动在全国开通名为“百宝箱”的 Java 业务，联通和高通的合资公司联通博路则推出了 BREW 业务，使手机游戏发烧友们可以方便地下载各种不同的手机游戏。

1.6　手机游戏行为目的细分及类型

用户玩手机游戏最主要的行为目的无外乎三类：“自娱自乐”、“与人斗其乐无穷”以及“数字虚拟成就与存在体验”。

“自娱自乐”的手机游戏是标准的单机游戏，主要通过网络下载获得。目前主要的收费模式有两类。一类是通过运营商下载门户(比如通用下载平台等)实现按次计费，另一类是免费普及但内嵌相关计费点。

“与人斗其乐无穷”的手机游戏是“准网络互动”类手机游戏，主要是通过积分上传实现非实时的排行榜竞争。其核心是“网络下载，异步积分上传”。积分上传一方面提供了二次收费的可能，更重要的是提供了游戏的“准交互性”，提供了大众通过游戏进行交流的机会。

“数字虚拟成就与存在体验”的手机游戏是手机网络游戏，这是实时网络互动的游戏。其核心是“网络下载，同步数据交换”。手机网络游戏客户端通过多渠道分发下载游戏里的装备及道具进行收费。收费方式可以是短信、WAP、IVR 类的增值业务代收费，也可以是其他收费方式。

第2章 手机游戏的产业现状

2.1 中国移动互联网产业现状综述

工业和信息化部于2009年1月7日宣布,批准中国移动通信集团公司增加基于TD—SCDMA技术制式的第三代移动通信(3G)业务经营许可,中国电信集团公司增加基于CDMA2000技术制式的3G业务经营许可,中国联合网络通信集团公司增加基于WCDMA技术制式的3G业务经营许可。

在全球84个国家和地区先后发放了249张有效的3G牌照后,中国也正式步入3G时代。据工信部数据显示,截至2008年11月,中国移动电话用户数已达6.34亿。在庞大的手机用户基数及手机网民持续增长的形势下,3G所带来的网络带宽的改善及终端功能的丰富将成为移动互联网市场快速发展的引擎。

根据艾瑞咨询研究报告的结论,现阶段移动互联网的应用匮乏成为影响手机网民手机上网黏性的重要因素。而随着3G网络建设逐步完善及终端功能的丰富,拥有丰富内容资源的服务提供商将增大其在移动互联网领域的投入,以多元化的业务及现有品牌优势争夺更多产业合作资源。

除业务多元化外,以开放SDK、开放API为核心的移动开放平台生态系统间的竞争也将成为3G移动互联网市场发展的重要分支。平台开放化可进一步降低手机软件开发商的开发门槛,促使其在一个开放、开源的平台下以最低的成本开发更多应用。

此外,受3G利好因素驱动,除移动运营商、SP、Free WAP及第三方应用提供商参与外,传统互联网厂商及终端厂商也逐步渗透其中。参与者的增多在给移动互联网市场带来丰富应用的同时,也将打破原有产业链的竞争格局。3G将成为未来移动互联网市场竞争及产业融合的加速器。目前继百度、Google等互联网公司进军移动互联网市场后,阿里巴巴集团旗下两大子公司——国内最大的网络零售商淘宝网、国内最大独立第三方支付平台——支付宝也加速进军移动互联网市场。

传统互联网企业对移动互联网市场的渗透是对其现有互联网业务的延伸和拓展。进军移动互联网有利于传统互联网企业开拓新增用户及提高现有互联网用户的黏性。在未来2~3年内,搜索引擎、网络视频及社区交友等将成为互联网业务移动化发展的先锋力量。但鉴于移动互联网和传统互联网在终端界面和商业模式中还存在较大差异，因此如何针对移动互联网进行业务及商业模式的创新是传统互联网企业亟需解决的问题。

除了传统互联网厂商外，以诺基亚为代表的终端厂商也已逐步渗透移动互联网业务。2008年10月，“诺基亚成长基金”宣布将中国首笔风投资金给与了一家新兴的手机广告公司——亿动广告传媒。同时诺基亚表示，未来将关注位置服务、音乐下载、手机游戏等基于移动互联网的业务。

终端厂商涉足移动互联网有利于改善自身单一的业务及盈利模式，进一步增强抗风险能力。根据艾瑞咨询的研究报告数据可以发现，面对激烈的市场竞争以及山寨机的分流，终端厂商的利润和出货量双双下滑。在行业巨头中，除索爱、摩托罗拉陷入亏损外，诺基亚、三星的销售额和利润也分别出现不同程度的下降。终端厂商对基于移动互联网应用的开发在有效增强产品竞争力及拓展盈利渠道的同时，也将对移动运营商的移动互联网业务推广产生直接冲击。

艾瑞咨询根据Nielsen发布的2008年第一季度手机媒体市场报告发现，娱乐、游戏和音乐类移动互联网网站在中国、巴西、印度及俄罗斯四国中均跻身手机网民最常访问的前5类移动互联网网站之列。中国手机网民访问娱乐类、游戏类及音乐类移动互联网网站的比例分别为55%、36%及31%，如图2-1所示。目前中国移动互联网仍处于发展初期，休闲娱乐成为手机网民对移动互联网内容的主要诉求。未来，随着用户认知的提高及移动互联网内容的丰富，用户需求将逐步由娱乐化向信息化、生活化转变。

不同类别的移动互联网网站访问量排名

排名	中国	巴西	印度	俄罗斯	美国	欧洲
1	娱乐类（55%）	邮箱类（57%）	游戏类（38%）	娱乐类（34%）	邮箱类（65%）	邮箱类（46%）
2	游戏类（36%）	音乐类（27%）	邮箱类（33%）	搜索类（29%）	天气预报类（41%）	搜索类（25%）
3	音乐类（31%）	娱乐类（25%）	娱乐类（21%）	邮箱类（24%）	搜索类（29%）	新闻类（24%）
4	新闻类（26%）	游戏类（18%）	音乐类（18%）	音乐类（24%）	新闻类（26%）	天气预报类（24%）
5	商务类（18%）	新闻类（12%）	体育类（15%）	游戏类（24%）	城市导航/地图（24%）	体育类（22%）

注：x%表示该国有x%的手机网民最常访问此类移动互联网网站

Source：Nielsen，2008年第一季度手机媒体市场报告

图2-1 不同类别的移动互联网网站访问量排名

艾瑞市场咨询根据IDC统计数据显示，手机制造商最感兴趣的手机业务情况是手机音乐，提及率达到56%，然后依次是手机电视19%、手机邮箱14%以及手机游戏11%，如图2-2所示。

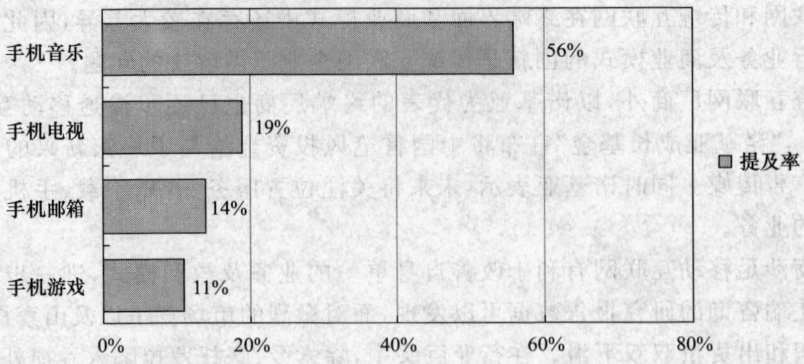

Source：IDC. 2006. 6

图 2-2　手机制造商最感兴趣的手机业务

2.2　3G 终端使用产业展望

由于未来的手机游戏及手机网游的重要的载体正是目前发展如火如荼的 3G 手机终端，所以有必要对 3G 终端的使用情况进行产业化的展望。

艾瑞市场咨询根据对网民进行的调研数据整理显示，未来 3G 服务中，对娱乐类服务最感兴趣的用户年龄主要在 18 岁到 25 岁之间，因此这个年龄阶段的用户将会成为娱乐类服务提供商的重要客户。26 岁到 35 岁的用户则对商务类、定位类以及生活信息资讯类服务较感兴趣，如图 2-3 所示。

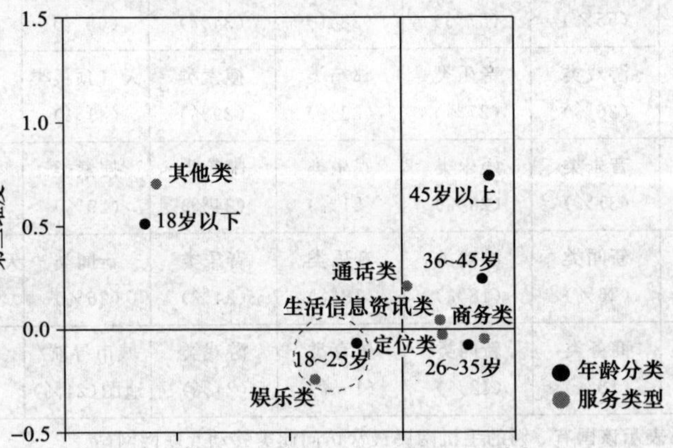

样本描述：N=1 655；于 2005 年 5 月通过 iUserSurvey 的邮件问卷调查获得

图 2-3　对 3G 各类服务兴趣度与用户年龄对应分析

各运营商及媒体的强势宣传使 3G 概念广为人知，而 3G 终端也成为市场热议的焦点。北京晨报与艾瑞咨询针对消费者对 3G 终端的购买意愿以及影响用户对 3G 运营商选择的关键因素等问题进行专项调研，发现现阶段消费者对 3G 手机概念的认知度较高，但对 3G

手机购买持观望态度；3G 时代消费者对品牌手机忠诚度依然较高；面对各类促销方式，消费者更为理性。其中资费及服务成为影响用户选择运营商的重要因素。

虽然移动运营商的大力宣传使用户对 3G 手机的功能及服务有所认知，但目前 3G 终端普及率较低，过半用户对换机持观望态度。据北京晨报和艾瑞联合调研数据显示，超过六成的被调查者表示比较了解 3G 手机，但已拥有 3G 手机的用户占比仅为 8.5%。另有过半用户对 3G 手机仍持观望态度，32.5%的用户表示短期（3 个月之内）不会购买 3G 手机，其中 3G 网络不完善成为阻碍用户换机的最大因素，而 3G 终端价格高也成为用户对换机持观望态度的重要原因。

影响用户购买 3G 手机的因素源于以下三个层面：首先，运营商 3G 网络部署进程缓慢使用户并未真正体验到 3G 网络的优越性；其次，视频通话等 3G 特色增值业务发展滞后也严重影响了用户体验 3G 服务的热情；再次，目前终端渠道商低价抛售 2G 手机以减少积压囤货风险的行为降低了用户对 3G 手机的需求和关注。如图 2-4 所示。

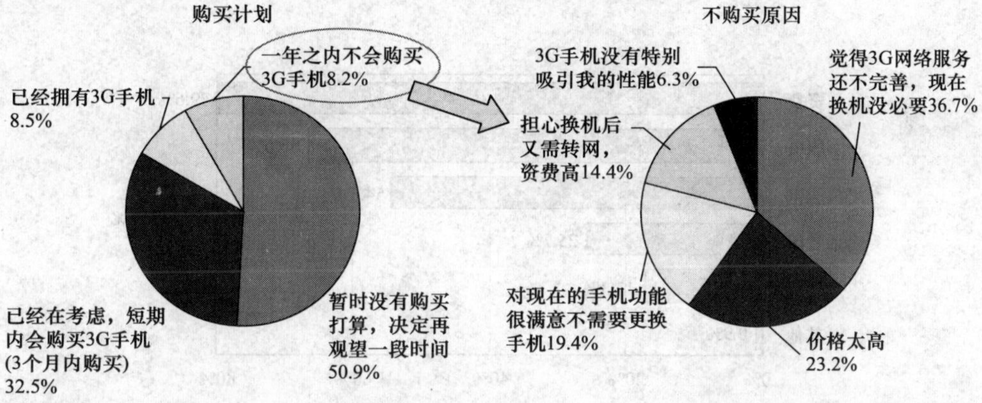

样本描述：N=2 904；艾瑞咨询与北京晨报联合，于 2009 年 1 月 10 日—12 日通过 iClick 调研社会调研获得

图 2-4 2009 年中国手机用户对 3G 手机购买意愿

据此次调研显示，52.2%的消费者期待诺基亚推出 3G 手机，如图 2-5 所示。可见在 3G 时代，消费者对品牌手机的忠诚度依然较高。目前以国产手机品牌为主导的 TD 终端与消费者的多元化需求相距甚远，3G 品牌手机的推陈出新在满足各类用户细分需求的同时，将有效加速各运营商的 3G 商用进程。

此次调研数据表明，资费及服务已成为用户选择运营商的重要因素。虽然运营商的大力营销推广有助于提高消费者对业务品牌及新网络服务的认知，但在用户对运营商的选择中，低廉的资费和优质的服务更具吸引力，如图 2-6 所示。电信重组使消费者在选择运营商时有了更多空间，相比以往中国移动一家独大的情形，新联通与中国电信有望利用 3G 契机，以成熟的网络、优惠的资费和多元化的应用服务争夺 3G 用户资源。

据此次调研数据显示，在各类 3G 手机促销形式中，优惠的话费套餐及携号转网的便利性较能吸引用户。消费者在面对运营商推出的各种促销手段时已更为理性，部分业务推出的免费使用期及预存话费返手机等活动并不能调动绝大多数消费者的购机意愿。若能在保证不换号的前提下辅以更为优惠的业务资费将进一步刺激消费者的潜在购机需求。如图 2-7 所示。

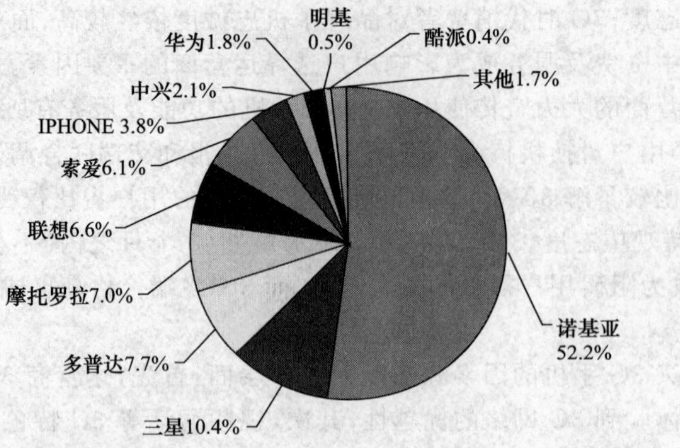

样本描述：N=2 903；艾瑞咨询与北京晨报联合，于 2009 年 1 月 10 日—12 日通过 iClick 调研社区调研获得

图 2-5　2009 年中国手机用户最期待推出 3G 手机的品牌

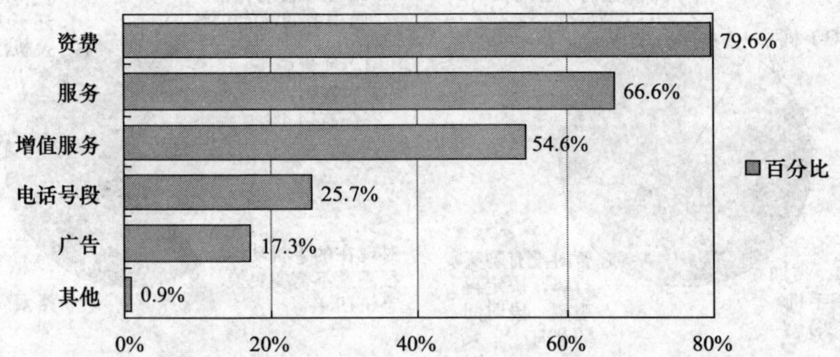

样本描述：N=2 903；艾瑞咨询与北京晨报联合，于 2009 年 1 月 10 日—12 日通过 iClick 调研社区调研获得

图 2-6　2009 年中国手机用户选择 3G 服务提供商的因素

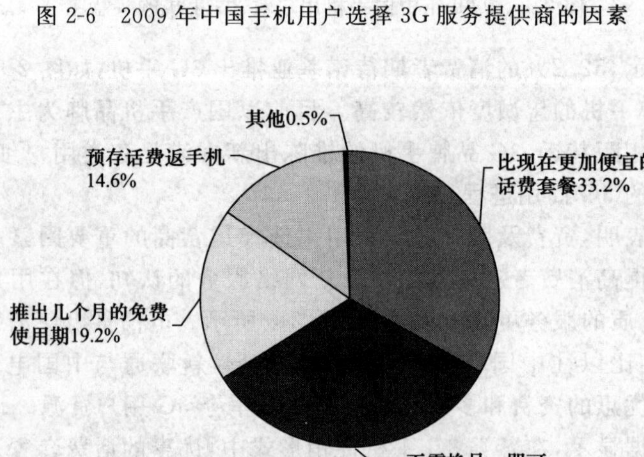

样本描述：N=1 718；艾瑞咨询与北京晨报联合，于 2009 年 1 月 10 日—12 日通过 iClick 调研社区调研获得

图 2-7　2009 年中国手机用户认为会引发购买 3G 手机的促销手段

2.3　手机游戏产业现状综述

全球手机游戏市场收入规模在 2008 年达到 520 亿美元。根据艾瑞调研的报告，全球手机游戏市场用户规模也从 2005 年 2.9 亿增至 2008 年的 10.3 亿，而中国手机游戏的市场规模则在 2008 年达到 10 亿元，乐观预计在 2011 年能达到 58 亿元。如图 2-8 所示。

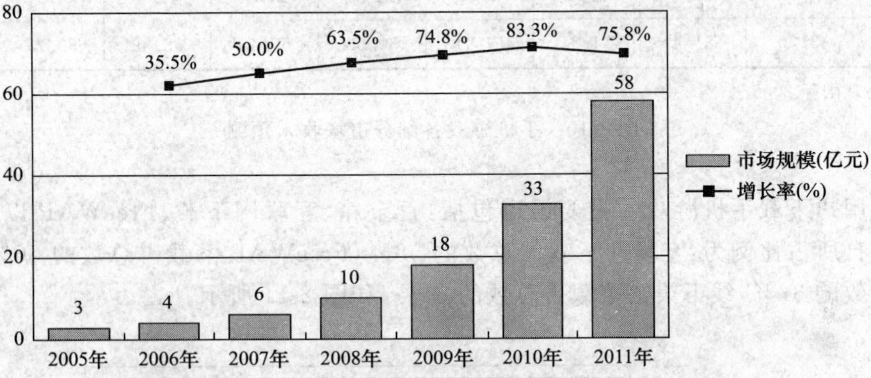

注：此处手机游戏市场规模指用户使用手机游戏所产生的信息费及服务费。

图 2-8　全球手机游戏市场收入规模

从业界现状来看，市场的中坚力量主要集中在以下几类厂商：其一是传统和新锐的游戏开发商，市场最活跃的角色，大致分为欧美和日韩两大流派。例如苏格兰的 Digital Bridges、英国的 Sci Entertainment、美国的 JAMDAT、THQ、日本的 Sony-Ericssion、Sega、韩国的 ZIO。其二是近水楼台先得月的手机制造业巨头，如旨在共同制定用于无线游戏的网络服务操作规范的 Motorola、Nokia 和 Siemens。其三是老牌和新兴移动电信运营商，如日本的 NTT DoCoMo、英国的 Orange、美国的 AT&T、Qualcomm、Unplugged、Cingular。最后是电子产业的骄子，如美国的 Intel 与韩国的 LG。

中国手机游戏市场规模，也在 2007 年后快速发展起来。来自易观国际的数据及图表颇有参考价值，如图 2-9、2-10 所示。

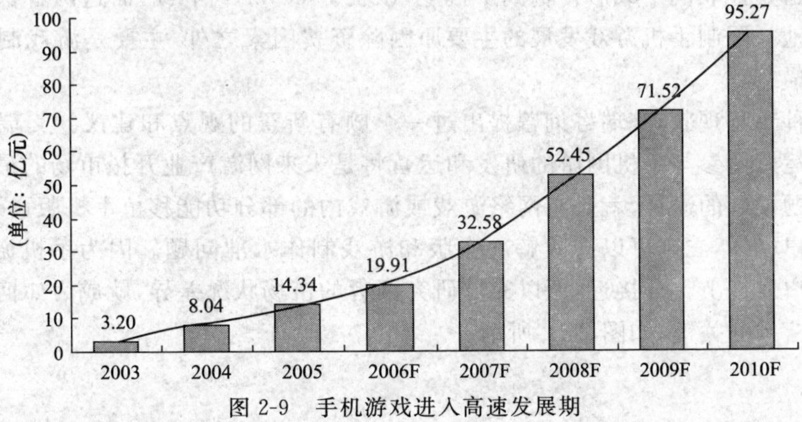

图 2-9　手机游戏进入高速发展期

手机游戏各细分市场收入规模预测 2006—2010 年　　　　(单位:亿元)

时间	2003	2004	2005	2006F	2007F	2008F	2009F	2010F	GAGR
SMS	3.00	4.90	4.83	5.64	5.73	5.88	5.44	5.21	8.20%
WAP	0.17	2.33	4.84	6.37	8.47	10.91	12.12	13.98	87.75%
JAVA	0.02	0.60	3.27	6.10	12.35	21.85	31.68	40.32	188.91%
BREW	0.01	0.21	1.39	1.70	3.60	9.02	12.08	15.66	211.52%
其他	0.00	0.00	0.01	0.10	0.43	2.80	7.20	17.10	343.20%
总收入	3.20	8.04	14.34	19.91	30.58	50.45	68.52	92.27	61.65%

来源:易观国际 2006

图 2-10　手机游戏各细分市场收入预测

国内用户下载手机游戏的主要渠道包括:百宝箱、互联网下载、FreeWAP 以及线下渠道。其各自所占比例为:互联网下载占总数的 58%,FreeWAP 下载占总数的 56%,百宝箱下载占总数的 37%,线下渠道下载占总数的 6%。如图 2-11 所示。

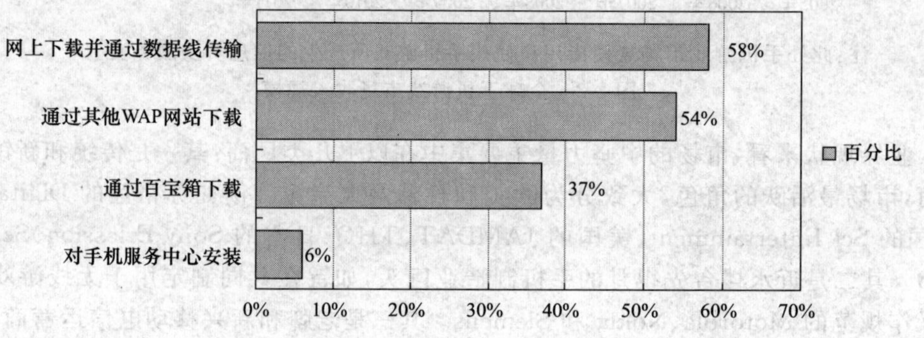

图 2-11　手机游戏下载主要方式

2008 年中国手机游戏市场规模仅为 10 亿元,收入与手机庞大的潜在用户群不成比例。究其原因,其实从上图 1-14 所示的“手机游戏下载主要方式”中可以窥豹一斑。主要的手机游戏下载渠道是互联网下载后传输到手机上,以及 FreeWAP 下载,而这两者都是盗版和免费游戏的天地。限制手机游戏发展的主要原因除资费因素之外,主要是游戏制作水平低下和盗版游戏横行。

针对这种市场现状,艾瑞咨询曾提出过一个颇有新意的观点和建议。艾瑞认为网络游戏开发商和运营商参与手机网游的研发和运营将是未来网游产业开拓市场的最佳选择。而解决这些问题最好的途径,就是将网络游戏或游戏内的部分功能移植手机版,一来可以扩充网络游戏用户群体,二来可以有效解决盗版和游戏制作水准问题。因为手机游戏与 PC 网络游戏在用户属性上十分接近,所以充分研究两者的市场状况差异,就成为如何合理地对两者进行整合营销的关键,如图 2-12 所示。

手机游戏市场与网络游戏市场差异分析

差异性	网游市场现状	手机游戏市场现状
不同点	用户暴发式增长期已过，增长率放缓	用户增长高峰期尚未到来
	互联网在中国居民中的普及率较高	移动互联网在中国居民中的普及率较低
	资费标准区域性差异较小，上网资费较低	资费标准区域性差异悬殊
	产业链各环节利益分配明晰	产业链各环节利益分配有待完善
相同点	用户渗透率高	
	网络游戏在网民中的渗透率为 58.3%	手机游戏在手机网民中的渗透率为 43.8%
	终端的普及率高(注：终端普及率指的是 PC 和手机的普及率)	
样本描述：网络游戏用户样本＝504471；于 2008 年 9～10 月 17173 通过网上联机调研方式获得		
手机游戏用户样本＝31207；于 2008 年 10 月通过当乐网(d. cn)wap 网上调查获得		

图 2-12　手机游戏市场与网络游戏市场差异分析

2.4　手机游戏用户属性分析

根据艾瑞咨询的《2008 年手机游戏玩家行为调研报告》中的数据显示，目前手机游戏玩家中男性比例高达 93.1%，远高于女性比例，如图 2-13 所示。手机游戏男女比例分布不均衡与游戏本身的内容提供有一定的相关性。目前针对男性用户开发的手机游戏类型居多是吸引其参与手机游戏的主要因素。

《2008 年手机游戏玩家行为调研报告》数据显示，手机游戏玩家年龄分布集中度较高。从 2008 年中国手机游戏用户年龄分布特征看，18～24 岁的用户成为手机游戏第一大使用群体，其份额高达 74.5%，而 25 岁以上的用户占比为 14.9%，30 岁以上的用户则仅占 2.0%，如图 2-14 所示。手机游戏用户呈年轻化特征，80 后用户成为目前手机游戏的主流玩家，该群体对新事物有较强的接受能力。在未来，他们将逐步成为消费的主体力量，对于娱乐性增值业务的消费将有更高需求。

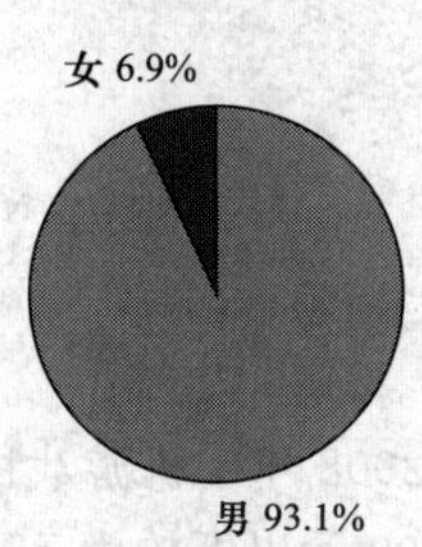

样本描述：N＝31 207；于 2008 年 10 月通过当乐网 WAP 网上调查获得

图 2-13　2008 年中国手机游戏用户性别分布

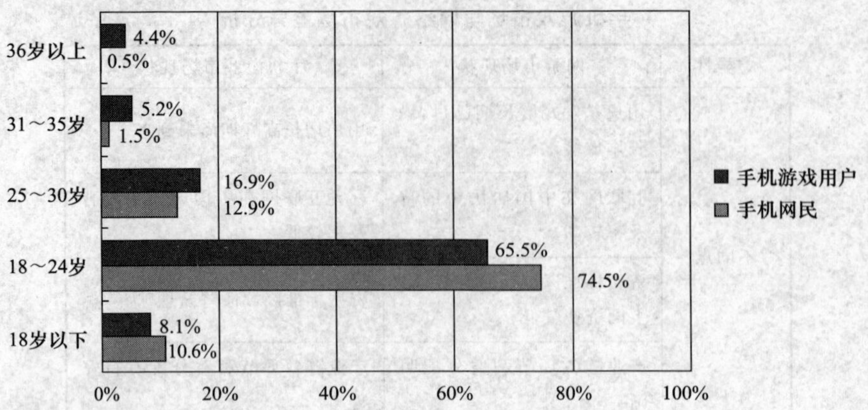

样本描述：N=31 207；手机游戏用户样本于 2008 年 11 月通过在当乐网 WAP 调研获得

N=12 410，手机网民样本于 2008 年 3 月通过在 9 家主流手机 WAP 网站上联机调研获得

图 2-14　2008 年中国手机游戏用户与手机网民年龄分布对比

从玩家职业构成看，学生、工人、饭店/酒店服务人员、部队军人及个体户成为目前手机游戏用户的主体，总体比例达 80.7%。其中学生比例最高达 47.3%，工厂工人比例居其次为 12.1%，如图 2-15 所示。这五类群体具有活动范围相对狭小、有较多空余时间的特点，同时这些群体较少使用传统互联网也是促使其成为手机游戏玩家的重要因素。

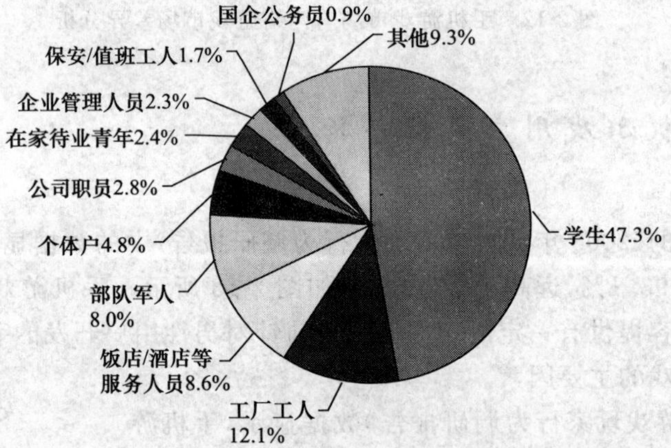

样本描述：N=31 207；于 2008 年 10 月通过当乐网 WAP 网上调查获得

图 2-15　2008 年中国手机游戏用户职业状况

《2008 年手机游戏用户行为调研报告》数据显示，从手机游戏玩家收入分布看，月收入在 1 000 元以下的为 53.9%，1 000～2 000 元的为 31.4%，这两类用户成为游戏玩家的主体。收入在 1 000 元以下的群体中，学生用户占 82.1%，学生用户属于低收入群体，由于学生用户占总体用户的比重较大，导致在收入数据对比中低收入群体成为手机游戏的主体用户。如图 2-16 所示。

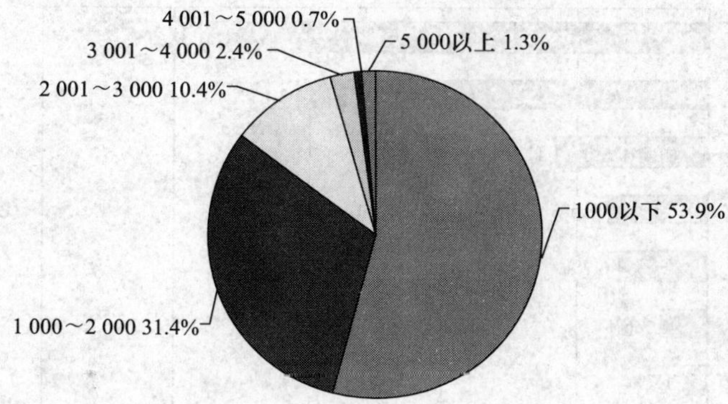

样本描述：N＝31 207；于 2008 年 10 月通过当乐网 WAP 网上调查获得

图 2-16 2008 年中国手机游戏用户月收入情况

《2008 年手机游戏用户行为调研报告》数据显示，手机游戏用户中高中学历（含中专、职高）所占的比例达到 51.2%，大学学历（含大专）所占的比例为 33.6%，其中高中至大学阶段，学生用户的比例最大，成为这部分用户的主体；而学历偏低一些的用户中，工厂工人占了相当大的比重，这与其职业情况也比较一致。如图 2-17 所示。

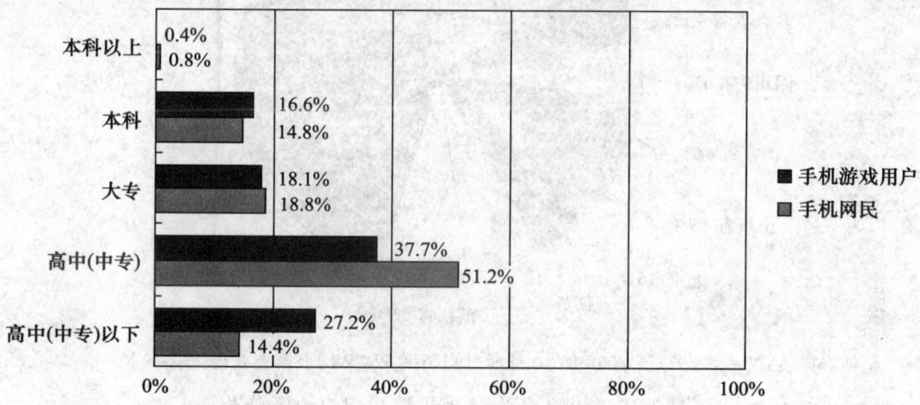

样本描述：N＝31 207；于 2008 年 10 月通过当乐网 WAP 网上调查获得

N＝10 552；于 2008 年 3 月通过在 9 家主流手机 WAP 网站联机调研获得

图 2-17 2008 年中国手机游戏用户受教育情况

《2008 年手机游戏用户行为调研报告》数据显示，华南、华东、华北地区成为手机游戏用户分布较大的区域，比例分别为 38.2%、30.8%与 11.5%。如图 2-18 所示。

从地区分布看，排名前十的地区均属于经济较为发达的地区，这些地区的比例占到总体的 84.3%。其中广东省成为手机游戏用户分布比例最高的省份，比例达 36.0%，这主要得益于当地经济发展水平较高及移动运营商灵活的资费政策引导。如图 2-19 所示。

《2008 年手机游戏用户行为调研报告》数据显示，在手机游戏用户中，高达 70.6%的用户使用诺基亚手机，索爱手机用户比例居其次，为 12.7%，如图 2-20 所示。由于手机游戏对操作系统的匹配有较高需求，而 Symbian 操作系统对于手机游戏适应性较强，因此在手机游戏用户使用的手机品牌中，诺基亚占比远高于其本身的市场占有率。

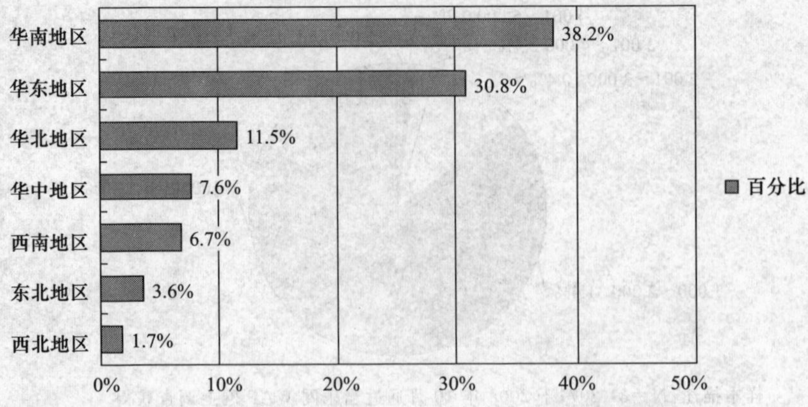

样本描述：$N=31\ 207$；于 2008 年 10 月通过当乐网 WAP 网上调查获得

图 2-18　2008 年中国手机游戏用户地域分布情况

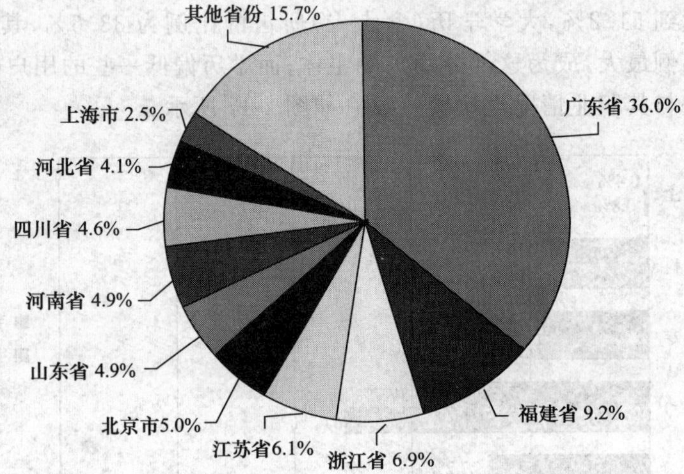

样本描述：$N=31\ 207$；于 2008 年 10 月通过当乐网 WAP 网上调查获得

图 2-19　2008 年中国手机游戏用户地区分布

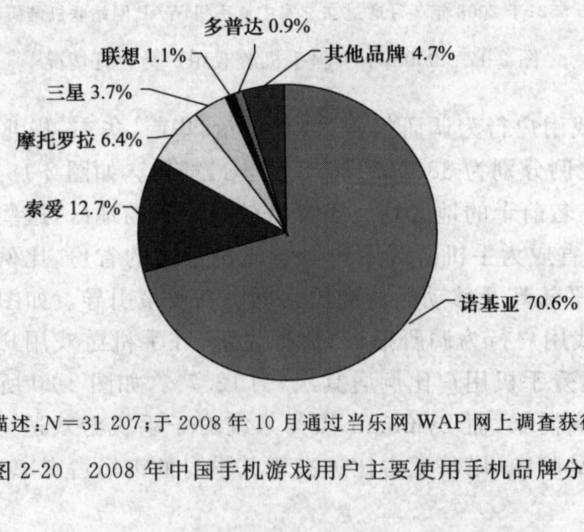

样本描述：$N=31\ 207$；于 2008 年 10 月通过当乐网 WAP 网上调查获得

图 2-20　2008 年中国手机游戏用户主要使用手机品牌分布

《2008 年手机游戏用户行为调研报告》数据显示，从用户付费意愿层面看，超过 80％的玩家希望游戏免费，如图 2-21 所示。免费意愿除了与游戏产品品质以及收费过高因素相关外，其中有 55.7％的用户认为没必要收费，可见目前免费游戏产品已能满足玩家的基本需求，如图 2-22 所示。而在 17.2％的愿意付费用户中，个体户及服务业从业人员的付费意愿相对较高，比例均为 21.3％，如图 2-23 所示。对于这部分用户而言，独立可支配的收入为其手机游戏消费提供了必要保障。作为手机游戏及移动互联网的活跃用户，该群体对增值业务的收费模式接受度较高。相对而言，学生群体愿意玩付费手机单机游戏的比例最低，为 15％。尽管目前学生群体已成为手机游戏用户主流，但由于经济不独立以及其他在校娱乐活动相对丰富等原因，短期内该群体难以成为手机游戏消费主体。因此在未来手机游戏的推广中，如何充分挖掘学生群体的手机游戏消费潜力成为游戏厂商运营的重点。

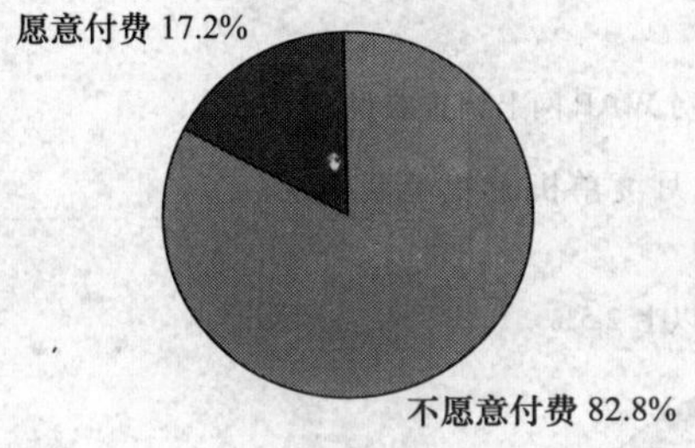

样本描述：N＝31 207；于 2008 年 10 月通过当乐网 WAP 网上调查获得

图 2-21　2008 年中国手机游戏用户单机付费意愿

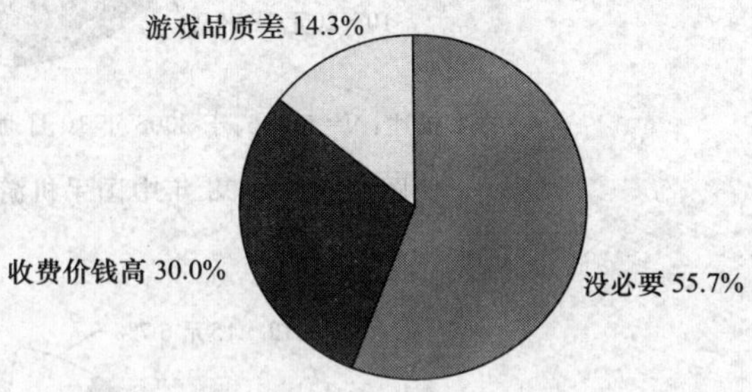

样本描述：N＝25 841；于 2008 年 10 月通过当乐网 WAP 网上调查获得

图 2-22　2008 年中国手机游戏用户不愿付费原因

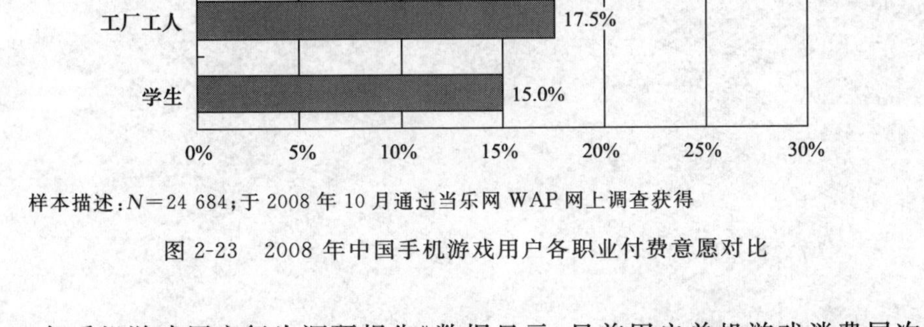

样本描述：N＝24 684；于 2008 年 10 月通过当乐网 WAP 网上调查获得

图 2-23　2008 年中国手机游戏用户各职业付费意愿对比

《2008 年手机游戏用户行为调研报告》数据显示，目前用户单机游戏消费层次偏低，其中 50.7％的手机游戏用户每月仅消费 10 元以内，38.5％的用户每月的消费为 10～30 元，如图 2-24 所示。在对单机游戏的定价层面，高达 69.4％的玩家认为定价应该在 8 元以内，如图 2-25 所示。单机游戏用户的整体消费水平和消费意愿仍然偏低，除了受用户群体收入水平以及游戏产品品质的限制外，部分 SP 追求短期利益对此也有较大影响，单机游戏的收费模式仍需探索。

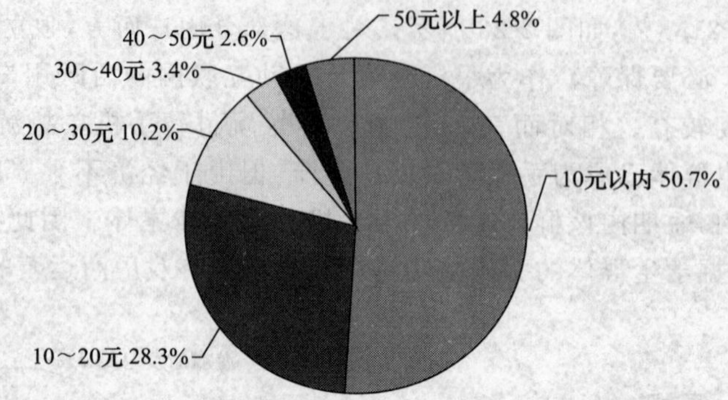

样本描述：N=5 366；于 2008 年 10 月通过当乐网 WAP 网上调查获得

图 2-24　2008 年中国手机游戏用户月度单机游戏消费情况

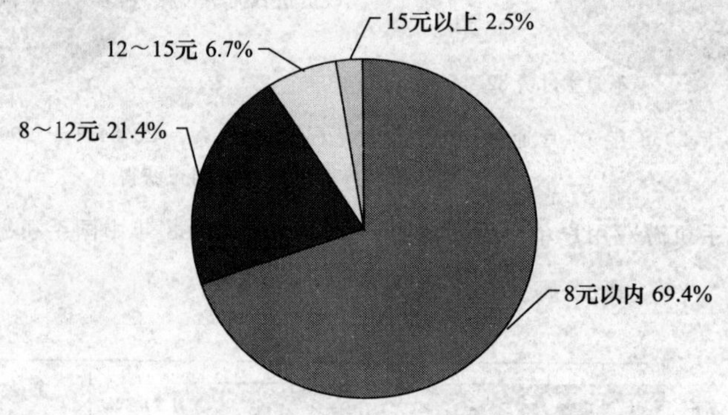

样本描述：N=25 841；于 2008 年 10 月通过当乐网 WAP 网上调查获得

图 2-25　2008 年中国手机游戏用户可接受单机游戏定价

第 3 章
手机单机游戏运营分析

3.1 手机单机游戏的开发流程

如图 3-1 所示，这是一款手机单机游戏的典型的开发流程。由于涉及复杂的机型适配，所以一般默认是以 Nokia N73 作为标准手机来开发，完成全部开发后再进行移植；移植过程中，在低端机型适配的过程中，考虑到机器性能的问题，往往还需要对程序进行一定程度的改写；而其他的移植，绝大部分是对图片尺寸等方面的更改。

3.2 手机单机游戏的发行模式

手机游戏的发行模式多种多样，可以归纳为以下几种。

第一种模式是基于中国移动的通用下载平台。中国移动的百宝箱业务在 2003 年正式开始运营，被视为手机游戏的起点。百宝箱现在被统称为通用下载平台。目前，通用下载平台上的手机游戏下载，主要是 SP 通过业务申报、将游戏上线，然后用户通过一次性付费下载并安装游戏。其主要的营销模式为“位置营销”，即获得好的位置就有好的收入，而销售收入与游戏本身的品质与投入关系并不直接。这一点一直为行业所诟病甚至批判。中国移动也陆续推出了多种政策，包括分层分级政策、g＋游戏包内容评选政策等，用以规范行业、激励优质游戏获得更大收益，同时尽量避免自消费等不正规操作的发生。在这种手机游戏的发行模式中，用户、通用下载平台以及 SP 之间的业务关系，如图 3-2 所示。

第二种常见的手机游戏发行模式，是地面门店销售，也就是柜台交易。常见的具体方法有：手机游戏下载卡（各类零售渠道销售）、手机内容加油站（数码城，计算机超市、书报刊厅等柜台加盟）等。这种发行模式针对一些不熟悉手机操作的用户非常合适，但对于如何保障游戏开发商的版权利益，仍有待探讨。目前这种发行模式中的游戏，基本都是盗版游戏；版权商和正版发行商无法从中获得半税金的分成。

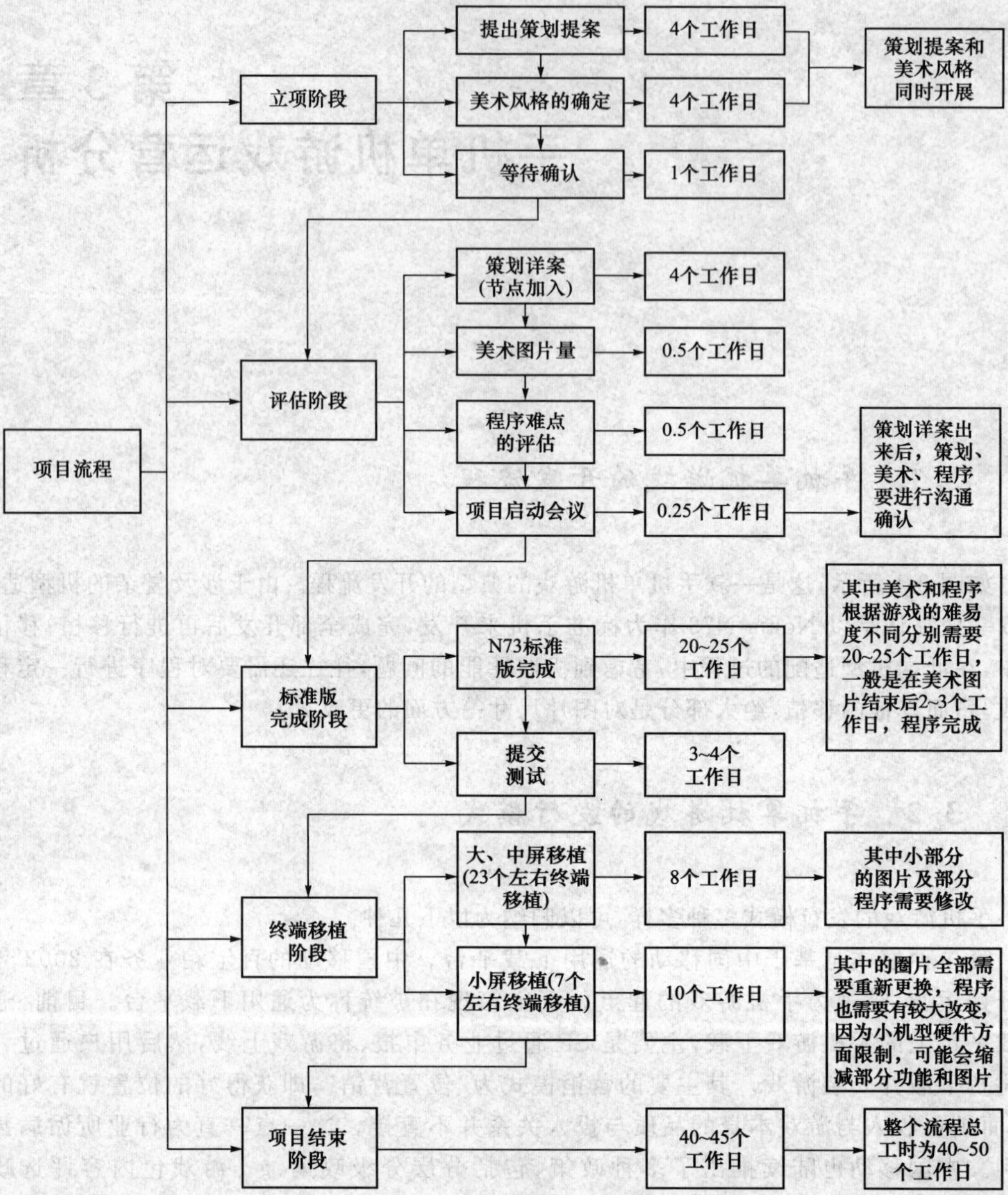

图 3-1 单机游戏开发流程

第三种模式是计费点模式发行。手机单机游戏的游戏发行，早期局限于单一的百宝箱发行模式，受运营商门户位置及流量影响很大，同时也受到严格的业务上线审核及资费标准的控制。随着 Freewap 及游戏网站的风行，很多正版游戏一旦发行上线，立即出现破解版本并进入 Freewap 或游戏网站免费提供下载，给游戏开发商和发行商带来了巨大的损失。于是，出现了一种单机游戏客户端下载免费，但内嵌入计费点收取费用的游戏发行模式。这种模式也有人称之为“试玩转激活”，用英语翻译就是 Try for free；又由于“for”与“four”的谐音，所以也有人把这种游戏发行模式简称为“T4F”。

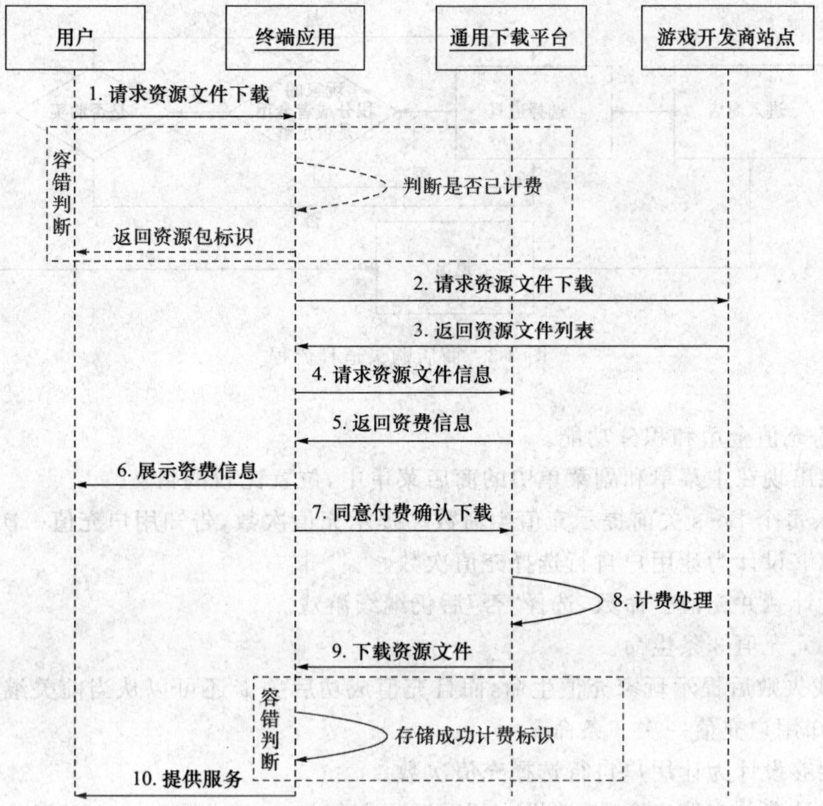

图 3-2　通用下载平台业务流程

基于计费点模式的手机游戏发行在理念上进一步靠近了手机网游。在此发行逻辑中，客户端的普及越高越好，不存在正版盗版之分，只追求用户基数最大化。用户在试玩了游戏的部分功能或关卡后，才会接收到提示，提示其如果继续游戏后续关卡，或试图使用一些高级功能（比如增强的武器、道具、魔法等），就需要通过支付费用来激活。当然，最常见的计费点如今成了"续命"——即玩家扮演的角色一旦在游戏中死亡，如果用户愿意付费，则可以继续游戏；否则需要重新开始、重头开始玩起。此类计费点模式的游戏发行，一方面有效地规避了盗版问题，另一方面也应对了"长尾理论"，避免了之前游戏下载一次性付费的缺陷，使得用户有机会为一款游戏多次付费。

由于本书后续相关案例剖析中，还将多次详细讲解此类知识，所以这里不详细展开论述。下面，我们将通过手机游戏《坦克大战》，先行简单认识一下手机单机游戏的计费点设计。

《坦克大战》是以前在任天堂红白机上的《坦克》游戏的手机版。其客户端下载免费，为的是最大化地吸引用户下载和使用，但内嵌入了多个计费点。计费方式是短信代收费，资费为 2 元/次。单个用户 1 天之内连续消费次数上限为 15 次，若超过此上限，游戏所有计费点对于该用户免费。以下是具体计费点的设计。

1. 在游戏的主菜单和副菜单中加入"商店"菜单。凡是可以积分购买或者金币购买的道具都可以加入其中，如图 3-3 所示。

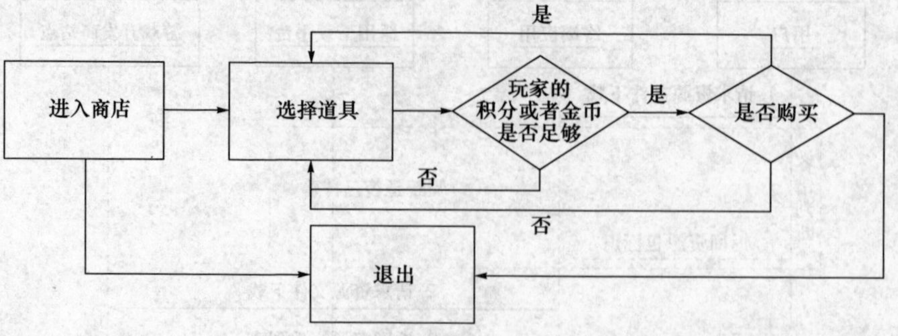

图 3-3　商店购买道具流程

2. 短信充值金币和积分功能。

此功能出现在主菜单和副菜单中的商店菜单中，位置比较醒目。

3. 进入每个 Boss 关前提示充值生命数。提示充值次数，告知用户充值一次 3 条命。

最好能够设计为让用户自行选择充值次数。

确认后计费并充值生命数，选择“否”后仍继续游戏。

建议 2 元充值 3 条生命。

4. 游戏失败后提示玩家充值生命，而且充值成功后关卡还可以从当前关继续。提示充值次数，告知用户充值一次 3 条命。

最好能够设计为让用户自行选择充值次数。

确认后计费并充值生命数，选择“否”后返回主菜单。

建议 2 元充值 3 条生命。

5. 对我方坦克“外衣”的扩充。

建议扩充我方坦克形状、颜色及花纹样式。扩充种类越多越好，可以设计为多种风格的既定的样式，也可以设计为让玩家自己分别选择形状、颜色、花纹等属性，确定后计费，计费后能够显示在游戏中。

建议 2 元或者价值 2 元的积分或金币购买一种造型。

6. 游戏地图的扩充。

方法请参见第 5 点。（可选）

7. 购买关卡。用户可选择是否支付费用购买隐藏关卡，如图 3-4 所示。

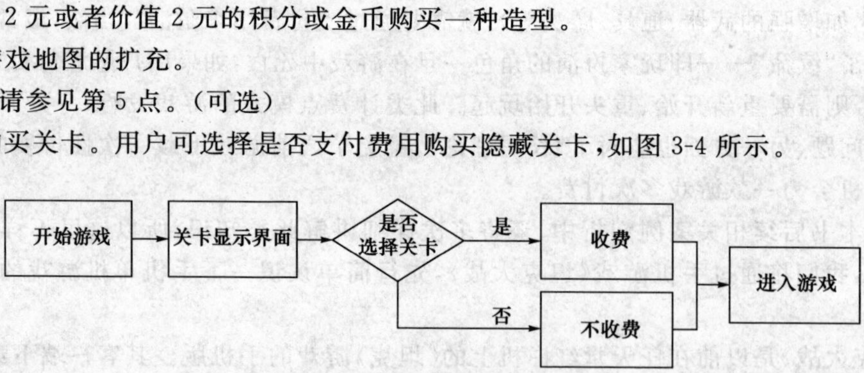

图 3-4　购买关卡流程

8. 第六关 Boss 1 关和第十二关 Boss 2 关顺利通过后，实施计费。

提示用户将进行 1 次计费，计费成功后继续游戏，选择否后将无法继续后续精彩关卡。

当然，随着这种计费点发行模式的大量普及，很多手机游戏发行商在单个游戏内加入了太多的计费点，尤其是当游戏品质不高的时候，这些计费点往往成为收费的陷阱，引起玩家的反感甚至投诉。比如在手机游戏《无限江山》里，就内嵌了多达 10 种计费点，随着用户进入游戏的深度不同而对应出现提示，并催使用户对于该游戏进行深度消费。以下是该游戏具体的计费点的代收费情况。

1. 买经验：获得经验翻倍，轻松升级战胜敌人，购买三次效果叠加，高手必备。说明：第一次购买获得经验是 2 倍，第二次是 4 倍，第三次是 5 倍。

代收费提示：尊敬的用户您好，你在某时某分购买了金牌大赢家经验道具，获得经验翻倍，轻松升级战胜敌人。感谢您的使用，2 元/次。

2. 买套装：获得三位主角的终极套装及套装附加的强大隐藏力量，轻松克敌。说明：三个主角的最终套装，分开买，一次只能买一个人的。

代收费提示：尊敬的用户您好，你在某时某分购买了金牌大赢家套装道具，获得三位主角的终极套装及套装附加的强大隐藏力量，轻松克敌。感谢您的使用，2 元/次。

3. 买参：购买到世间罕见的无价之宝，食用后可永久提升角色各项属性。说明：游戏中有 5 种参，基本很难得到，买一次得到的就是一种中的一个。

代收费提示：尊敬的用户您好，你在某时某分购买了金牌大赢家参道具，世间罕见的无价之宝，食用后可永久提升角色各项属性。感谢您的使用，2 元/次。

4. 买钱：一文钱难倒英雄汉，现在可立即用短信兑换当时货币 5 万文铜钱。说明：游戏里面打怪掉钱不多，商店里的东西都不便宜。

代收费提示：尊敬的用户您好，你在某时某分购买了金牌大赢家钱道具，一文钱难倒英雄汉，现在可立即用短信兑换当时货币 5 万文铜钱。感谢您的使用，2 元/次。

5. 移形换影：使全队逃脱战斗的成功率大大提高。说明：逃脱成功率从 10%上升至 90%。

代收费提示：尊敬的用户您好，你在某时某分购买了金牌大赢家移形换影道具，全队逃脱战斗的成功率大大提高。感谢您的使用，2 元/次。

6. 易筋经：使内功变得雄厚，使用奇门遁甲、寻踪觅影时不耗灵力。说明：这两个技能在游戏里面很核心，既快又不遇敌，还能找装备，但是要耗蓝，然而买了易筋经就不耗了。

代收费提示：尊敬的用户您好，你在某时某分购买了金牌大赢家易筋经道具，内功变得雄厚，使用奇门遁甲、寻踪觅影时不耗灵力。感谢您的使用，2 元/次。

7. 新手装备：可使全队获得一套新手装备。说明：三个人都有的最初级装备，可以让新手玩得轻松一点。

代收费提示：尊敬的用户您好，你在某时某分购买了金牌大赢家新手装备，使全队获得一套新手装备。感谢您的使用，2 元/次。

8. 终极必杀：秒杀一切的力量。说明：游戏里 Boss 都很强，如果打不过去了可以直接买这个一击必杀，买一次只能用一次。

代收费提示：尊敬的用户您好，你在某时某分购买了金牌大赢家终极必杀道具，拥有了秒杀一切的力量。感谢您的使用，2 元/次。

9. 复活：除 Boss 外，被打死可以短信复活。

代收费提示：尊敬的用户您好，你在某时某分购买了金牌大赢家复活道具，除 Boss 外，被打死可以短信复活。感谢您的使用，2 元/次。

10．买关卡：游戏有两个剧情收费点，买了才能继续游戏。

代收费提示：尊敬的用户您好，你在某时某分购买了金牌大赢家关卡道具，本游戏有两个剧情收费点，买了才能继续游戏。感谢您的使用，2元/次。

大量频繁地增加游戏代收费计费点，一方面可以看成是行业对于单一百宝箱位置营销模式的突破，但同时也存在容易变成收费陷阱的弊端。所以，设置合理且容易获得用户认可的计费点，同时保证游戏本身的品质和可玩性，是这种发行模式的成败关键。

最后一种常见的手机游戏发行模式是手机终端内置。在新的手机里，安装菜单、书签或运用程序，使用户在购买到手机的同时，已经获得了增值服务的入口，这种业务手段就是终端内置。然而，根据市场实际反馈的经验来看，用户购买新手机之后，绝大部分在使用一次内置的业务后，就再也不进行消费了；也就是说，这种消费的动机是"好奇"和购买新机后的"高兴"，而不是真实消费需求。除非某天手机揣在口袋里时被用户误碰了一个按钮而导致再次启动上行业务，否则用户再也不会问津这个内置的按钮或菜单了。在这种前提下，不少游戏发行商要么在一个游戏内置业务中把收费最大化，瞄准用户好奇的心态，在一次消费中就实现对用户的10多元甚至更高的扣费；要么更有甚者，直接内置所谓"开机上行"的客户端软件，用户开机就自动会触发业务并上行一条信息实现业务订购，而用户并不自知。还有不少国产手机厂商与SP一起"定制"手机，比如用户按了手机的方向键，立即弹出内置好的业务订购页面，此时无论用户按任何按钮，都会订购不同的业务，产生上行订购信息，订购完成后，才会出现"退出"的选项。由于这种业务模式的暴利性，不少手机游戏发行商甚至直接买通手机渠道商，在手机从厂家出货到进入柜台销售的运输过程中，避开手机厂商，通过渠道商悄悄地将内置工作完成。虽然监管部门查处很严格，但这种销售模式依然存在，其性质和之前的所谓"捆绑"的方式基本一致。这种业务模式本身，在本质上并不是"市场行为"，而只是单纯的"销售行为"，因此不会成为市场的主流。

上述四种手机单机游戏的发行模式中，最主流的当数"通用下载平台发行"以及"T4F计费点模式发行"。根据艾瑞咨询《2008年中国手机游戏用户行为调研报告》中的数据显示，在收费模式层面，71.6％的用户倾向于一次性收费模式，也就是通用下载平台的模式；28.4％的用户倾向于道具收费模式，也就是T4F计费点模式发行模式，如图3-5所示。该数据表明用户希望有品质优良按次付费的产品推出，但从实际可操作性看，满足该需求的难度较大；主要瓶颈在于通用下载平台位置营销模式的单一，以及盗版游戏的风行。

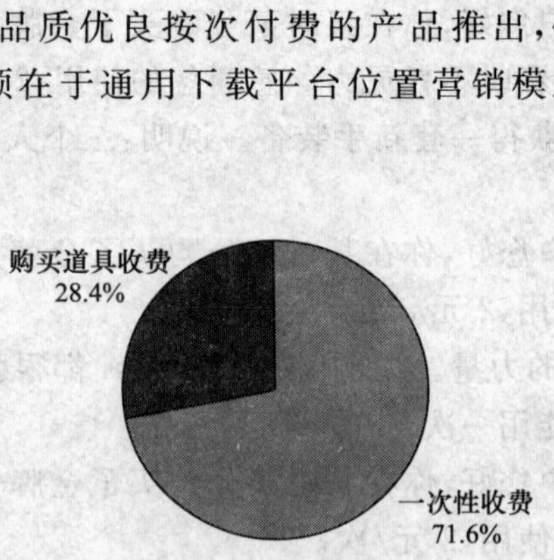

样本描述：N＝5 366；于2008年10月通过当乐网WAP网上调查获得

图3-5　2008年中国手机游戏用户收费模式倾向

3.3 “准网络互动”类手机游戏运营详解

“准网络互动”类手机游戏，主要是通过积分上传实现非实时的排行榜竞争。其核心是“网络下载，异步积分上传”。积分上传一方面提供了二次收费的可能，更重要的是提供了游戏的“准交互性”，提供了大众通过游戏进行交流的机会。图 3-6 是网络查询排行榜的图示，图 3-7 是积分上传流程的剖析图。

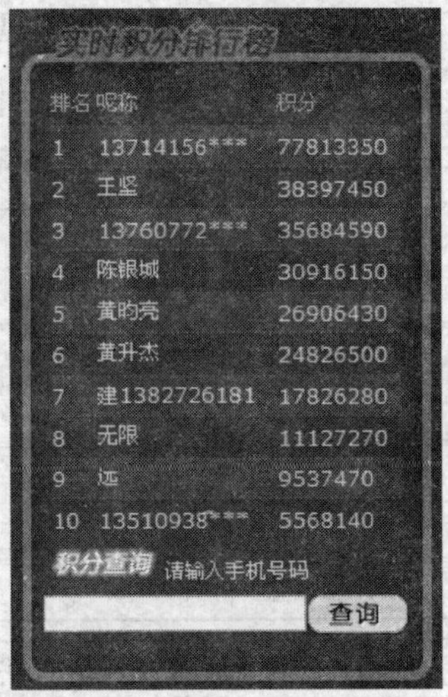

图 3-6　网络查询排行榜

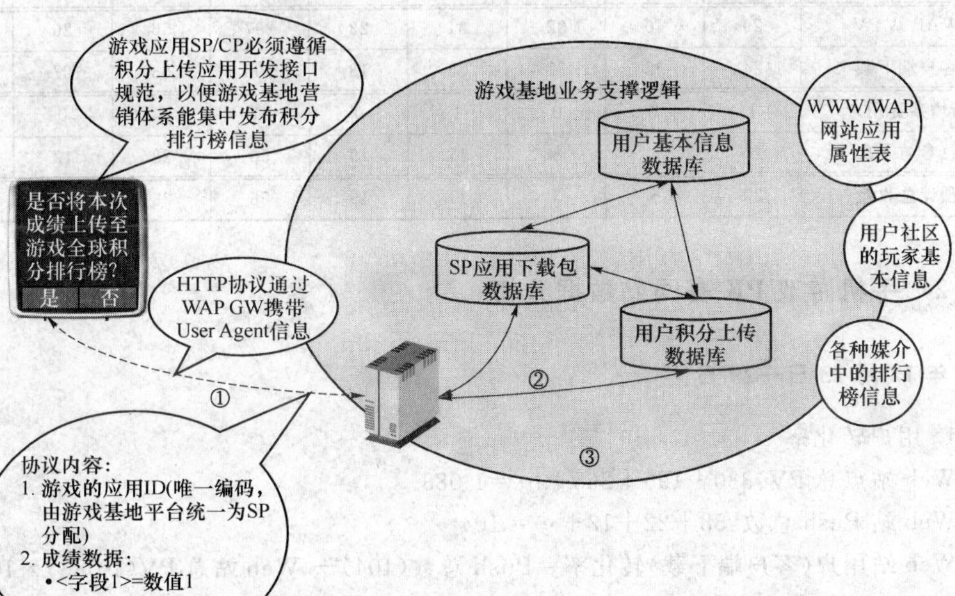

图 3-7　积分上传流程剖析图

2006 年底，我们通过广东电视台体育频道的节目配合，组织过此类“准网络互动”的手机游戏 PK 大赛，当时使用的手机游戏是手机版的《祖玛》，并且通过电视节目的互动和直播以及每日奖金的奖励吸引更多玩家的参与。活动结束后，有以下关于“手机游戏 PK 赛”运营数据的分析，正是对此类手机游戏业务模式的有效探讨。

3.3.1　手机游戏 PK 赛网站数据

广东电视台分别于 2006 年 12 月 23 日、30 日、2007 年 1 月 6 日播出了游戏 PK 赛节目，在此期间，PK 赛官方网站（supergame. uen. cn）的访问情况如下表 3-1 所示。

表 3-1 官方网站访问情况

日 期	12.23	12.24	12.25	12.26	12.27	12.28	12.29	12.30	12.31
Web 站 PV	330	195	265	67	108	72	46	387	131
Web 站 Push 数	58	22	12	9	1	2	0	51	3
WAP 站 PV	236	69	78	118	35	31	11	147	62
客户端下载	40	0	0	8	0	25	24	118	44
新增参赛用户	9	2	0	0	1	0	1	9	10
总参与人次	22	13	8	1	4	1	10	22	36
预计总收益	22	13	8	1	4	1	10	22	36
日 期	01.01	01.02	01.03	01.04	01.05	01.06	01.07	01.08	总计
Web 站 PV	57	20	35	59	95	484	93	88	2 532
Web 站 Push 数	8	1	5	3	11	79	16	7	288
WAP 站 PV	29	40	32	31	23	297	56	26	1 298
客户端下载	24	22	21	15	18	303	63	27	752
新增参赛用户	1	0	0	1	0	17	3	0	54
总参与人次	20	5	5	11	19	56	28	12	273
预计总收益	20	5	5	11	19	56	28	12	273

3.3.2 手机游戏 PK 赛网站数据分析

2006 年 12 月 23 日—29 日

1. 用户转化率

Web 站点总 PV：330＋195＋265＋…＝1 083

Web 站 Push 总数：58＋22＋12＋…＝104

Web 站用户（客户端下载）转化率＝Push 总数（104）÷ Web 站总 PV（1 083）×100％＝9.6％

WAP 站点总 PV：236＋69＋78＋…＝578

WAP 站下载总数：40＋8＋25＋…＝97

WAP 用户（客户端下载）转化率＝下载总数（97）÷ WAP 站总 PV（578）×100％＝16.7％

总参赛用户：9＋2＋1＋………＝13

用户转化率＝ 总参赛用户（13）÷总客户端下载数（104＋97）×100％＝6.4％

总参与次数：22＋13＋8＋………＝59

用户平均参与次数＝总参与人次（59）÷新增用户（13）＝4.53 次（每人每日上传 0.65 次）

2. 用户累积率

第一周（12 月 23 日～29 日）参加游戏 PK 赛的 13 名真实用户中，有 5 名用户参加了第二周(12 月 30 日～1 月 5 日)的游戏 PK 赛，一共上传了 18 次游戏成绩，仅有 1 名用户(姚生)在 1 月 5 日后上传了 4 次游戏成绩。具体图表分析如图 3-8、图 3-9 所示。

第二周用户累积率：参与第二周用户数(5)÷本周总用户数(13)×100％＝38.4％

第三周用户累积率：参与第三周用户数(1)÷本周总用户数(13)×100％＝7.6％

第四周用户积累率：我们假定为 1％

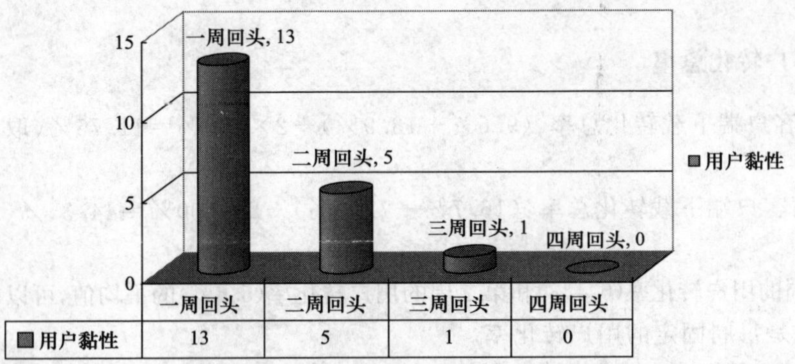

图 3-8　第一周新增用户回头情况

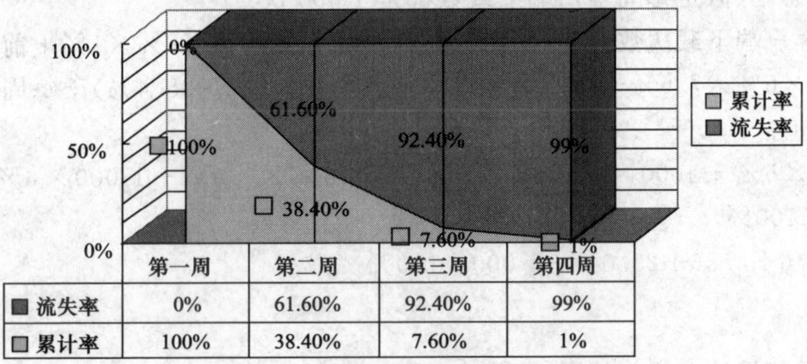

图 3-9　第一周新增用户流失/累计率

2006 年 12 月 30 日～2007 年 1 月 5 日

Web 站点总 PV：387＋131＋57＋………＝784

Web 站 Push 总数：51＋3＋8＋………＝109

Web 站用户(客户端下载)转化率＝Push 总数(109)÷ Web 站总 PV(784)×100％
＝13.9％

WAP 站点总 PV：147＋62＋29＋………＝364

WAP 站下载总数：118＋44＋24＋………＝262

WAP 用户(客户端下载)转化率＝下载总数(262)÷ WAP 站总 PV(364)×100％
＝72.0％

总参赛用户：9＋10＋1＋………＝21

用户转化率＝ 总参赛用户(21)÷总客户端下载数(262＋109)×100％＝5.6％

总参与次数：22＋36＋20＋………＝118

所有用户平均参与次数＝参与人次(118)÷新增用户(21)＝5.6次(每人每日上传0.8次)

本周新增用户平均参与次数＝新增用户的参与次数(118－18)÷新增用户(21)＝4.76次(每人每日上传0.68次)

3.3.3 手机游戏PK赛运营分析

3.3.3.1 用户转化总率

Web站客户端下载转化总率：(9.6％＋13.9％)÷2×100％＝11.75％(取一、二周的平均值)

WAP站客户端下载转化总率：(16.7％＋72.0％)÷2×100％＝44.35％(取一、二周的平均值)

取第一周的用户转化率(6.4％)和第二周的用户转化率(5.6％)的平均值，可以得出6％。

6％当成是每周固定的用户转化率。

用户会不断累积，也会不断流失，根据上面的计算，我们设定：一个用户下载一次(1个)客户端，就可以推断出：

用户转化总率(假定每周客户端下载数都是1 000次)

＝(每周客户端下载次数×6％＋前三周客户端下载次数×6％×1％＋前二周客户端下载次数×6％×7.6％＋前一周客户端下载次数×6％×38.4％)÷每周客户端下载次数×100％

＝(1 000×6％＋1000×6％×1％＋1 000×6％×7.6％＋1 000×6％×38.4％)÷1 000×100％

＝(60＋0.6＋4.56＋23.04)÷1 000×100％

＝8.82％

3.3.3.2 电视节目的功能与作用

在此次活动中，电视台是PK赛唯一的宣传平台。

从上述数据可以看出，电视台对开展PK赛有一定的促进作用。很明显，在节目播出当日(12月23日、12月30日、1月6日)官方网站的访问量、客户端下载量相对来说较高。且从时段分析来看，约有62.8％的访问是在节目播出后6小时内发生的，访问者的区域特征也很明显，约有87％的访问者来自广东省。

不过，仅仅依靠电视台的宣传力度并不够。在非节目播出时间，网站的访问量、游戏参与人数立即下降75％。电视节目是很形象直观的，但短时间呈现在用户眼前，还是不能给用户十分熟悉的印象和深刻的影响。

3.3.3.3 客户端

游戏竞技客户端的稳定性是一个十分重要的问题。如上所述，用户(客户端下载)转化率分别是Web：9.6％、13.9％，WAP：16.7％、72.0％，但用户转化率只有6％，相差太大，主要是由客户端的稳定性和适用性不佳造成的。

客户端存在两个主要问题，一是不够稳定，如上传成绩、计费等；二是客户端版本短缺，实际上客户端就 K700、N7610、NS40 三个版本，已有部分用户指出客户端出现不能下载或者下载后不能打开使用的情况。

3.3.4　结论

在保证客户端稳定的前提下，按用户转化总率（8.82%）、客户端下载转化率（11.75%、42.45%）计算，情况如表 3-2 所示。

表 3 2　运营预测表

预计月总收益	1 万	5 万	10 万	20 万
日均收益（元）	334	1 667	3 334	6 668
客户端被下载（次）	3 787	18 900	37 870	75 601
要求 WAP 站点 PV（次/日）	8 921	44 523	89 210	178 092
要求 Web 站点 PV（次/日）	32 230	160 851	322 300	643 404

而如果想完成上述预测的运营数据，则需要做到以下几点：

1. 保证现有客户端正常运行。

2. 要求电视台在非节目播出日加大宣传力度，多播放宣传片；此外，多开展户外活动宣传。

3. 拓展其他宣传合作渠道，尤其是手机游戏 WAP 类网站。

4. 邀请更多真实的用户参与电视节目制作，增强真实性。

5. 客户端要做多个版本。

3.4　通用下载平台“位置营销”分析

在手机单机游戏的众多发行模式中，通用下载平台的发行模式无疑是最重要也是最成熟的。以下我们详细了解如何进行手机单机游戏通用下载平台的位置营销的相关规律。我们选择 2008 年 7 月 2 日至 2008 年 8 月 19 日作为分析取样的时间区间，并根据通用下载平台目录结构，梳理各目录下的游戏排名及游戏相关信息，之后分目录进行运营分析，并指导自己的后续实践工作。

3.4.1　精品类

表 3-3 是 2008 年 7 月 2 日至 2008 年 8 月 19 移动梦网通用下载平台精品目录下的游戏排名情况。

游戏《百变美女斗地主（语音智能版）》在 2008 年 6 月 24 日统计的棋牌类游戏排行中位列第二，未进入精品游戏排行。而从 2008 年 6 月 30 日开始稳居精品游戏排行前列，在棋牌类游戏中也排名第一。在此之前排名第一的游戏名叫《开心斗地主》。《百变美女斗地主（语音智能版）》资费 12 元，属于偏高型游戏，但仍受到众多用户的青睐，可见“美女效应”对于手机游戏是很重要的元素。

表 3-3　精品目录排行榜

2008 年 7 月 2 日		2008 年 7 月 14 日		2008 年 8 月 15 日		2008 年 8 月 19 日	
精品	游戏名称	精品	游戏名称	精品	游戏名称	精品	游戏名称
精品 1	百变美女斗地主（语音智能版）	精品 1	百变美女斗地主（语音智能版）	精品 1	（第一人称）反恐精英战士 4	精品 1	空中狙击-金属巢穴
精品 2	狂野赛车-街头狂飚	精品 2	魂斗罗 2 代-Konami 正版	精品 2	激斗忍者神龟	精品 2	激斗忍者神龟
精品 3	魂斗罗 2 代-Konami 正版	精品 3	帝国风云-潘多拉救世主	精品 3	饮血剑	精品 3	（第一人称）反恐精英战士 4
精品 4	帝国风云-潘多拉救世主	精品 4	鬼眼法师	精品 4	死亡契约之血色套装	精品 4	饮血剑
精品 5	聊斋之小倩重生	精品 5	泡泡卡丁车	精品 5	英雄无敌Ⅱ	精品 5	死亡契约之血色套装
精品 6	重装坦克大战-豪华版	精品 6	狂野赛车-街头狂飚	精品 6	新西游记-豪华珍藏版	精品 6	隋唐演义之轩辕剑侠
精品 7	天界传说-英雄血	精品 7	梦幻大富翁	精品 7	跑跑卡丁车（正版）	精品 7	新西游记-豪华珍藏版
精品 8	傲世苍龙-武林圣战	精品 8	异能少女	精品 8	隋唐演义之轩辕剑侠	精品 8	魔兽（豪华攻防版）
精品 9	魔幻西游	精品 9	聊斋之小倩重生	精品 9	魔兽（豪华攻防版）	精品 9	英雄无敌Ⅱ
精品 10	魔力Ⅲ	精品 10	重装坦克大战-豪华版	精品 10	魔法小子	精品 10	暴力飙车（极限闯关版）
精品 11	上古卷轴Ⅳ湮灭（正版）	精品 11	天界传说-英雄血	精品 11	炮炮堂	精品 11	侠侣情缘（柔情版）
精品 12	封魔战记	精品 12	魔幻西游	精品 12	长江 7 号（周星驰官方版）	精品 12	声色棋牌-中国象棋

游戏《聊斋之小倩重生》也一直在精品游戏的目录中，原因是该游戏可玩性强而资费很低（仅为 5 元）。在这款游戏中，玩家需要操作狐仙翩翩进行冒险。游戏中要和不同角色对话来了解故事情节，捡到武器和道具提升技能，捡到水果和钻石增加生命，穿弹力鞋可以跳得更高、更远。

游戏《重装坦克大战-豪华版》，“豪华版”字眼是吸引眼球的亮点。该游戏资费 9 元，属于中等资费，该游戏属于经典游戏类型。

总结起来，精品目录的竞争是十分激烈的，而诸如“美女效应”、“低资费”等特征则是此目录下游戏生存的关键元素。

3.4.2　角色类

表 3-4 是 2008 年 7 月 2 日至 2008 年 8 月 19 移动梦网通用下载平台角色类目录下的游戏排名情况。

表 3-4　角色类目录排行榜

2008 年 7 月 2 日		2008 年 7 月 14 日		2008 年 8 月 15 日		2008 年 8 月 19 日	
角色	游戏名称	角色	游戏名称	角色	游戏名称	角色	游戏名称
角色 1	帝国风云潘多拉救世主	角色 1	帝国风云-潘多拉救世主	角色 1	饮血剑	角色 1	饮血剑
角色 2	鬼眼法师	角色 2	鬼眼法师	角色 2	鬼眼法师	角色 2	鬼眼法师
角色 3	饮血剑	角色 3	饮血剑	角色 3	隋唐演义之轩辕剑侠	角色 3	隋唐演义之轩辕剑侠
角色 4	佣兵天下冰雪友情	角色 4	阿拉丁传奇之梦幻国度	角色 4	佣兵天下冰雪友情	角色 4	佣兵天下冰雪友情
角色 5	阿拉丁传奇之梦幻国度	角色 5	佣兵天下冰雪友情	角色 5	宠物王国 2-华娱版	角色 5	宠物王国 2-华娱版
角色 6	宠物王国 2-华娱版	角色 6	宠物王国 2-华娱版	角色 6	阿拉丁传奇之梦幻国度	角色 6	阿拉丁传奇之梦幻国度
角色 7	魔兽战争之无敌争霸	角色 7	卧云堂之妙手回春	角色 7	侠侣情缘(柔情版)	角色 7	侠侣情缘(柔情版)
角色 8	张韶涵-潘朵拉魔盒	角色 8	魔兽战争之无敌争霸	角色 8	极品-三国志Ⅲ	角色 8	极品-三国志Ⅲ
角色 9	i. Game 数独	角色 9	封魔幻境	角色 9	宠物王国-华娱版	角色 9	暗黑战神
角色 10	封魔幻境	角色 10	靓女美发城	角色 10	封魔幻境	角色 10	青楼追钗记
角色 11	鹿鼎记	角色 11	英雄无敌之亡灵传说	角色 11	张韶涵-潘朵拉魔盒	角色 11	魔兽战争之无敌争霸
角色 12	灭世界-屠龙之刃(超级版)	角色 12	天界传说-英雄血	角色 12	长江 7 号(周星驰官方版)	角色 12	终极任务

在角色类游戏这个目录下，稳定在榜位前列的游戏有 7 款，分别是：《饮血剑》、《鬼眼法师》、《佣兵天下冰雪友情》、《阿拉丁传奇之梦幻国度》、《魔兽战争之无敌争霸》、《宠物王国 2-华娱版》、《天界传说-英雄血》，这 7 款游戏平均资费是 9 元。

其中，游戏《饮血剑》的资费为 3 元，属于低资费游戏。高排位也得益于游戏介绍写得很抢眼——本年度最吸引人的角色动作游戏，曲折感人的剧情，独特暗杀系统的操作模式，天尊、渡鸦众多武林高手，近乎完美的场景设计，以及互联网百万下载量让众多玩家欲罢不能！

而另一款游戏《鬼眼法师》的资费为 10 元。除了资费适中的原因外，也得益于喜欢 RPG 游戏的玩家对游戏中法师角色的青睐，游戏名字恰好能体现这点，所以博得重彩。当然，游戏介绍也很吸引人——法师，一个特殊的职业，鬼眼，一个神秘的名字。首创的妖物炼化系统，全新的妖魔合作方式，鬼眼法师将一个最具魔幻色彩的世界在新年之际呈现在你眼前，就让我们一起回到那个混沌时代吧，全新冒险即将开始！接受挑战，赢得新年大礼包，还等什么？

而该目录下位置变化比较大的游戏是《帝国风云-潘多拉救世主》。该游戏资费为10元。游戏介绍是这样的——一款大型角色扮演类游戏，游戏由冒险、寻宝、消灭怪物、完成任务、提升等级等传统的角色扮演类游戏方式组成。游戏中玩家不断地消灭冒险中遇到的怪物，以提升等级掌握新的技能，获得新的道具，最终战胜强大的魔王。

3.4.3 体育类

表3-5是2008年7月2日至2008年8月19移动梦网通用下载平台体育类目录下的游戏排名情况。

表3-5 体育类目录排行榜

2008年7月2日		2008年7月14日		2008年8月15日		2008年8月19日	
体育	游戏名称	体育	游戏名称	体育	游戏名称	体育	游戏名称
体育1	跑跑卡丁车（正版）	体育1	跑跑卡丁车（正版）	体育1	泡泡卡丁车	体育1	泡泡卡丁车
体育2	狂野赛车-街头狂飚	体育2	泡泡卡丁车	体育2	极速改装赛车	体育2	极速改装赛车
体育3	泡泡卡丁车	体育3	狂野赛车-街头狂飚	体育3	跑跑卡丁车（正版）	体育3	跑跑卡丁车（正版）
体育4	极速改装赛车	体育4	极速改装赛车	体育4	3D劲舞女郎	体育4	暴力飙车（极限闯关版）
体育5	暴力飙车（极限闯关版）	体育5	暴力飙车（极限闯关版）	体育5	狂野赛车-街头狂飚	体育5	狂野赛车-街头狂飚
体育6	3D劲舞女郎	体育6	劲爆足球	体育6	暴力飙车（极限闯关版）	体育6	3D劲舞女郎
体育7	疯狂卡丁车	体育7	3D劲舞女郎	体育7	卡丁车双喷优化（顶级技巧）	体育7	漂移夜曲
体育8	劲爆足球	体育8	公路漂移传说头文字D（SEGA正版）	体育8	（正版）狂野飞车（时代华纳）	体育8	卡丁车双喷优化（顶级技巧）
体育9	性感宝贝狂野滑水	体育9	世界足球2008-明星正版	体育9	劲爆足球	体育9	疯狂卡丁车
体育10	公路漂移传说头文字D（SEGA正版）	体育10	街头篮球-热血飞人	体育10	世界足球2008-明星正版	体育10	街头篮球-热血飞人
体育11	火爆乒乓	体育11	雷曼卡丁车	体育11	极品飞车街头狂飙	体育11	王者争霸之真人版玉女桌球
体育12	越野狂飙-蒙特卡罗拉力赛	体育12	卡丁车双喷优化（顶级技巧）	体育12	暴力摩托2（极限闯关版）	体育12	（正版）狂野飞车（时代华纳）

在该游戏目录下，稳定在榜位的游戏有《跑跑卡丁车(正版)》、《泡泡卡丁车》、《极速改装赛车》、《暴力飙车(极限闯关版)》、《3D 劲舞女郎》、《劲爆足球》6 款。这 6 款游戏平均资费是 7.5 元。由此看来体育类的手机游戏还是赛车类的天下，每周前 12 位排名中至少 8 款以上是赛车类。

游戏《跑跑卡丁车(正版)》的版权很强势，是韩国 Nexon 公司开发的 PC 网络游戏《跑跑卡丁车》的手机版，流行度很高。而另一款游戏《泡泡卡丁车》资费为 8 元。该游戏早于《跑跑卡丁车(正版)》上线，排名靠前多因为卡丁车类游戏的流行性高，游戏内容跟《跑跑卡丁车(正版)》类似。游戏介绍是这样的——这是一款赛车游戏。您可以在竞速模式中体验到刺激的漂移感觉，也可以在道具模式中体会到使用多样道具的乐趣。仅仅一次有效的进攻也可能让整个比赛来一个大逆转，道具模式会使各位玩家直到通过决胜线的那一刻都不能掉以轻心。

在这个目录中，变化比较特殊的游戏是《公路漂移传说 头文字 D(SEGA 正版)》。该游戏资费为 10 元。由于该游戏命名涉及著名电影、品牌游戏，而且游戏资费不高，所以排名应该还会继续上升。该游戏的游戏介绍是这样的——世嘉(SEGA)正版头文字 D。用你手上的丰田赛车实现完美的公路漂移。别等了，赶快下载体验吧，急速狂飙、风驰电掣，只在世嘉-头文字 D!

3.4.4 动作类

表 3-6 是 2008 年 7 月 2 日至 2008 年 8 月 19 移动梦网通用下载平台动作类目录下的游戏排名情况。

表 3-6　动作类目录排行榜

2008 年 7 月 2 日		2008 年 7 月 14 日		2008 年 8 月 15 日		2008 年 8 月 19 日	
动作	游戏名称	动作	游戏名称	动作	游戏名称	动作	游戏名称
动作 1	魂斗罗 2 代-Konami 正版	动作 1	魂斗罗 2 代-Konami 正版	动作 1	激斗忍者神龟	动作 1	激斗忍者神龟
动作 2	新西游记-豪华珍藏版	动作 2	激斗忍者神龟	动作 2	魂斗罗 2 代-Konami 正版	动作 2	新西游记-豪华珍藏版
动作 3	激斗忍者神龟	动作 3	新西游记-豪华珍藏版	动作 3	新西游记-豪华珍藏版	动作 3	魂斗罗 2 代-Konami 正版
动作 4	乱世豪侠传	动作 4	石器时代大冒险	动作 4	功夫熊猫(EA 正版)	动作 4	精灵帝国
动作 5	石器时代大冒险	动作 5	功夫熊猫(EA 正版)	动作 5	魔龙-木乃伊(林俊杰正版)	动作 5	功夫熊猫(EA 正版)
动作 6	神魔蚩尤	动作 6	乱世豪侠传	动作 6	魔兽战记-魂之利刃	动作 6	盟军敢死队(正版)
动作 7	救世传说	动作 7	怒火天堂	动作 7	三国猛将-华娱版	动作 7	恶魔城-霜之印记
动作 8	灵幻追梦	动作 8	救世传说	动作 8	神魔蚩尤	动作 8	极品 Q 三国

续表

2008 年 7 月 2 日		2008 年 7 月 14 日		2008 年 8 月 15 日		2008 年 8 月 19 日	
动作	游戏名称	动作	游戏名称	动作	游戏名称	动作	游戏名称
动作 9	功夫熊猫（EA 正版）	动作 9	三国猛将-华娱版	动作 9	炮炮堂	动作 9	三国猛将-华娱版
动作 10	三国猛将-华娱版	动作 10	魔幻西游	动作 10	魂斗小子之无敌闯关 3	动作 10	炮炮堂
动作 11	24 小时行动	动作 11	魂斗小子之无敌闯关 3	动作 11	真三国赵云传	动作 11	魂斗小子之无敌闯关 3
动作 12	重金属世界 2	动作 12	傲世苍龙-武林圣战	动作 12	终极高达-铁血战士	动作 12	真三国赵云传

在该游戏目录下，稳定在榜位前列的游戏有《魂斗罗 2 代-Konami 正版》、《激斗忍者神龟》、《石器时代大冒险》、《乱世豪侠传》、《新西游记-豪华珍藏版》。这 5 款游戏平均资费是 11.4 元。

游戏《魂斗罗 2 代-Konami 正版》资费为 12 元。该游戏是由经典游戏改编，版权很强势。游戏介绍是这样的——绝世经典《魂斗罗》是红白机时代最具人气的游戏，相信您一定玩过这款游戏。现在这款游戏由日本 Konami 公司移植到手机上，完全再现了当年的经典。

而游戏《激斗忍者神龟》资费为 15 元。该游戏同样属于版权强势的经典游戏类型。游戏介绍是这样的——玩家将操纵机智勇敢的忍者神龟，他为了拯救同伴和恩师，深入曲折幽暗的纽约地下水道、神秘恐怖的机械兵工厂中，展开惊险刺激的冒险之旅，最终驱逐邪恶成为维护和平与正义的孤胆英雄。激斗忍者神龟庆佳节，狂送话费和精美礼品。

另外，游戏《石器时代大冒险》资费为 10 元。该游戏的成功之处在于游戏的可玩性强。游戏介绍是这样的——在遥远的石器时代，一个勇敢而有毅力的小野人在他的成年祭礼上接受了酋长给他的任务。他能否击败恐龙、怪兽和野蛮的食人族，成长为部落的勇士呢？

而游戏《新西游记-豪华珍藏版》资费为 10 元。该游戏成功之处在于《西游记》是家喻户晓的故事，但是一直没有一个真正好玩的《西游记》题材的手机游戏。本作力图打破这种局面，游戏为主人公孙悟空设计了多种超级华丽的必杀技，配合幽默搞笑的对话和引人入胜的情节，成功跃居动作类游戏排行前列。

该目录下游戏排位变化比较明显的游戏有两款。一款是《功夫熊猫（EA 正版）》。该游戏资费是 12 元。该游戏是依靠电影版权的优势成功冲榜，而游戏剧情也类似于电影剧情。游戏介绍是这样的——相传，遥远的过去有一座神秘的岛屿——烈焰岛。岛的中央有一座被人们誉为神的龙塔。人们相信只要龙塔完好无损，人们的生活也就幸福快乐。邪恶的魔族知道了此事，他们施展魔力控制了各种生物……

另一款排位变化比较明显的游戏是《三国猛将-华娱版》。该游戏资费 12 元。三国题材在动作类游戏排行榜上出现的频率比较高。《三国猛将-华娱版》上线后，成功挤掉了其他两个(《真三国赵云传》、《傲视三国之武将赵云》)同类型的游戏。该游戏介绍是这样的——无需太多描述的闯关极品,华娱动作游戏实力的全面体现,同屏三十个敌人都不见拖慢,在手机上领略一骑当百,横扫千军的激爽快感。超长游戏历程,还有隐藏女性角色赠送。品质超越你的想象。

3.4.5　冒险类

表 3-7 是 2008 年 7 月 2 日至 2008 年 8 月 19 移动梦网通用下载平台冒险类目录下的游戏排名情况。

表 3-7　冒险类目录排行榜

2008 年 7 月 2 日		2008 年 7 月 14 日		2008 年 8 月 15 日		2008 年 8 月 19 日	
冒险	游戏名称	冒险	游戏名称	冒险	游戏名称	冒险	游戏名称
冒险 1	聊斋之小倩重生	冒险 1	聊斋之小倩重生	冒险 1	Q 版冒险岛之拉登闯关(珍藏版)Ⅱ	冒险 1	Q 版冒险岛之拉登闯关(珍藏版)Ⅱ
冒险 2	Q 版冒险岛之拉登闯关(珍藏版)Ⅱ	冒险 2	Q 版冒险岛之拉登闯关(珍藏版)Ⅱ	冒险 2	聊斋之小倩重生	冒险 2	聊斋之小倩重生
冒险 3	疯狂吃豆	冒险 3	脱狱	冒险 3	哆啦 A 梦大雄的奇幻大冒险-正版	冒险 3	疯狂吃豆
冒险 4	哆啦 A 梦大雄的奇幻大冒险-正版	冒险 4	哆啦 A 梦大雄的奇幻大冒险-正版	冒险 4	疯狂吃豆	冒险 4	哆啦 A 梦大雄的奇幻大冒险-正版
冒险 5	巴比伦金矿	冒险 5	疯狂吃豆	冒险 5	影・黑暗武士	冒险 5	影・黑暗武士
冒险 6	脱狱	冒险 6	巴比伦金矿	冒险 6	新冒险岛	冒险 6	新冒险岛
冒险 7	新冒险岛	冒险 7	影・黑暗武士	冒险 7	聊斋之倩女幽魂	冒险 7	巴比伦金矿
冒险 8	影・黑暗武士	冒险 8	新冒险岛	冒险 8	巴比伦金矿	冒险 8	生化危机 2-华娱版
冒险 9	特技人:引爆(THQ 正版)	冒险 9	3D 幻影空中保卫战(发烧版)	冒险 9	百乐-丛林大冒险	冒险 9	海盗王之灵魂契约
冒险 10	聊斋之倩女幽魂	冒险 10	百乐-丛林大冒险	冒险 10	突袭-异界装甲	冒险 10	脱狱
冒险 11	迪士尼-圣诞惊魂夜	冒险 11	二郎神传说-装备加强版	冒险 11	武林传之刀剑江湖录(中)	冒险 11	二郎神传说-装备加强版
冒险 12	模拟人生 2 孤岛物语(EA 正版)	冒险 12	热血江湖(正版)	冒险 12	生化危机 2-华娱版	冒险 12	战狼-贝奥武夫(gameloft 正版)

在该游戏目录下,稳定在榜位前列的游戏有《聊斋之小倩重生》、《Q 版冒险岛之拉登闯关(珍藏版)Ⅱ》、《疯狂吃豆》、《哆啦 A 梦大雄的奇幻大冒险-正版》、《脱狱》、《巴比伦金矿》。这 6 款游戏平均资费是 7 元。

《聊斋之小倩重生》属于低资费游戏,虽然被划分到冒险类游戏,但剧情实际更类似

RPG 游戏，所以也更能吸引游戏玩家。游戏在 3.4.1 已做介绍。

《Q 版冒险岛之拉登闯关(珍藏版)Ⅱ》属于版权强势的经典游戏类型。

《疯狂吃豆》属于超低资费游戏。游戏介绍是这样的——今年夏天玩什么？当然是和可爱的史莱姆一起吃豆子。游戏中为您提供了多种新奇的道具，数十种前所未见的机关，并有几十个关卡等着您去挑战。让我们一起《疯狂吃豆》吧！

3.4.6 格斗类

表 3-8 是 2008 年 7 月 2 日至 2008 年 8 月 19 移动梦网通用下载平台格斗类目录下的游戏排名情况。

表 3-8 格斗类目录排行榜

2008 年 7 月 2 日		2008 年 7 月 14 日		2008 年 8 月 15 日		2008 年 8 月 19 日	
格斗	游戏名称	格斗	游戏名称	格斗	游戏名称	格斗	游戏名称
格斗 1	英雄无敌Ⅱ	格斗 1	英雄无敌Ⅱ	格斗 1	英雄无敌Ⅱ	格斗 1	英雄无敌Ⅱ
格斗 2	极限格斗Ⅱ-劲爆街头拳皇	格斗 2	极限格斗Ⅱ-劲爆街头拳皇	格斗 2	魔刀奇侠	格斗 2	魔刀奇侠
格斗 3	合金弹头Ⅱ(SNK 正版)	格斗 3	水浒-华娱版	格斗 3	极限格斗Ⅱ-劲爆街头拳皇	格斗 3	极限格斗Ⅱ-劲爆街头拳皇
格斗 4	水浒-华娱版	格斗 4	士兵突袭	格斗 4	魔法小子	格斗 4	魔法小子
格斗 5	士兵突袭	格斗 5	魔刀奇侠	格斗 5	水浒-华娱版	格斗 5	水浒-华娱版
格斗 6	火影忍之魂	格斗 6	灭神记	格斗 6	火影忍之魂	格斗 6	火影忍之魂
格斗 7	魔兽争锋-剑圣传奇	格斗 7	合金弹头Ⅱ(SNK 正版)	格斗 7	士兵突袭	格斗 7	合金弹头
格斗 8	灭神记	格斗 8	火影忍之魂	格斗 8	合金弹头	格斗 8	士兵突袭
格斗 9	魔刀奇侠	格斗 9	加勒比海盗Ⅲ	格斗 9	灭神记	格斗 9	刀魂-华娱版
格斗 10	拳霸天下	格斗 10	城市终极战警	格斗 10	格斗之王-华娱版	格斗 10	拳霸天下
格斗 11	刀剑风云斩Ⅲ-绝色骑士	格斗 11	生死格斗四人组	格斗 11	合金弹头Ⅱ(SNK 正版)	格斗 11	生死格斗四人组
格斗 12	刀魂-华娱版	格斗 12	格斗之王-华娱版	格斗 12	反击！时空要塞	格斗 12	罪恶武器 2

在该游戏目录下，稳定在排名前列位置的游戏有《英雄无敌 II》、《极限格斗 II-劲爆街头拳皇》、《合金弹头 II(SNK 正版)》、《水浒-华娱版》、《士兵突袭》、《火影忍之魂》。

《英雄无敌 II》游戏介绍如下：幕府烟云再起，在宁静的外表下面往往暗藏杀机，和谐温情的家族一夜之间灰飞烟灭，四处飘零的浪客只能在西风中听取往日的欢歌……这个游戏介绍很有意境，成为吸引玩家消费的重要原因。该游戏资费属于中等，英雄无敌系列是 PC 游戏的经典制作，所以该游戏也属于经典游戏改编的类型。

《极限格斗 II-劲爆街头拳皇》游戏介绍如下：五星级格斗绝佳大作，全新创意的卡通渲染动画呈现出惊人视觉效果！华丽爽快的连击、拆招、必杀特技，为手机特别优化的键位设定，让您最快、最准、最狠地击毙对手，带给您非同一般的爽快感觉！游戏介绍十分精彩，使得用户看完了介绍就产生了想玩的冲动。

3.4.7 射击类

表 3-9 是 2008 年 7 月 2 日至 2008 年 8 月 19 移动梦网通用下载平台射击类目录下的游戏排名情况。

表 3-9　射击类目录排行榜

2008 年 7 月 2 日		2008 年 7 月 14 日		2008 年 8 月 15 日		2008 年 8 月 19 日	
射击	游戏名称	射击	游戏名称	射击	游戏名称	射击	游戏名称
射击 1	反恐精英战士 4	射击 1	反恐精英战士 4	射击 1	反恐精英战士 4	射击 1	空中狙击-金属巢穴
射击 2	异能少女	射击 2	异能少女	射击 2	雷电(豪华版)	射击 2	反恐精英战士 4
射击 3	超级坦克大战Ⅱ(增强版)	射击 3	超级坦克大战Ⅱ(增强版)	射击 3	异能少女	射击 3	异能少女
射击 4	闪联-狙击手(二战版)	射击 4	重装坦克大战-豪华版	射击 4	超级坦克大战Ⅱ(增强版)	射击 4	雷电(豪华版)
射击 5	重装坦克大战-豪华版	射击 5	空中狙击-金属巢穴	射击 5	空中狙击-金属巢穴	射击 5	超级坦克大战Ⅱ(增强版)
射击 6	反恐风暴	射击 6	闪联-狙击手(二战版)	射击 6	特种兵	射击 6	特种兵
射击 7	SWAT 反恐特警组(超级版)	射击 7	SWAT 反恐特警组(超级版)	射击 7	闪联-狙击手(二战版)	射击 7	闪联-狙击手(二战版)
射击 8	雷电(豪华版)	射击 8	雷电(豪华版)	射击 8	雷电战机Ⅱ	射击 8	雷电战机Ⅱ
射击 9	空中狙击-金属巢穴	射击 9	反恐特警之完美阻击	射击 9	暗战-怪兽争霸	射击 9	超能力特警
射击 10	雷电战机Ⅱ	射击 10	星际战魂	射击 10	SWAT 反恐特警组(超级版)	射击 10	纯金弹头之敌后深入
射击 11	新警察故事 2	射击 11	特种兵	射击 11	星际大战-钛战机	射击 11	空战 1945
射击 12	三角洲部队	射击 12	暗战-怪兽争霸	射击 12	魂斗小子之无敌闯关 4	射击 12	星际战魂

《反恐精英战士4》游戏介绍如下：经典反恐游戏登录手机，采用真实人物比例，画面丰富细腻，主角拥有攀爬、撑墙、潜伏、翻滚等十余种动作，并且在跑动中可做连续翻滚和跳跃，操作感十足。这是一款既能保证高资费同时又能保证排名靠前的游戏，从游戏介绍就可以看出来，其可玩性很高。游戏的品质保证了游戏的收益。

《异能少女》游戏介绍如下：本游戏是一款横版动作射击类游戏。游戏讲述的是无法忍受魔龙疯狂肆虐的人们决定与魔龙进行战斗，游戏的主人公小爱因为家乡刚刚被恶龙破坏，带着对恶龙的仇恨也加入到了这个行列当中……该游戏的名称有足够的吸引力，是该游戏排名靠前的重要因素。

《超级坦克大战II（增强版）》游戏介绍如下：红白机上的《坦克大战》让多少人废寝忘食，米格倾力打造超级坦克大战2代在万众期待中火爆上市！如临现场的战争场面，炮口上硝烟未尽的金属质感战车，特效爆炸震动效果，体现本款游戏的白金品质！这款游戏属于经典款游戏，有足够的用户基础，所以能轻松取得好成绩。

3.4.8 综合分析

从上述几个最主要的游戏分类目录的排名规律来看，可以得出以下结论：

- 首先，在连续几周内、游戏排名位置基本不变的都是保持在前6名左右的游戏。
- 其次，很多新推出的热门游戏可以直接排名至对应游戏目录下的前两名，然后相当长的时间内保持排名不变。
- 排名提升有几个重要的元素：

a）经典游戏的手机改编版；

b）游戏可玩性强；

c）游戏名称能足够吸引玩家（比如经典的电影改编、动漫改编、美女效应，等）；

d）游戏介绍文字足够绚丽；

e）游戏资费趋向中等资费。

3.5 移动梦网“游戏频道”详解

移动梦网游戏频道自2007年12月份整合以来，承载了四个平台的三大类游戏，手机网游、g+游戏业务包、试玩转激活等内容全部合并进入，同时还对WAP游戏进行了新的调整。这样，原有的通用下载平台在移动梦网上就体现为今天的“游戏频道”，并有一套完整的营销规范。和“百宝箱”时代一样，这些营销规范依然是以“位置营销”为核心来运转的，但获取位置的规则，则发生了翻天覆地的变化。本节将详细解读关于“游戏频道”的相关知识。

如图3-10所示，这是最新的“游戏频道”的页面和栏目结构。以下，本节将分别描述游戏频道各栏目的引入要求及排序规则。

3.5.1 “推荐”栏目业务管理规范

游戏频道首页导航第1位“推荐”栏目，属于单机游戏中的精品单机游戏，如图3-11所示。

申报“推荐”栏目，需参加精品单机游戏流程中的“游戏玩家初评”。通过游戏玩家初评的游戏入选推荐栏目。

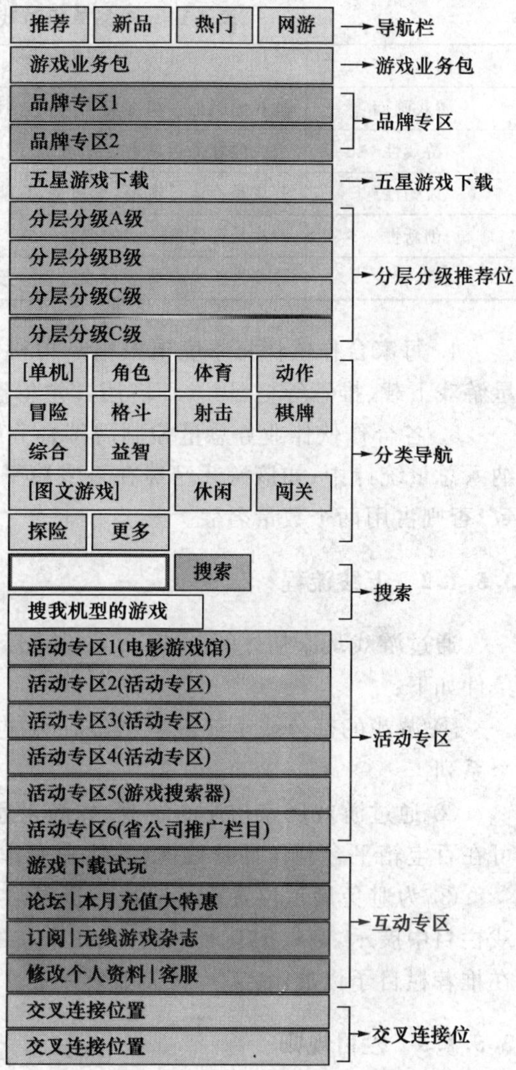

图 3-10 游戏频道各栏目位置

3.5.1.1 引入要求及业务评估

1. 按照精品单机游戏流程开展引入及评估工作。每季度开展一次，游戏频道“推荐”栏目展示的业务，要求合作伙伴与中国移动已有游戏业务的合作（含百宝箱业务合作），且符合SP分层、分级管理要求，游戏业务资质分层分级在普通级以上（含普通级）。

① 合作伙伴提交申报资料

每季度第一个月倒数第三个工作日（含当日）16：00前，合作伙伴提交申请邮件。

曾申报过游戏频道玩家评审但未通过，且分数在6分以下的游戏，不得申报。如评分低于8分但高于6分（含6分），可进行修改，并在下一个季度重新申报。如仍低于8分则不能再次申报。

合作伙伴在提出申请的同时，将安装了参评游戏的手机邮件寄至评审通知邮件指定的地点。

② 申报资料审核

将对合作伙伴的申报资格、分层分级状况、商用业务数与国际厂商的合作证明等情况进行审核，以确定合作伙伴是否满足准入条件。如合作伙伴不符合精品单机游戏流程中对于游戏业务包的要求，则该合作伙伴游戏只能参加初评，不能参加复评及游戏业务包的后续流程。

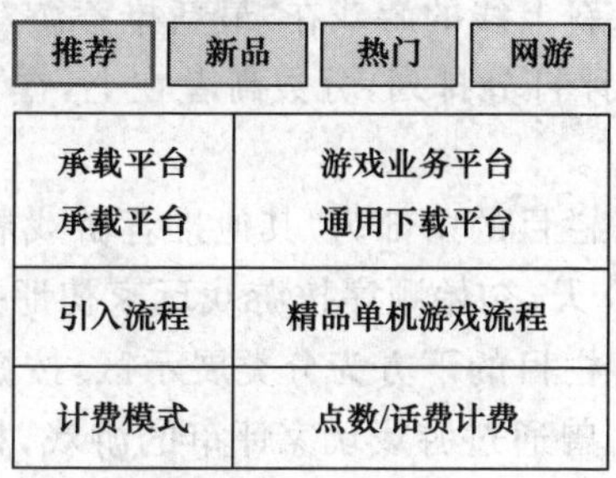

图 3-11 “推荐”栏目

2.“游戏玩家初评”由“玩家评审委员会”对游戏进行打分。根据初评分数结果，将把游戏分为若干星级：8.0～8.6分为三星；8.7～9.2分为四星；9.3分及以上为五星。8分以上的游戏可在“推荐”栏目展示。

3. 业务评审细则。业务评审细则是对游戏进行打分评审时的考核指标，包括游戏玩家初评定量指标和营销资源选评定量指标。推荐栏目只使用其中的初评指标。

游戏玩家初评定量指标：精品单机游戏的游戏玩家初评定量评估主要包括如表3-14所示的方面。

表 3-14 精品单机游戏的游戏玩家初评定量评估表

内　容	评　估　指　标
游戏画面	游戏画面是否精细美观，角色刻画、动作设计等是否细致准确
游戏性	游戏内容是否具备足够可玩性，并且能避免游戏的同质化现象
流畅性	游戏是否运行流畅，无拖慢，且能保证其对应类型游戏应有的游戏节奏，按键设置是否合理
创新性	游戏是否具备一定的创新要素
经典程度	游戏是否为经典题材或跨平台授权产品

4. 每家合作伙伴每季度申报精品单机游戏流程的游戏数量为 6 款(含游戏业务包、五星游戏下载、推荐等栏目)。不占用日常单机＋图文游戏申报名额。

5. 各合作伙伴业务总量控制需符合分层分级管理办法，经过玩家初评上线的业务同样纳入总量统计中；如该游戏已经在百宝箱平台上线，则名称需与在百宝箱平台上线的保持一致，否则占用两个数量名额。

3.5.1.2 上线流程

通过游戏玩家初评的游戏，评审结束后在游戏频道按照既定的栏目规则进行上线展示，条件如下：

① 游戏的部分或全部机型已经在百宝箱平台上线，且已上线适配终端系列不少于 10 个系列。

② 通过游戏玩家初评的游戏，如尚未通过百宝箱评审，则视同于已经通过百宝箱评审，可在百宝箱平台制作计费数据，并优先安排测试。测试上线后可在推荐栏目展示。

③ 为避免展示位置重复造成的资源浪费，如该游戏将在游戏业务包等其他精品单机游戏栏目中展示，则根据其展示期，在其未在的游戏业务包等栏目展示(或已经展示完毕)时，在推荐栏目予以展示。

3.5.1.3 栏目规则

1. 推荐栏目分为最新推荐游戏展示区、其他推荐游戏展示区、分类展示区三个区域。

2. 新上线的游戏在“最新推荐游戏展示区”展示 10 天，位于整个栏目的最上方，按游戏玩家初评打分排列，分数高者在上，在下一批游戏上线后，这些游戏将下移至“其他推荐游戏展示区”。

3. 栏目的中部为“其他推荐游戏展示区”，从最新推荐展示区下移的游戏将在这个区域展示 20 天，初始顺序按游戏玩家初评打分排列，分数高者在上，并进行冒泡轮换。

4. 栏目的下方为分类展示区，按游戏类型展示各期通过游戏玩家评审的游戏。

① 曾通过游戏玩家评审的游戏，根据合作伙伴提交资料中标明的游戏类型，分别归于对应的游戏类型页面中，如该游戏与资料中的游戏类型不符，评审时经玩家讨论将予以更改；

② 各游戏类型页面中包含的游戏，按游戏名称拼音顺序排列，每次用户看到的页面都是随机产生，每个页面出现的频次相同；

③ “分类展示”子栏目根据游戏上线的时间进行同步更新。

5. 用户点击了自己机型不适配的游戏，将跳转到“搜我机型的游戏”页面。

6. 本栏目规则根据运营情况进行调整。

3.5.1.4　更新周期

1. 根据每月 1、11、21 号进行的百宝箱平台上线状况及精品单机游戏的推广期，对已经通过游戏玩家初评的游戏在“推荐”栏目进行展示，即每月进行三次业务同步工作，每次同步在两个工作日内完成。

2. 在推荐栏目上线的游戏的首批适配机型在推荐栏目展示后，自当月该游戏同步时间算起，保留至下月同时间点，即保留时间为约一个自然月。保留期结束后，将该游戏在推荐栏目中撤去。

3. 业务保留时间以首批适配机型在推荐栏目开始展示为准，与是否进行机型拓展无关。

3.5.2　“新品”栏目业务管理规范

游戏频道首页导航第 2 位是“新品”栏目，如图 3-12 所示。

推荐	新品	热门	网游

承载平台	百宝箱/通用下载平台
引入流程	普通单机游戏流程
计费模式	话费计费

图 3-12　“新品”栏目

“新品”栏目手机游戏的引入要求是凡通过百宝箱评审并在百宝箱平台新上线的游戏，均可进入“新品”栏目。其栏目规则如下：

1. 游戏的首次排序按照百宝箱评审分数进行排序，并进行冒泡排序轮换。

2. 排序后的游戏在终端上显示时要过滤掉与终端不兼容的游戏，空缺由排在后面的游戏递进补充。

3. 在新品栏目展示的游戏定期更新，具体规则如下：

① 大多数游戏在轮转发生时顺次向下移 m 位(m 值可配置，默认为 1)；

② 排在后 m 位的游戏在下一个周期顺次轮转到前 m 位；

③ 当目录中增加了新的游戏时，新游戏排在最后一位；

④ 当目录中的游戏减少时，后面的顺序提前。

4. 排行榜显示的游戏数量可以配置。

5. 本栏目规则根据运营情况进行调整。

“新品”栏目的更新周期为：页面轮换更新周期可配置，至少可以以小时为单位进行轮转更新。

3.5.3　“热门”栏目业务管理规范

游戏频道首页导航第 3 位是“热门”栏目，如图 3-13 所示。

推荐	新品	热门	网游

承载平台	百宝箱/通用下载平台
引入流程	普通单机游戏流程
计费模式	话费计费

图 3-13　“热门”栏目

“热门”栏目手机游戏的引入要求是百宝箱平台在一定周期内的订购用户数位于前若干名的游戏进该栏目。其栏目规则如下：

1. 排行依据游戏在一定周期内的订购用户数进行排序。订购用户数多的游戏排在前面，用户数少的排在后面。订购用户数为除重之后的用户数;订购用户数含单次下载用户和包月应用的订购用户。

2. 订购用户数为收费用户数。收费用户指下载过收费游戏的用户。

3. 排行榜显示的游戏数量可以配置,如:TOP 10 等。

4. 排行榜中最大游戏数量可以配置,如:20 等。

5. 排行榜的统计周期可以进行配置,选项包括按前一个周期(日、周、月)或者累计进行统计。日从凌晨零点开始,周从周一开始,月从每月一日开始。

6. 本栏目规则根据运营情况进行调整。

"热门"栏目的更新周期如下:

1. 对于按照周期统计,在前一个周期结束时更新;

2. 对于累计统计,更新周期可配置,至少每天更新一次。

3.5.4 "网游"栏目管理规范

游戏频道首页导航第 4 位"网游"栏目用于展示参与公测及正式上线的手机网游,承载平台为游戏业务平台,采用点数计费,如图 3-14 所示。

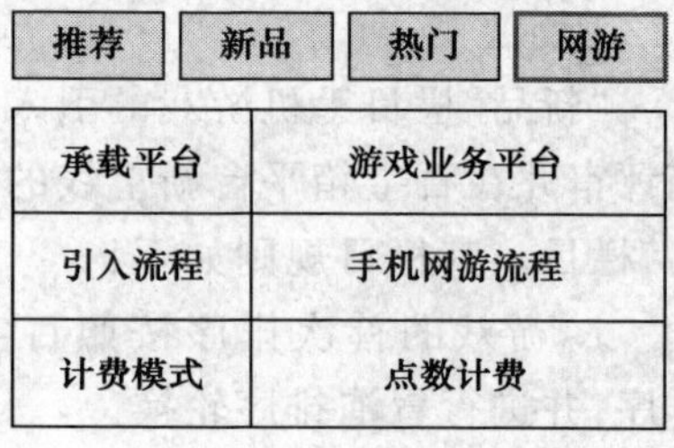

图 3-14 "网游"栏目

手机网游管理规范在健康发展、保障规范运营的前提下,采用"宽测严上"的原则,为合作伙伴提供宽松的公测环境,市场公测证明具备计费基础、用户规模、营利能力的手机网游正式上线发布。

对于原有优秀的游戏业务合作伙伴给予优先支持。

对具备丰富手机网游运营经验、具备特殊资源的合作伙伴给予创新业务支持,共同推动手机网游的发展。

"网游"栏目内的页面规则如图 3-15 所示。

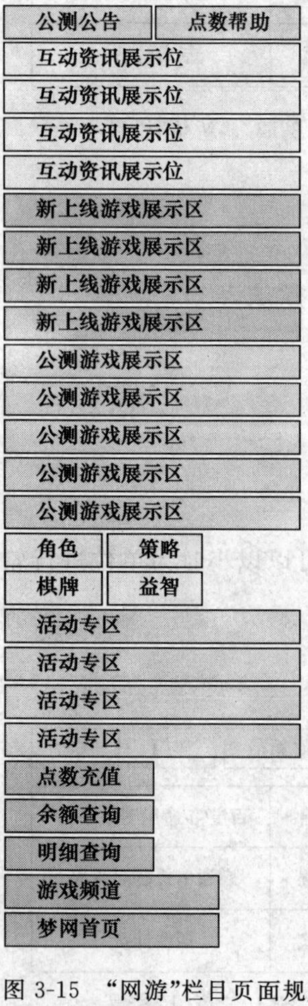

图 3-15 "网游"栏目页面规则

1."公测公告"展示市场公测期间的相关公告内容。

2."点数帮助"展示关于点数充值及计费的相关帮助说明。

3."互动资讯展示位"展示手机网游的相关资讯,最多展示 4 行。各资讯以 5 分钟为周期进行冒泡轮换,初始顺序按提交顺序排列,新提交的位置在上。

4."新上线游戏展示区"展示当月新增正式上线的全部手机网游,各网游以 5 分钟为周期进行冒泡轮换,初始顺序按适配机型系列的数量排列,适配机型数量多的位置在上。

5."公测游戏展示区"展示全部参加市场公测的手机网游,各网游以 5 分钟为周期进行冒泡轮换,初始顺序按专家评审打分排列,分数高的位置在上。

6.“分类游戏展示区”为角色、策略、棋牌、益智这四类手机网游的分类展示区，各类手机网游在相应类别的页面中展示，页面内的各网游以 5 分钟为周期进行冒泡轮换，初始顺序按适配机型系列的数量排列，适配机型数量多的位置在上。

7.“活动专区”为手机网游营销活动，处于公测或正式上线状态的手机网游均可申报活动，最多展示 4 行。各活动以 5 分钟为周期进行冒泡轮换，活动初始顺序按申报顺序排列，新申报的活动位置在上。

8.“点数充值”、“余额查询”与“明细查询”为用户查看自己点数充值及消耗明细的入口。

9. 本栏目根据运营情况进行调整。

3.5.5　“图文游戏”栏目业务管理规范

用户在使用不适配 Java 的手机访问游戏频道时，将跳转至图文游戏（WAP 游戏）门户页面。不适配游戏业务包的机型在访问游戏业务包推广页面时，也将跳转至图文游戏（WAP 游戏）门户页面。

在图文游戏（WAP 游戏）割接结束后，图文游戏（WAP 游戏）栏目规则如下：

1. 用户在使用不适配 Java 的手机访问游戏频道时，将跳转至图文游戏（WAP 游戏）门户页面。不适配游戏业务包的机型在访问游戏业务包推广页面时，也将跳转至图文游戏（WAP 游戏）门户页面；割接结束后，图文游戏（WAP 游戏）门户页面的排序规则如图 3-16 所示。

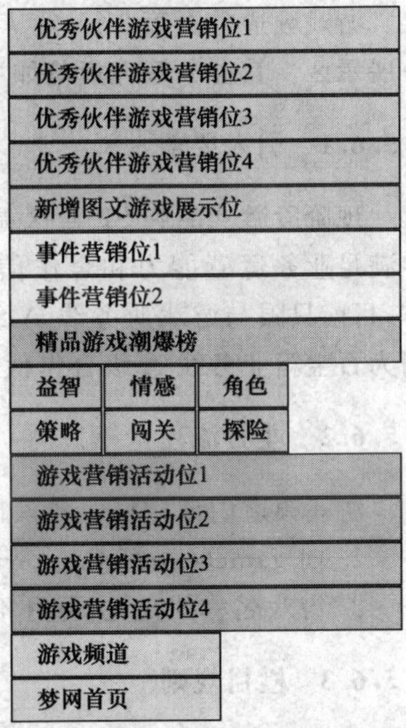

图 3-16　图文游戏（WAP 游戏）门户页面的排序规则

①“优秀伙伴割接游戏营销位 1～4”为割接到新平台的 A、B、C 级合作伙伴业务推荐轮换位。其中：

A. A 级合作伙伴业务推荐轮换位 1 个。所有入选的 A 级 SP 业务在该推荐位内采取以 5 分钟为周期的冒泡式轮排。

B. B 级 SP 业务推荐轮换位 1 个。所有入选的 B 级 SP 业务在该推荐位内采取以 5 分钟为周期的冒泡式轮排。

C. C 级 SP 业务推荐轮换位的链接数＝4－（A 级＋B 级业务推荐轮换位）。该链接位游戏分为两部分：一是割接到新平台的 C 级合作伙伴每家推荐一款游戏；二是每月评选出来的 18 款优质 WAP 游戏中属于 A、B、C 级合作伙伴的游戏（该部分游戏与自推荐游戏不能重复）；这两部分游戏一起轮换，轮换间隔为 5 分钟。

D. 如分层分级评选结果中某一级别的 SP 空缺，则在当次展示周期内不展示该级别所处的一行。

②“新增图文游戏展示位”为新增图文游戏的展示位，最新上线的游戏排在最上方，轮换展示，间隔为 1 天，游戏在该栏目的展示周期为 2 个自然月。

③“事件营销位 1、2”为以重大事件为主题的游戏营销位，全部合作伙伴参与营销的图文游戏在该栏目轮换展示，轮换间隔为 5 分钟。

④“精品游戏潮爆榜”展示优秀合作伙伴的图文游戏及优质图文游戏，其中优秀合作伙

伴每家可有一款游戏参与展示，优质图文游戏共 18 款。该栏目指向的页面内，优秀合作伙伴的游戏位于上方。

⑤“益智、情感、角色、策略、闯关、探险”为全部分类型业务展示位，按照每月的业务打分进行调整。

⑥“游戏营销活动位 1、2、3、4”为图文游戏营销活动位。各游戏轮换展示，间隔为 5 分钟。

⑦ 本栏目规则根据运营情况进行调整。

2. 游戏频道首页“分类导航”栏目的图文游戏（WAP 游戏）部分更名为“图文游戏”，并根据访问量对分类栏目入口进行调整：“图文游戏”下属的分类目录变更为“益智”、“闯关”、“探险”及“更多”，展示割接完毕的、各对应类型的图文游戏（WAP 游戏）；“更多”链接指向图文游戏（WAP 游戏）首页页面。

3.5.6 “品牌专区”栏目业务管理规范

游戏频道首页第 3 行、第 4 行是“品牌专区”，如图 3-17 所示，为 A 级合作伙伴的品牌业务展示区。其业务管理规范如下。

3.5.6.1 引入要求

现阶段游戏品牌 SP 专区是中国移动游戏精品层业务中满足业务运营能力和合作信用要求的合作伙伴深入合作，目前只限与游戏业务线 A 级合作伙伴进行合作（过渡期为百宝箱业务线 A 级合作伙伴）。

品牌专区1
品牌专区2

承载平台	百宝箱/通用下载平台
引入流程	普通单机游戏流程
计费模式	话费计费

图 3-17 “品牌专区”栏目

3.5.6.2 业务流程

游戏频道内该栏目业务入口名称变更流程如下：

1. 向 game@staff. monternet. com 发送入口名称变更申请。

2. 游戏名称的变更，每月不超过 4 次，须提前 3 个工作日提交申请。

3.5.6.3 栏目规则

品牌专区须遵从《移动梦网 SP 合作管理办法》关于业务内容的相关管理规定，依照信用积分管理办法从严管理，品牌专区业务出现违规的按 4 倍扣除信用积分。

1. 品牌专区仅提供游戏类业务内容，业务必须围绕主题开发设计，内容要求如下：

① 业务中不允许出现两性、隐私情感话题的内容和主题；

② 业务内容不得分地域进行适配，对来自不同地域、网关的用户所提供的内容与业务逻辑应保持完全统一；

③ 业务内容须可供 opera 等模拟器抓取下载，包含但不限于文字、图片；

④ 业务操作日志内容与现网业务内容须完全一致，不得提供虚假日志；

⑤ 未经中国移动允许，不得在游戏品牌 SP 专区的 WAP 展示页面内擅自提供任何形式的广告内容。

2. 品牌专区须遵从《移动梦网 SP 合作管理办法》关于业务逻辑的相关管理规定，在业务逻辑方面同时遵守如下要求：

① 游戏品牌 SP 专区的页面中不允许设置任何自链接；

② 游戏品牌 SP 专区不允许设有指向游戏品牌 SP 专区服务器之外的直接或者间接跳转；

③ 业务内不允许设置跳出 WTBS 的直接或间接跳转。

如有特殊推广需求，需单独报批中国移动。

3. 品牌专区命名规则要求如下：

① 每个游戏品牌 SP 专区业务名称包含两部分，以“公司品牌＋业务推广语”作为标准命名方式。业务名称须明确标识业务定位，不得超过 9 个中文字符。

② 原则上业务入口只能采用游戏名称，因特殊原因需要以热点主题作为业务入口时，必须单独报批中国移动。“业务推广品牌”部分反映热点主题，入口限定在 9 个中文字符以内。业务首页必须含有与主题密切相关的内容。热点主题名称到期、下线后将自动替换回原有业务名称。

3.5.6.4　业务数量及更新周期

1. 每家合作伙伴申报收费 Java 游戏数量上限为 25 个，免费 Java 游戏数量上限为 25 个。

2. 更新频率：游戏数量达到上限后，允许以替换的形式进行业务更新，每月更新一次，数量不超过 8 个。

3. 本栏目规则根据运营情况进行调整。

3.5.7　“游戏业务包”栏目业务管理规范

游戏频道首页第 2 行用于展示游戏业务包，栏目名称根据运营需要调整，如图 3-18 所示。游戏业务包承载平台为游戏业务平台，采用免费下载激活计费的方式。

3.5.7.1　引入要求及业务流程

按照精品单机游戏流程开展引入及评估工作。每季度开展一次。游戏业务包栏目展示的业务要符合以下两点。

游戏业务包	
承载平台	游戏业务平台
引入流程	精品单机游戏流程
计费模式	点数/话费计费

图 3-18　“游戏业务包”栏目

1. 初评流程

游戏业务包与推荐栏目参加相同的初评流程，对合作伙伴有以下几点要求：

① 合作伙伴与中国移动已有游戏业务(过渡期为百宝箱)合作，且符合分层、分级管理要求，游戏业务(过渡期为百宝箱)分层分级在 C 级以上(含 C 级)。如合作伙伴未达到 C 级但符合普通级，则需符合以下条件：申报产品需为国际著名游戏开发商授权合作产品，并获得该游戏开发商指定的与中国移动营销合作的独家代理协议(需提供正式书面文件，自申报之日起指定合作期不得短于一年)，自 2008 年第四季度起，同一家国际著名游戏开发商只能与国内一家 SP 公司进行授权合作。2008 年度指定的国际著名游戏开发商列表如表 3-15 所示。

表 3-15 国际著名游戏开发商列表

	公 司 名
欧 美	Electronic Arts(EA)
	Gameloft
	Digital Chocolate
	Glu Mobile
	THQ
	Eidos Mobile
	I-play
	Vivendi Mobile Games
	Disney Mobile
	IN-FUSIO
	Player X
	Hands-On Mobile
	HandyGames
日 韩	Sega Mobile
	Com2uS
	Konami Mobile
	Capcom Mobile
	Hudson Mobile Technologies
	Namco Mobile
	Sony Computer Entertainment(SCE)

② 具备机型扩展能力，提交的游戏适配机型系列不少于 20 个系列，且能按照统一的机型列表进行适配。2008 年度指定适配机型列表如表 3-16 所示。

表 3-16 适配机型列表

D508 系列	E6 系列	L7 系列	N7370 系列
D608 系列	K1 系列	N6101 系列	N73 系列
E2 系列	K506 系列	N6230i 系列	N7610 系列
E398 系列	K700C 系列	V8 系列	S700 系列
E680 系列	L6 系列	N7260 系列	V600 系列

③ 曾申报游戏频道玩家评审但未通过的游戏，不得申报游戏业务包。

④ 游戏业务包与推荐栏目的申报共用每季度 6 款游戏的名额。如 SP 符合游戏业务包的引入条件，游戏可同时申报游戏业务包与推荐栏目，如不符合条件则只能申报推荐栏目。申报游戏不占用日常申报单机＋图文游戏名额，但合作伙伴商用游戏总数不得超过分层分级对应的总数。

⑤ 参评游戏的资料、营销方案与手机收集结束后进行游戏玩家初评，玩家初评打分平均值不低于 8 分的游戏通过初评。

2. 复评流程

每季度的精品单机游戏玩家初评后，由中国移动有限公司组织营销资源复评会。申报游戏业务包且通过初评的合作伙伴对营销推广方案进行陈述，由中国移动有限公司相关评委打分，选出每月的游戏业务包游戏。

① 根据每月的营销主题与综合评分确定结果，每次选出三个月的游戏业务包入选游戏。

② 营销资源选评会定量指标。申报游戏业务包的精品单机游戏除参加初评外，还需参加选评会。选评会对游戏业务包的游戏营销方案进行定量评估，主要包括如表 3-17 所示的内容。

表 3-17　游戏营销方案定量评估表

内　容	评 估 指 标
营销时效性	6 个月内在全球范围发布，国内与国际推广同步
游戏题材	游戏题材与类型能紧密契合中国市场需求
营销资源投入	配合营销活动，能投入大量奖品、物资、奖金
营销渠道	丰富营销渠道，营销渠道具创意性、有效性
营销渠道创新性	营销方案独特具创意性，游戏销售方式有新意

③ 最终评估定量。申报游戏业务包的游戏最终分数由初评分数和复评分数共同决定。其中初评分数权重为 50%，复评分数权重为 50%。最终分数排名前 30 位的游戏可进入下季度的中国移动营销重点产品（游戏业务包）。根据游戏上线时间决定其展示周期，并安排相关测试工作。

入选游戏业务包的游戏，在同等条件下，优先选择优秀合作伙伴的游戏。

④ 业务评审管理。精品单机游戏在引入流程中会对游戏的版权证明与功能性错误进行检查，如出现以上两方面问题，则该游戏评审不予通过。

对于在评估中出现以下情况的，将根据情节严重程度对相关合作伙伴处以一个季度暂停精品单机游戏申报的处罚，并根据信用积分管理办法扣除相应积分：

- 合作伙伴在评估中提供虚假或伪造版权证明（授权证明）；
- 合作伙伴在评估中提供暴力、淫秽色情、反动等非法内容的游戏。

3.5.7.2　业务测试

通过游戏业务包初评及复评的游戏，需要参加测试。符合测试标准的游戏在游戏业务平台上线。测试时间流程如表 3-18 所示。

表 3-18　测试时间流程表

时　间	工 作 项 目
第一个月	游戏改造
第二个月的 1 日	提交程序包并测试
第三个月的 1 日	游戏上线

游戏通过测试并上线后，在游戏业务包页面相应位置进行展示。

3.5.7.3 栏目规则

1. 游戏业务包页面中的游戏根据其归属，分为免费区和打折区。用户未订购(或订购但未下载免费游戏)时的初始状态为免费区 10 款游戏，打折区不显示。游戏在上线当月的初始顺序按游戏业务包评审打分顺序排列，评分高者在前。

2. 上线后的第一个周一，免费区内的游戏按激活用户数排序，激活用户数高者在前。然后，按此规则每周更新一次，直至该批游戏停止展示为止。

3. 用户在订购了游戏业务包并下载了免费游戏后，其余业务转入打折区参加排序。打折区排序规则与未订购状态的免费区相同。

4. 本栏目规则根据运营情况进行调整。

3.5.7.4 更新周期

游戏业务包内的游戏每月 1 日进行更新，如次月有的游戏因不能满足测试要求或因合作伙伴分层分级降为“信用不足”而不能上线，则由上一月份游戏业务包中激活用户数最高的游戏补齐。

3.5.7.5 计费方式

游戏业务包采用包月计费方式，订购业务包的用户每月可从 10 个免费游戏中选择 1 个下载，并最多可获得 9 个 8 折的收费下载游戏，具体方案为：

1. 游戏业务包资费：每月 5 元。

2. 游戏业务包包括免费区(初始为 10 款游戏)和打折区(初始为隐藏，用户订购并下载免费游戏后才显示)，游戏内容每月进行一次更新。

3. 订购业务包的用户可从免费区的 10 个游戏中选择 1 款自己喜欢的游戏免费下载，剩下的 9 款游戏自动转移到打折区，为用户提供打折收费下载。

3.5.7.6 商务合作模式

游戏业务包的商务合作具体方案如下：

1. 5 元信息费用于与免费区合作伙伴的分成，分成模式为中国移动：免费区合作伙伴＝50%：50%。免费区合作伙伴间业务包信息费的拆账依据为下载并激活免费游戏内容的用户数比例。

2. 打折区的游戏下载信息费分成模式为中国移动：合作伙伴＝15%：85%；

3. 中国移动提供网络通道、业务管理平台，提供代计、代收信息费，自主进行业务营销宣传，提供游戏业务包的客户服务。

4. 合作伙伴负责提供游戏内容，及游戏内容的客户服务。

3.5.7.7 退出游戏业务包规则

1. 因合作伙伴违规的业务退出

合作伙伴业务违规的游戏，要求其 24 小时内整改；如确认违规，则根据中国移动有限公司的要求进行业务下线处理，业务下线后，违规游戏不再展示并且不再计费。

2. 因合作伙伴分层分级达不到精品单机游戏栏目要求

分层分级未达标的合作伙伴业务在次月退出精品单机游戏，直至其分层、分级恢复为普通级（或普通级以上）前，不能新增精品单机游戏。固定业务数量的栏目（包括五星游戏下载、游戏业务包等）所空出的业务名额，由上一月份精品单机游戏中订购用户数或激活用户数最高的游戏补齐。

3. 因测试达不到精品单机游戏要求

游戏业务包要求游戏在固定的推广时间上线，如合作伙伴游戏未通过测试，则不能参加该栏目对应时间的推广。所空出的业务名额，由上一月份同栏目中激活用户数最高的游戏补齐。

未通过测试的游戏业务包能否参加后续的推广，视次月游戏业务包业务数量而定。如次月游戏数量不足，则该业务顺延至次月游戏业务包；如次月游戏数量已满，则取消该游戏进入游戏业务包的资格。

根据测试评估标准进行打分，如合作伙伴的累计测试积分低于一定标准，则在低于标准后一个季度内不得申报精品单机游戏。

精品单机游戏的其他退出原则，与普通单机游戏的退出原则相同。

3.5.8　“五星游戏下载”栏目业务管理规范

游戏频道首页第 5 行是“五星游戏下载”栏目，即原“当月主打推荐”栏目，如图 3-19 所示。为引入更多精品单机游戏，为用户提供更多顶级游戏的服务，并使得更多合作伙伴有机会申报入选，现将该栏目调整为普通级以上合作伙伴（含普通级）可申报，并将栏目名称更改为“五星游戏下载”。

按照精品单机游戏流程开展引入及评估工作，每季度开展一次。引入要求及业务流程与“推荐”栏目相同。“五星游戏下载”中展示的游戏须添加“中国移动手机游戏标识”。

五星游戏下载	
承载平台 承载平台	游戏业务平台 通用下载平台
引入流程	精品单机游戏流程
计费模式	点数/话费计费

图 3-19　“五星游戏下载”栏目

通过精品单机游戏玩家初评的游戏，将根据分数结果把游戏分为若干星级：9.3 分及以上为五星；8.7～9.2 分为四星；8.0～8.6 分为三星。

“五星游戏下载”栏目展示当期全部五星级游戏，并有两个三级栏目链接为“五星游戏回顾区”及“四星游戏排行榜”。具体规则如下：

1.“五星游戏展示区”中的游戏顺序根据上线批次排列，新增批次位置在前，同批次游戏按游戏玩家评审的打分进行排列，分数高者在前。

2. 展示完毕的游戏进入该页面下方的“五星游戏回顾区”，回顾区展示的游戏顺序按玩家评审的打分排列，该回顾区最多展示 20 款游戏，如超过 20 款游戏，则超出部分在第二页展示，依次类推。

3. 四星级游戏在“四星游戏排行榜”中展示，四星游戏排行榜展示的游戏顺序按玩家评审的打分排列，该排行榜最多展示 20 款游戏，如超过 20 款游戏，则超出部分在第二页展示，依次类推。本栏目规则根据运营情况进行调整。

"五星游戏下载"栏目根据推荐栏目游戏上线状况，每月对游戏进行三次更新，更新时间与推荐栏目相同，每个游戏在五星游戏下载展示区展示，时间为1个自然月。

3.5.9 "事件营销"栏目业务管理规范

"事件营销"栏目展示重大事件性营销(例如奥运等专题)。将以专题形式快速征集游戏。

游戏频道将不定期进行事件性营销征集(如重大国际赛事、亿万投资电影、全球性社会或娱乐事件等)，符合营销题材条件的已上线游戏可申报参加。合作伙伴范围，根据各重大事件的具体特点而定，将在征集时指定。其业务流程如下：

1. 由运营支撑公司在SIMS上发起征集，合作伙伴以上报业务及营销方案的形式参加，符合营销推广题材的游戏参与展示。

2. "事件营销"栏目在奥运营销期间为"奥运营销区"。

该栏目的规则如下：

1. 该栏目位于活动专区第一行("电影游戏馆"上方)，并根据事件重要程度进行灵活调整。如没有重大事件，则该栏目位置空缺，空缺位置由下面的栏目补上。

2. "事件营销"栏目页面分为独家授权合作伙伴展示区和普通合作伙伴展示区。

① 拥有当期营销事件独家授权的合作伙伴的相关游戏在"独家授权合作伙伴展示区"进行展示。

② 其他合作伙伴游戏在"普通合作伙伴展示区"展现，业务顺序按合作伙伴上报顺序排列。该区最多展示20款游戏，如超过20款游戏，则超出部分在第二页展示，依次类推。

3. 本栏目规则根据运营情况进行调整。

3.5.10 "分层分级推荐位"栏目业务管理规范

游戏频道首页第6～9行是"分层分级推荐位"栏目，如图3-20所示，根据SP分层分级状况展示各级别业务。

3.5.10.1 申报分层分级推荐位的条件

游戏业务线分层分级处于C级以上(含C级，过渡期为百宝箱分层分级C级或以上)的合作伙伴，可申报进入该栏目的游戏，每家合作伙伴每次只可申报一款游戏，游戏范围包括该合作伙伴拥有的全部处于商用状态的Java游戏。

分层分级A级
分层分级B级
分层分级C级
分层分级C级

承载平台	百宝箱/通用下载平台
引入流程	普通单机游戏流程
计费模式	话费计费

图3-20 "分层分级推荐位"栏目

3.5.10.2 业务流程

每月14～15日(如遇法定节假日则顺延)，由符合相应分层分级状况的合作伙伴向game@staff.monternet.com提交申报"分层分级推荐位"栏目业务的申请，在确认该游戏上线状态后，在相应位置予以展示。

3.5.10.3　栏目规则

参与分层分级推荐位排序的业务共占据 4 行，具体规则如下：

1. A 级 SP 业务推荐轮换位：1 个。所有入选的 A 级 SP 业务在该推荐位内采取以 30 分钟为周期冒泡式轮排。

2. B 级 SP 业务推荐轮换位：1 个。所有入选的 B 级 SP 业务在该推荐位内采取以 30 分钟为周期冒泡式轮排。

3. C 级 SP 业务推荐轮换位的链接数＝4－(A 级＋B 级业务推荐轮换位)。所有入选的 C 级 SP 业务在该推荐位内采取以 30 分钟为周期冒泡式轮排。

4. 如分层分级评选结果，某一级别的 SP 空缺，则在当次展示周期内不展示该级别所处的行。

5. 业务运营内容必须与申报内容一致，如监测发现擅自更改内容，得取消该推荐位展示资格。

6. 本栏目规则根据运营情况进行调整。

该栏目根据申报结果，每月进行一次更新。

3.5.11　“分类导航”栏目业务管理规范

游戏频道首页第 10～14 行是“分类导航”栏目，如图 3-21 所示，即根据游戏类型进行区分并分别展示的页面。根据游戏类型的不同，分为单机、图文游戏两种分类导航栏。业务管理规范如下。

[单机]	角色	体育	动作
冒险	格斗	射击	棋牌
综合	益智		
[图文游戏]		休闲	闯关
探险	更多		

承载平台	游戏业务平台
引入流程	普通单机游戏流程 图文游戏流程
计费模式	点数/话费计费

图 3-21　“分类导航”栏目

3.5.11.1　单机类游戏分类导航栏管理规范

单机类游戏分类导航栏，即原百宝箱分类导航栏目。

1. 业务引入要求

在百宝箱平台和游戏业务平台上线的全部单机游戏，均按其申报时的分类，自动在相应分类页面中进行展示。

2. 栏目规则

① 目录中的游戏依据该游戏的所有适配机型在前一周的订购用户数进行排序。订购用户数多的排在前面，少的排在后面。

② 排序后的游戏展示页面是机型适配的。

③ 过滤后的游戏分为 A、B 两级，排在前面的 12 个游戏为 A 级，其余的游戏为 B 级。

④ 按设定周期进行升降级，在 A 级中订购用户数最少的两个游戏进入 B 级末尾，B 级中订购用户数最多的两个进入 A 级。如 B 级中游戏少于两个，升降级按照 B 级实际游戏数量进行，尽量保证 A 级游戏数量不变。

⑤ A 级业务规则与“热门”栏目相同，B 级业务规则与“新品”栏目相同。

⑥ 分类导航中游戏的下线规则，过渡期请见《手机上网之百宝箱业务分册 V3.1》中的相关章节，自 2009 年 1 月 1 日后参见《手机上网之游戏分册》相关章节。

⑦ 本栏目规则根据运营情况进行调整。

3. 更新周期

各分类导航页面每周更新一次。

3.5.11.2 图文游戏分类导航栏管理规范

1. 引入要求

游戏频道的图文游戏（WAP 游戏）分类，展示割接完毕的、各对应类型的图文游戏（WAP 游戏）；“更多”链接指向图文游戏（WAP 游戏）门户页面。

2. 栏目规则

游戏按点播用户数进行排列。

3. 更新周期

图文游戏（WAP 游戏）根据 WAP 游戏的更新周期，定期进行更新。

3.5.12 “搜索”栏目业务管理规范

游戏频道首页第 15～16 行是“搜索”栏目，如图 3-22 所示，根据搜索方式可分为“关键字搜索”和“搜我机型”两类。业务管理规范如下。

承载平台	游戏业务平台
引入流程	普通单机游戏流程
计费模式	话费计费

图 3-22 “搜索”栏目

3.5.12.1 “关键字搜索”栏目

“关键字搜索”即原百宝箱“搜索”栏目。

1. 引入要求

全部在百宝箱平台上线并处于商用状态的单机游戏均自动参与搜索。

2. 业务规则

在用户输入关键字并进行搜索后，会列出游戏名称有与关键字字段完全匹配的游戏列表（适配用户使用机型）。如展示出的不止一个游戏，则这些游戏按游戏名称拼音的字母顺序倒排（即按 Z～A 的顺序排列）。本栏目规则根据运营情况进行调整。

3. 更新周期

栏目内容按游戏上线周期进行更新。

3.5.12.2 “搜我机型的游戏”栏目

“搜我机型的游戏”即原精品游戏社区“搜我机型的游戏”栏目。

1. 引入要求

曾在游戏频道“推荐”栏目上线，及曾通过原精品游戏社区玩家评审的游戏均自动参与搜索。

2. 业务规则

① 在用户进行搜索后，会在已通过游戏玩家初评并已上线的游戏中，自动挑出与用户机型适配的全部游戏；

② 检索出的游戏按游戏名称的音序进行排列，并随机取出其中某一页给用户展示，用户每次打开显示不同页面，每页面出现频次相同。

3. 更新周期

栏目内容根据推荐栏目业务上线周期进行更新。

3.5.13 “活动专区”栏目业务管理规范

游戏频道首页第 17～22 行是活动专区对参与游戏频道促销活动的业务进行展示，如图 3-23 所示，其业务管理规范如下。

活动专区
活动专区1(电影游戏馆)
活动专区2(活动专区)
活动专区3(活动专区)
活动专区4(活动专区)
活动专区5(游戏搜索器)
活动专区6(省公司推广栏目)

承载平台	百宝箱/通用下载平台
引入流程	普通单机游戏流程
计费模式	话费计费

图 3-23　“活动专区”栏目

3.5.13.1 活动专区的内容

1. 如活动专区第一行遇重大营销性事件，则为“事件营销”栏目展示位，活动专区的其余栏目位置向下顺延。

2. 无重大营销性事件时，活动专区第一行为“电影游戏馆”。

3. 如事件营销与电影游戏密切相关，则采用事件营销与电影游戏相结合的方式，两栏目在该事件营销期间合并，位于活动专区首行。栏目上方主要展示当前事件独家授权合作伙伴的游戏及活动，栏目下方展示征集的相关电影游戏。

4. 活动专区第二至四行为“活动专区”，征集方式概述如下：

① 引入要求

A. 分层分级处于普通级以上(含普通级)的合作伙伴；

B. 申报游戏在百宝箱平台处于商用状态；

C. 游戏如在活动专区参与了展示，则在包含参与展示当月的三个月内，不得以相同游戏或相同实质内容的方案重复申报活动；

D. 单个活动推广时间最长为一个月。

② 专区业务流程

A. 每月 25 日(如遇法定节假日则提前)，合作伙伴向 SIMS 提出适用于下月的活动专区申报。

B. 邮件内容须包括：

- 游戏名称，与百宝箱平台商用状态业务名称相同；
- 活动方案与 WAP 页面 UI，以 Word 文件格式提交；
- 相关图片以附件形式提交，每个游戏最多 2 张图片，图片格式为 101×101 像素的 GIF 文件，单张图片大小不超过 2KB。

C. 活动方案汇总后，进行活动方案的评估，通过评估的活动在活动专区轮换展示。活动方案依据打分表进行评估，概述如下：

- 活动方案奖品丰富，在奖品价值和中奖数量上具备充足吸引力；
- 奖品种类与游戏题材具备足够联系，能使用户产生兴趣；
- 活动文案表述清晰，活动内容充分考虑了用户需求，真实性强；
- 用户参与方式和领奖方式较为便利，用户体验好。

③ 活动专区规则

A. 入选活动在游戏频道活动专区进行轮换展示；

B. 如活动日访问量低于 300 人或用户投诉严重，则该活动下线；

C. 如发现合作伙伴有欺诈用户行为，则该活动下线，并取消合作伙伴的活动专区合作资格一年。

5. 活动专区第五行为原精品游戏社区游戏搜索器固定推荐位。游戏搜索器为安装在用户终端上、展示游戏类栏目的程序。栏目内容包括：

① “五星游戏下载”栏目前两名游戏的下载页入口，以及游戏频道“推荐”栏目入口；

② “推荐”栏目中分类子栏目的动作、角色、冒险、棋牌、益智各页面入口，及“搜我机型的游戏”入口；

③ 网游栏目页面、点数充值页面及无线游戏杂志入口；

以上内容根据运营实际情况进行调整。

6. 活动专区第六行为省公司推广栏目，栏目名称及栏目内容由省公司自行制定，各省用户在该行只能看到当地省公司推广栏目的入口。

3.5.13.2 更新周期

本栏目规则根据运营情况进行调整。活动专区于每月 1 日进行更新(如遇法定节假日则更新时间提前)。游戏搜索器在每月 1、11、21 日游戏上线后的三个工作日内进行更新。

3.5.14 “互动专区”栏目内容说明

游戏频道首页第 23～26 行为“互动专区”栏目，如图 3-24 所示，包含与无线游戏相关的互动类内容。

3.5.14.1 游戏下载试玩

“游戏下载试玩”即试玩转激活展示区。试玩转激活游戏可由合作伙伴提供免费下载的单机客户端，用户体验一段时间后触发计费点激活计费。

游戏下载试玩
论坛|本月充值大特惠
订阅|无线游戏杂志
修改个人资料|客服

承载平台	游戏业务平台
引入流程	精品单机游戏流程
计费模式	话费计费

图 3-24 “互动专区”栏目

1. 引入要求

合作伙伴必须满足以下要求方可参与试玩转激活游戏的选评。

① 合作伙伴与中国移动已有百宝箱业务的合作，且符合 SP 分层分级管理要求，百宝箱分层分级在 C 级以上(含 C 级)；

② 必须是已经通过游戏频道玩家评审(或游戏业务包初评)的游戏才可申报，申报游戏无须再次参加玩家评审；

③ 单个业务的激活计费点最多可以有 5 处，单个激活点的价格及该游戏全部激活点的总价格(每处激活点按使用一次计算)均不得超过中国移动规定的资费指导价格(Java 单机游戏为 15 元，Symbian 单机游戏为 30 元)；

④ 合作伙伴申报的业务可以是 Java 版本或 Symbian 版本；

⑤ 每个合作伙伴限报 5 款业务，A 级合作伙伴可申报 8 款业务，业务的适配机型数量不得少于 15 个系列。

2. 业务流程

① 试玩转激活游戏每季度征集一次。合作伙伴向 game@staff. monternet. com 提交申请邮件，符合申报条件的游戏自动进入试玩转激活业务的后续流程。申请邮件除了游戏名称等相关信息外，还需有该游戏对应的具体计费点方案。

② 合作伙伴根据计费点方案(须符合计费规定及技术要求)，按照《游戏业务平台合作方开发规范 V1. 2. 4》和《游戏业务测试管理办法》进行开发并参加测试。程序包提交时间为每月 1 日。

3. 栏目规则

游戏展示的初始顺序按玩家评审打分排列，上线后的第一个周一，游戏按激活用户数排序，激活用户数高者在前。然后，按此规则每周更新一次，直至该批游戏停止展示为止。

4. 更新周期

通过测试并上线的试玩转激活业务，将在“游戏下载试玩”栏目展示页内参与展示，每月 1 日(遇节假日顺延)进行更新。

3. 5. 14. 2　无线游戏杂志

“无线游戏杂志”即原精品游戏社区“免费杂志”栏目。目前主要有“本期推荐”、“新品上店”、“劲作专题”、“本期放送”、“攻略工厂”、“可爱玩家”、“游戏快讯”内容板块。

1.“本期推荐”栏目

“本期推荐”为专题游戏合集推荐展示位，每期杂志专题将根据市场需求和当前整体业务特征灵活定制。业务管理规范如下：

① 引入要求

A. 必须是已处于商用状态的游戏。

B. 必须符合当期杂志主题内容，目前主题分为“类型游戏合集”和“系列游戏合集”。

a.“类型游戏合集”即同一种游戏类型的精品游戏合集，如“体育竞技类”游戏推荐。必须符合该期推荐类型的游戏才能申报。

b.“系列游戏合集”即一款游戏的系列展示，如“彩虹六号”系列游戏。该类游戏必须为国内或国际上知名游戏厂商开发的产品，或由其他游戏平台知名游戏的正版移植产品形成的系列，一个系列必须有 3 款以上(含 3 款)产品。

② 栏目业务流程

A. 每期杂志都将向读者预告下期推荐主题，各家合作伙伴自行从杂志上获取下一期主题信息。

B. 上期杂志更新后的一周内，合作伙伴可向 SIMS 提交适用于下期的杂志主题。

C. 邮件内容须包括：

- 游戏名称，与平台商用状态游戏名称相同；
- 游戏介绍，以 Word 文件格式提交；
- 相关图片以附件形式提交，每个游戏须提供 4 张图片，图片格式为 101×101 像素的 GIF 文件，单张图片大小不超过 5KB。

③ 业务规则

"类型游戏合集"按游戏上线时间由新到旧进行排序，展示5款游戏，同期上线游戏按前一个月日均下载量排序，下载量多的在前。

"系列游戏合集"按游戏上线时间由新到旧进行排序展示，同期上线游戏按百宝箱评审打分由高到低排序。

2."新品上店"栏目

"新品上店"栏目推荐游戏频道首页新品栏目中的精品游戏。

业务规则为：选取当前游戏频道首页新品栏目中百宝箱评审分数前六位由高到低进行排序展示。

3."劲作专题"栏目

"劲作专题"为通过游戏玩家评审游戏的展示区。

业务规则："新游"展示位展示当前最新通过游戏玩家评审并上线的分数最高的两款游戏；"经典"展示位展示以往各期通过游戏玩家评审上线的分数最高的两款游戏，按以往游戏频道每期"推荐"栏目内容，由旧到新按期选取。

4."本期放送"栏目

"本期放送"栏目为网游栏目和游戏频道活动专区展示位。其中"手机网游专区"为"网游"栏目入口；"活动专区"为游戏频道活动专区入口。

5."攻略工厂"栏目

"攻略工厂"向广大玩家展示游戏频道已上线游戏的游戏攻略、游戏秘籍、游戏通关心得等相关文章。

① 引入要求

A. 必须是在百宝箱评审已获得通过，并已在平台上线的游戏；

B. 文章内容必须为游戏通关攻略、游戏玩法、游戏技巧、游戏秘籍等指导玩家如何顺利通过游戏或更好地体验游戏的说明。

② 栏目业务流程

A. 每期无线游戏杂志更新后的一周内，合作伙伴可向SIMS申报适用于下期杂志的攻略；

B. 邮件内容须包括：

➢ 游戏名称，与百宝箱平台商用状态游戏名称相同；

➢ 游戏介绍，以Word文件格式提交；

➢ 相关图片以附件形式提交，每个游戏最多提供4张图片，图片格式为101×101像素的GIF文件，单张图片大小不超过5KB。

③ 业务规则

按每期无线游戏杂志上线后一周内收到的合作方申报内容选取，按游戏在百宝箱平台上线的时间排列，选取最新的八款游戏的攻略进行轮换展示。同期上线游戏，按百宝箱评审打分排列，打分高者优先选取。

6."可爱玩家"栏目

展示玩家风采的专栏，内容由玩家自行申报。

7."游戏快讯"栏目

综合游戏业界新闻资讯，除手机游戏资讯以外还包含最新各平台游戏新闻，内容由梦网合作新闻媒体提供或"无线游戏"杂志栏目撰写。

第4章
手机单机游戏典型案例剖析

第三章详细分析了手机单机游戏各种运营规律，本章将通过四个完整的典型案例剖析，进一步理解手机单机游戏各方面的知识。

4.1 《魔幻西游》：手机动作游戏综合评论

4.1.1 《魔幻西游》游戏介绍

《魔幻西游》是近年来难得的一款国产动作游戏精品。作为横版过关类动作游戏，玩家操作孙悟空在地图上行走、跳跃越过障碍，并使用金箍棒和各种魔法攻击敌人，如图 4-1 所示。

图 4-1 《魔幻西游》游戏

1. 平台：KJava。

2. 游戏类型：动作类。

3. 适用机型：N7610、N7260、QD、K700C、E398、V600。

4. 游戏说明：游戏开始玩家操作孙悟空进行游戏，可以使用普通攻击、跳跃攻击、石化攻击和魔法定身等多种攻击方式打败所有敌人后由特定的地点进入 Boss 战，击倒 Boss 后过关。游戏界面如图 4-2 所示。

① 法力值：当悟空使用魔法时消耗此项，游戏中法力值以较慢速度自动回复，也可通过相应道具增加。

② 生命值：受到攻击时会减少。

③ 生命数量:生命值减少到零时会减少一条生命,初始生命有 3 条,游戏中可通过相应的道具增加生命数量。

④ 关卡序号:目前所处的关卡序号。

⑤ 分数:使用不同技巧攻击敌人可得到相应的分数。

⑥ Boss 生命值:当此项减少为零时击倒 Boss,进入下一关。

⑦ Boss 姓名:各关卡最终 Boss 的姓名。

5. 道具简介:游戏中的道具通过击落左边途中的物体获得,其作用如图 4-3 所示。

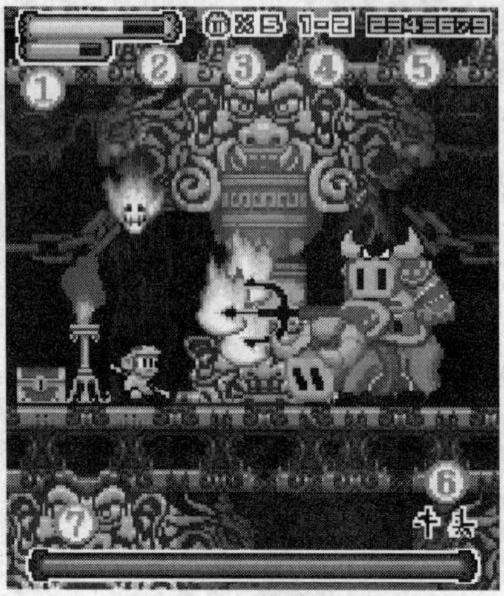

图 4-2 游戏界面

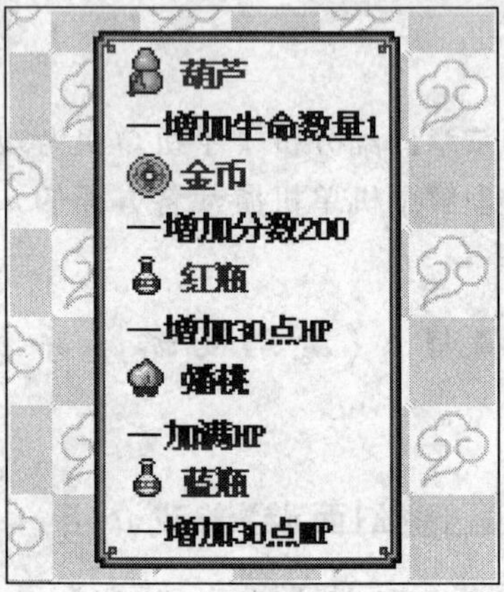

图 4-3 游戏道具

6. 操作说明:

→ 向右移动;← 向左移动;↓ 下蹲;→→ 向右冲;←← 向左冲;↑ 垂直跳;↖ 向左跳;↗ 向右跳;5 普通攻击;555 连续攻击;7 魔法攻击;19 魔法攻击;29 喷火;↓↓ 石化;空中 5 跳跃攻击;空中↓ 跳跃石化。

7. 主角技能:主角技能如图 4-4 所示。

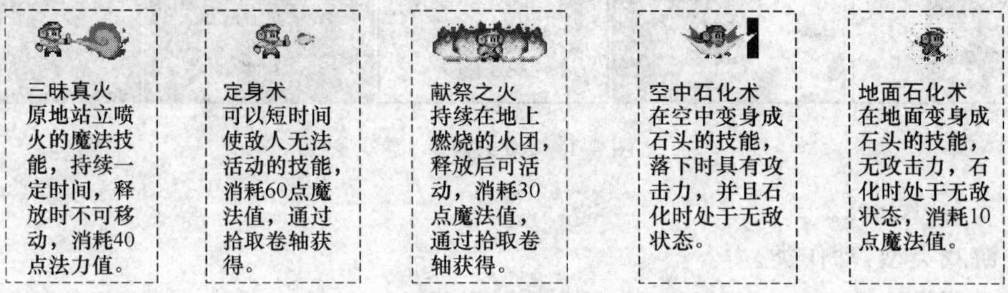

图 4-4 主角技能

8. Boss 简介:本游戏 Boss 简介如图 4-5 所示。

本游戏的最大特色在于必须合理利用悟空本身的魔法技能,仅凭借普通物理攻击是无法通过关卡的。另外游戏中的怪物多达 25 种,每个怪物都有自己独特的攻击方式,并且会产生一些特殊的效果,比如可以把主角烧焦、使主角触电等。而 Boss 的攻击方式也是各具特色,不掌握一定的技巧是无法通过关卡的。

图 4-5　游戏 Boss

4.1.2　《魔幻西游》的“动作指数”分析

动作游戏一直是国人最喜爱的游戏类型之一。那种一骑当关的快感是玩家永恒不变的追求。所以，首先要进入的就是《魔幻西游》的“动作指数”分析。

手机动作游戏的“动作指数”，一直被很多玩家认为是其软肋。由于机器性能的限制和操作的不便，几乎无法与其他家用游戏机或专业掌机相提并论。究竟是不是这样呢？如果想弄明白这个问题，不妨先换个角度，先来总结一下经典的 PS2 动作游戏《真三国无双 4》中有关“动作”的基本招式。

要想了解什么是游戏中的“动作”，首先要了解四个基本概念——“招”、“整招”、“式”、“结末式”。

一个整招中的每一个动作叫做一“式”，“式”是组成“招”的最小单位。一套动作的最后一式，一般都带有气绝、吹飞、挑空等效果，这一式叫“结末式”。有“结末式”的招，才是“整招”。如果一套整招在“结末式”发出之前被中断，则它只能算一招，而不再是一个整招。

可见，动作游戏早已不是“方块到底”的简单打法了。没有足够的技巧，相信玩家连“简单难度”都很难通关。一般的动作游戏中，都会就角色中招后的状态有一整套的系统分类，比如：普通硬直、微小浮空、转动浮空、吹飞、挑空、气绝、锷迫，等等。而角色发出的攻击动作则包括喷烟技、旋风、飓风、震起、裂破、贯穿、瓦解、落雷、音波攻击、喷火、斩击破，等等。

玩惯了家用机动作游戏的玩家，是否会对手机游戏相对贫乏的动作体系感到失望呢？或许这种横向比较的思路影响了一些开发者。2009 年的手机动作游戏《龙神》就是一个有益的尝试，如图 4-6 所示。游戏基于 3D 引擎开发，角色、场景都十分类似 PS 游戏中的《战神》，一切的元素都在尽可能地渲染一个主题——手机游戏也可以是“这样”的！

图 4-6 手机游戏《龙神》

真的是这样吗？如果把《龙神》和《战神》放在同一个画面对比，又是什么结论呢？不难发现，《龙神》中终极 Boss 喷火的效果还会出现马赛克纹理。手机上 3D 引擎的动作游戏，除了满足一部分用户的猎奇心态之外，可能更多的遭遇就是画面不停闪动、无法正常进入游戏这类的硬件适配问题了。即使忽略这些问题，手机键盘的操作，尤其是组合键的操作，可能永远也不如专业手柄方便；甚至 PSP，也因为方块键太靠近液晶屏幕，而影响了游戏操作的准确性甚至影响了玩家的心态。所以，一味地追求 3D 引擎、攀比家用机游戏效果，反而会让手机动作游戏误入歧途、舍本逐末。

而《魔幻西游》这款朴素的动作游戏没有简单地追求 3D 效果，依然采用了二维横版过关的经典模式。这就意味着，视角不能转动以及角色动作扁平化。不过，这也绝不意味着妄自菲薄！《魔幻西游》里的孙悟空，就有多达 12 种的动作微操作，可谓把二维游戏的动作设计发挥得淋漓尽致。

普通攻击和连续攻击虽然都是单一方向，但连续攻击的“结末式”带火光效果，部分弥补了二维游戏动作扁平的天生缺憾。前后方向的冲刺攻击也使用了同样的火光攻击效果。跳跃攻击分两类，空中普通攻击和空中蓄力攻击，后者是孙悟空在空中石化，然后落地砸伤敌人。再加上地面石化，相当于传统动作游戏中的隐身效果，一共是 6 种攻击手段。游戏中还隐藏了三种特殊攻击，分别是三昧真火、献祭之火以及定身术。三昧真火和献祭之火其实并不是真正意义上的魔法攻击，而只是物理攻击的某种变体。三昧真火的攻击距离与普通攻击基本相同，可以理解为飞行暗器；而献祭之火的攻击距离比普通攻击长，而且孙悟空还可以自由移动，所以可以理解为可伸缩的长兵器。开发者通过这种攻击系统的设定，实际上给玩家提供了三种可选兵器，同时又给后两种兵器提供了魔法的视觉表现，避免了单一冷兵器在视觉上的疲倦。所以，《魔幻西游》里准确统计到的物理攻击应该是 8 种；而真正的魔法攻击只有 1 种——定身术。这样加起来，就是 9 种微操作了。另外 4 个微操作分别是前、后冲刺以及前、后翻跳。能把手机上寥寥可数的几个按键玩转出 12 种微操作，又方便玩家记忆和使用，不煞费苦心是绝对达不到了！玩家们可以羡慕 PS2、PS3 上 3D 动作游戏的惊奇表现，但也不能不为轻量级的《魔幻西游》中细致入微的动作设计称绝叫好！

如果说有什么不足的话，笔者认为是缺乏连招的可能性。动作游戏最大的乐趣之一在于玩家对敌人进行连招的攻击。而《魔幻西游》中，敌人被悟空打中后连普通硬直都没有，还可以继续行动，自然也就没有连招的可能性了，游戏的打击感也因此大减。更糟糕的是，悟空被敌人打中后，反而会被吹飞或有巨大硬直。敌人没有硬直和玩家有硬直，可能是开发者实现游戏平衡性的一种策略，但笔者认为，这种设计极大地破坏了动作的打击感和连贯性，可谓得不偿失。

最后再想一想，为什么《魔幻西游》要给悟空设计多达 8 种的物理类攻击，而只设计 1 种魔法类攻击呢？孙悟空在《西游记》里是实力超强的肉搏型战士，虽有些法术，但都是辅助性的。这一小说中的原始世界观，也极大影响了《魔幻西游》的动作设计。如果反过来，给孙悟空设计出 8 种魔法攻击和 1 种物理攻击，那他还是齐天大圣吗？

在动作评测的尾声里，再补充一下关于《魔幻西游》中敌人的动作评测。《魔幻西游》中有多达 25 种的怪物，每种怪物的攻击方法都不同，比如熊猫大叔的斧子、铁球大叔的链球等等。当悟空靠近怪物的时候，他们的动作往往会发生变化，比如僵尸会开始打着转快速靠近你，而平时他们只是机械地移动。发行日期晚于《魔幻西游》的动作游戏《头名录》，虽然也是一款精品动作游戏，但在敌方 AI 上，就比《魔幻西游》逊色很多。在整整前两关里，敌人在被击倒后，只有一次主动绕背攻击玩家，而且步伐过于规律，完全没有威胁。敌人的武器长度不及玩家，却清一色地主动对齐方向、走到玩家的正面攻击范围内，这样的对抗体系中，再细腻的画面效果也无用。拿《头名录》和《魔幻西游》对比，后者的敌方 AI 设计已经可以算煞费苦心了。可惜，《魔幻西游》的敌方 AI 还是有三大硬伤。

第一个硬伤在于对“打背”的处理上，敌人对于玩家的“打背”攻击可以说是“熟视无睹”，玩家已经跳到敌人身后，敌人依然闲庭漫步，任由玩家在背后攻击。第二个硬伤在于敌人攻击判定的范围，比如铁球大叔，这个最让人头疼的敌人，却被发现了一个可利用的游戏 Bug——当你直接跳到他身边或位置与其重合的时候，他的链球对你是没有攻击判定的，而且他也不会移动位置，而任由玩家直接打死。这种类似 Bug 的攻击范围判定，在初期可以让玩家偷着乐，第二遍玩的时候就开始怀疑开发者的智商问题了。最后也是最大的一个硬伤，在于 Boss 的 AI 设定。动作游戏最容易引起非议的，莫过于强化 Boss 的伤害强度而忽略 Boss 的 AI 智商，让玩家仿佛在和一个攻击力超高的弱智决斗。《魔幻西游》里的蜘蛛精、牛头甚至如来，都有类似的倾向。比如，当玩家熟练地利用 3 个高台的地势变化去攻击第一关的 Boss 蜘蛛精时，他却依然匀速地向玩家的金箍棒走过来。唯一有些变通的只有第二关的 Boss 小白，他使用跟踪鬼火进行攻击，但这种攻击有时候会随着玩家的变化而变化。比如玩家躲到石台下，小白已经放出的跟踪鬼火有时候会中途消失，因为攻击不到玩家了，再继续又有什么意义呢？这种有变化的 AI 设定绝对是值得称赞的。可惜的是，小白是被固定在画面中央不能动弹的，所以整体的攻击和 AI 表现依然偏低。玩家只要掌握好时机，并灵活使用悟空的石化功能，就可以轻松过关了。

4.1.3 《魔幻西游》的“人性指数”分析

在了解关于《魔幻西游》的“人性指数”之前，不妨先来比较一下几款国外由经典电影改编的手机游戏。

首先来看 2008 年最卖座的进口大片《功夫熊猫》。整个影片的画面是以红色和黄色为主色调。而同名的手机游戏，从第一个画面提示是否开启声音的选择开始，红黄色的搭配就让喜欢该电影的观众在潜意识里寻找到了一种熟悉和认同，甚至 loading 进程栏、游戏中对话框颜色以及角色头像背景颜色等，都在遵循着红黄两色的色彩规律，暗合着电影给人们留下的视觉印象。如图 4-7 所示。

图 4-7　手机游戏《功夫熊猫》

同样，电影《虎胆龙威 4》使用蓝色和白色为主色调，这种色彩关系也完美地被同名手机游戏继承了。从第一个声音选项的画面开始，游戏就进入了蓝色和白色搭配的色彩世界。从 loading 进程条、文字边缘颜色到关卡说明，都无一例外。如图 4-8 所示。

图 4-8　手机游戏《虎胆龙威 4》

再来看《加勒比海盗 3》的电影与手机游戏。该系列电影的蓝色与褐色的色调，被继承到了同名手机游戏。甚至，《加勒比海盗 3》手机游戏的各种动画细节也都是与电影主题一脉相承的；比如进度条就是一个海盗船舵的动画。

接下来要考究一下，《魔幻西游》在对经典的再现上，是否也能唤醒玩家对于《大闹天宫》的美好回忆呢？

《大闹天宫》上、下集分别于 1961 年和 1964 年出品于上海美术电影制片厂。影片公映后，影响了几代中国人。对于许多人来说，《大闹天宫》已经成为一种情结。《大闹天宫》也和《哪吒闹海》一起被称为中国动画史上的“双璧”。

调查的结果表明，很多玩家都表示，在玩《魔幻西游》的时候，仿佛一下子就回到儿时看《大闹天宫》的年代。网上对于这款游戏的评测，有的说是中国传统水墨风格，有的说是经典剪纸风格。这里要纠正一下，《魔幻西游》绝不是水墨风格，只有第一关灵台山的背景山峦，采用了一些水墨画的绘画技法，除此之外的画面与水墨动画完全无关。如果《魔幻西游》是水墨风格，那么玩家首先联想到的应该是《牧笛》、《小蝌蚪找妈妈》，而不是《大闹天宫》了。《魔幻西游》也不是剪纸风格，但把《魔幻西游》的美术风格评为剪纸风格的，也可以算半个行家了。因为剪纸片的特点是单格画面做得极细，而且画面的装饰感和工艺感特别强，这和《魔幻西游》的美术风格是十分类似的。但笔者这里要说明的是，手机游戏《魔幻西游》和动画片《大闹天宫》都不是剪纸风格，准确的定义应该是“单线平涂”。因为剪纸片虽然单格画面极细，但动画不可能是圆滑无缝的，而有独特的动画风骨，比如我们熟悉的《金色的海螺》、《葫芦兄弟》等。

《魔幻西游》这款手机游戏之所以能让大家联想起经典动画片《大闹天宫》，就是因为它的美术风格正是当年《大闹天宫》所使用的“单线平涂”，也就是轮廓钩线，色彩平涂。其特点为单纯明快、富有装饰性，如图 4-9 所示。这种美术风骨上的继承，甚至比《功夫熊猫》、《虎胆龙威 4》、《加勒比海盗 3》这几款大片改编的手机游戏的美术风格来的更本质、更精髓。所以，可以毫不夸张地说，《魔幻西游》在美术设计的人性化程度上是世界级的。

图 4-9　《魔幻西游》的“单线平涂”美术风格

不过，评测一款手机游戏的人性指数，更多的还是要关注细节，不妨从以下四个方面来关注一下。

首先是“动作操作提示系统”。2008 年的手游大作《刺客信条》就是一例。玩家扮演的艾尔塔登场之后，在进行某项动作操作之前，都会有系统提示，告诉玩家应该按哪个键。这种跟随着系统提示进行微操作的游戏感受，一下子就让玩家爱上了这款游戏。同样，在《怪物史瑞克 3》的手机游戏里，也有类似的动作操作提示系统，让玩家在轻松中玩转所有微操作，同时对游戏的人性化关怀充满了崇敬之情。

回到《魔幻西游》，让人颇为失望的是，即便是在玩家分别获得了三昧真火等三个卷书之后，虽然有师傅冒出来恭喜并提示操作按键的动画，但在玩家继续游戏的过程中没有任何操作提示。要知道，在熟练操作之前，玩家很可能忽然忘记了应该按哪个键才能使用献祭之火或定身术了；如果按错，反而被敌人攻击掉血，那种郁闷很快会冲淡玩家对游戏的认同。《魔幻西游》虽然增加了一个学习关卡，而且十分生动亲切，但其实这与在后续游戏中提示操作并不矛盾。《加勒比海盗3》第一关也是一个学习关卡，整关没有一个敌人，完全是让玩家熟悉各种操作和按键。可该作后续关卡里仍然使用了动作操作提示系统。所以，缺失了动作操作提示系统，是《魔幻西游》乃至整个国产动作游戏的人性化设计理念的缺失。

其次，再来看看游戏对于空间的处理。虽然是2D引擎的动作游戏，可并不代表不需要考虑3D效果了。《功夫熊猫》虚拟3D空间的方式就很细腻，比如熊猫跳起和落下的时候，游戏特别强化其阴影的大小变化，让人称绝。《刺客信条》则是强调了景深层次，前景是玩家的战斗，中景是加了薄雾效果的中世纪高大建筑，后景则是远处的天空和山峦。其他游戏的3D空间虚拟技巧也十分精致。比如《加勒比海盗3》里就多次使用了飞鸟，而《虎胆龙威4》则很好地利用了门——敌方NPC总是能从正对着屏幕的门里跑出来，无时无刻不在向玩家暗示，平面的画面背后还隐藏着立体的空间。在这一点上，《魔幻西游》做的同样精彩，甚至在艺术品味上更超出了国外顶尖游戏。《魔幻西游》虚拟3D空间的方式有些类似《刺客信条》，都是多景深层次的空间处理，前景是来回漂浮的云，中景是孙悟空与敌人的战斗，后景是远处的山峦与浮云。但再深入地研究，不难发现，《魔幻西游》的画面采用了中国国画经典的散点透视的画面处理方法，没有严格的透视，没有统一的消失点，不强调自然界对于物体的光色变化，而多强调抒发作者的主观情趣。这也是为什么玩家会发现，远处山峦的颜色有时候比近处石块的颜色更深，如图4-10所示。而这是决不可能在《刺客信条》中看到的视觉处理。遵循本民族传统的美术理想，难道不是今天国产手机游戏一种可喜的品质提升吗？

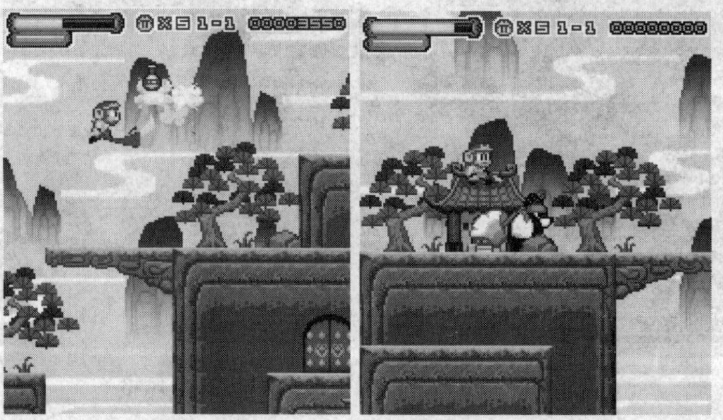

图4-10 《魔幻西游》的“散点透视”的美术风格

再次，来关注一下关于玩家扮演角色的生命值以及“迷你小游戏穿插”这两个方面的人性指数。西方人在思维逻辑上很严谨，所以往往在游戏设计中，把玩家扮演的角色的生命值设定为“一击死”，比如遇到地面的尖刺，不是生命值缩短，而是直接死亡，《刺客信条》就是一例。而《魔幻西游》则不同，该作的世界观根源应该是中国的中庸之道，一击死这类生命值设定，显然是在中国人的潜意识里并不受欢迎。所以，《魔幻西游》里，玩家受到攻击只会是生命值缩短，而不是猝死。甚至玩家不慎掉入悬崖，按照其他动作游戏的常理，应该是损失一条生命，而在《魔幻西游》里，玩家会回到这一小关的起始地点，重新开始，只是损失了部分生命值。这种设定，其实是将中庸之道的哲学理念发挥到了极致。

关于动作游戏中穿插“迷你小游戏”的游戏理念，可以说是近年来的一种全新尝试。《虎胆龙威4》的手机游戏，就特别增加了几个迷你小游戏。如果玩家在迷你游戏中获胜，就可以加入汽车追逐环节。你会忽然发现暂时脱离了横板动作的打斗环境，而是可以鸟瞰洛杉矶，欣赏充满动感的汽车追逐场景。可以控制警车在街上横冲直撞，躲避汽车和直升飞机的攻击，虽然功能不像专门的赛车类游戏那么多，但是仍然给人一种畅快的感觉。如图 4-11 所示。

图 4-11　手机游戏《虎胆龙威 4》中的汽车追逐环节

这一点上，《魔幻西游》本来有极好的发挥空间。尤其是第二关，当悟空要与心爱的小白展开决斗的时候，是否可以添加一个恋爱小游戏的插曲呢？可惜的是，《魔幻西游》依然采用了平铺直叙的模式。其实，大可不必担心游戏风格的游离。要知道，PS2 动作游戏大作《战国无双 2》，开启隐藏人物阿国的方法，不是在战斗中完成任务，而是完成一个类似大富翁的迷你小游戏。这是不是对手机游戏如何突破类型的单一有所启发呢？毕竟，根据艾瑞网《2008 年中国手机游戏用户行为调研报告》的研究，今天的中国手机游戏玩家中，只有 6.9%是女性用户，如图 4-12 所示。究其根源，还是游戏的人性化设计不到位，尤其缺少对女性元素的添加与平衡。

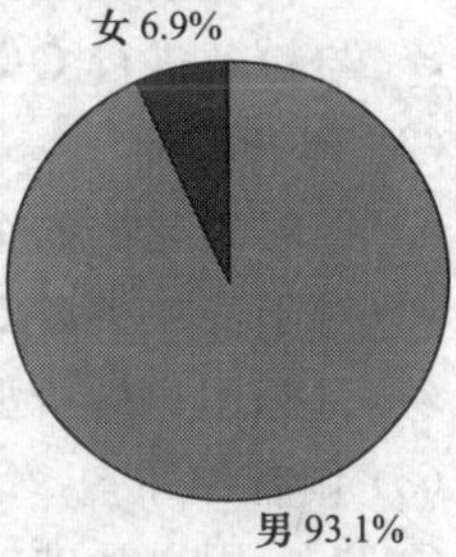

样本描述：$N=31\ 207$；于 2008 年 10 月通过当乐网 WAP 网上调查获得

图 4-12　2008 年中国手机游戏用户性别分布

最后一点人性指数评测其音乐。手机游戏不同于家用机或计算机游戏，它很大的功用在于打发碎片时间，甚至在课堂开小差、会议打瞌睡的时候，都可以偷偷进行。毕竟，用户是在用一个随身携带的通信工具，在进行增值的移动娱乐体验。在这种前提下，是否需要开启声音，是进入游戏之后的第一要务。无论是《功夫熊猫》、《刺客信条》，还是《虎胆龙威 4》、《怪物史瑞克 3》，每款国外经典游戏的第一个画面，都是提示用户是否需要开启声音。而国产动作游戏普遍的一个硬伤，就是游戏进入后直接进入主菜单，而没有人性化的提示。《魔幻西游》更是在这里出现了一个巨大败笔。进入游戏后不仅仅是直接进入了主菜单，而且音乐直接出现了，如果是第一次玩这个游戏的玩家，正在阶梯教室里上课或者大会议厅里开会，这将是多么尴尬的局面呢？而且，《魔幻西游》的主菜单音乐的声音竟然是劈的，真的可谓大煞风景了。此外，《魔幻西游》除了背景音乐之外，并没有打击音效以及手机振动的辅助功能。而《虎胆龙威 4》里，枪声、脚步声、临死前的惨叫声，都十分真实。笔者在玩游戏的时候，时常感觉自己就是游戏中的人物，不得不说音效起了重要的催化作用。这样看来，在这些细节的人性化设计方面，《魔幻西游》和欧美一流手机游戏，还有不小的差距。

4.2 《成为大明星 Rain》：手机养成游戏综合剖析

本例首先将对游戏业务策划的整个流程进行梳理，尤其是对于游戏业务策划的前期调研、用户分析等方面进行了深入的研究。通过本案例的剖析，可以更清晰地了解手机游戏完整的策划思路和形成逻辑。其次，本案例将系统地学习手机游戏的业务策划和产品策划的方法，并重点了解养成类游戏的特点。

4.2.1 Rain 的粉丝调查

在确认游戏策划及推广模式之前，对假定用户群进行缜密的市场调查是必不可少的环节。一切后续的游戏策划、制作、推广策略，都是根据前期调研实施的。

(1) 调查方式

- 在三个较多的 Rain 主体论坛发相关讨论贴，包括 Baidu 贴吧、被粉丝称为 CC 网的网站和 Rain 论坛三个地方。
- 参加 QQ 群。
- 在聊天室调查。
- 与粉丝进行 QQ 方式的一对一交流。

(2) 调查取样

- 针对粉丝群的个人资料及其与 Rain 之间的联系展开。
- 对于养成类游戏的针对性调查。
- 目标用户的机型及产品推广渠道调查。

(3) 调查结果

① Rain 用户基础信息调查

Rain 用户基础信息调查结果如表 4-1 所示。

表 4-1 Rain 的用户基础信息调查表

取样号	用户昵称	年龄	性别	职业	地区	喜欢 Rain 的原因	常去的 Rain 站点
1	多爱小华	22	男	未知	北京	勤奋、努力、可爱、性格	R 吧、CC
2	opp5266	21	男	小店老板	福建	努力、谦逊、可爱、性感	R 吧、QQ 交流群
3	爱你到狂	21	女	学生	河北	所有	R 吧 、CC、笑雨
4	rain_miya	20	女	未知	未知	品质、勤奋善良、诚实勇敢	R 吧
5	匿名	未知	未知	未知	广东	未知	未知
6	匿名	未知	未知	未知	四川	未知	所有 Rain 相关网站
7	爱宝 RAIN	未知	未知	学生	山西 晋城	未知	未知
8	匿名	未知	未知	未知	山西人	未知	未知
9	Ra1n1g1	20	男	小生意业主	山东临沂	帅气、舞蹈动作、嗓音	QQ 群、R 吧
10	王孖 o 鄭溜	14	女	学生	陕西	温柔、眼神	R 吧、CC
11	喜喜	21	女	办公室职员	北京	勤奋、性感	R 吧

虽然取样数量有限，但从表 4-1 还是可以看出：

- 国内的 Rain 粉丝年龄都不大，23 岁以下。
- 男性与女性比例差不多。
- 粉丝们集中喜欢 Rain 的勤奋、努力和可爱。
- 粉丝们集中在 Baidu 贴吧和 CC 的站点上进行交流。
- 相对欠发达地区的用户在整个用户群中占的比例较高。

② 游戏内容调查

游戏内容调查情况如表 4-2 所示。

表 4-2 游戏内容调查表

游戏内容调查					
取样号	用 户	是否经常玩手机游戏	常到哪里下载	是否会下载 Rain 的养成游戏	能接受的费用
1	哈宝一族	不经常	未知	会	10 元
2	雨美人	不经常	未知	会	10 元
3	王孖 o 鄭溜薫	经常玩	捉鱼	会	5～10 元
4	喜喜	不经常	未知	会	10～15/月
5	seven2seven	不经常	未知	不会	未知
6	Rain_Aza	不经常	未知	会	未知
7	NATASHA06	不经常	未知	会	未知
8	云之精灵	不经常	未知	会	5～10 元
9	stephenine 偌	不经常	未知	不会	未知
10	06250113	经常玩	3G 或乐讯	会	希望一次收取，10 元以内
11	郑在跳	不经常	梦网	会	10 元
12	raining115	不经常	3G	会	10 元
13	郑米薫	未知	未知	会	未知
14	匿名	经常玩	3G	会	15

从表 4-2 的调查结果可以看出：

- 粉丝中经常玩手机游戏的人数相当少，仅占总人数的 1/4 左右。
- 90％以上的粉丝均会下载 Rain 主题的养成类游戏。
- 针对游戏收费方面，大部分人能接受的收费标准为 10 元左右。

③ 目标用户的机型及产品推广渠道调查

目标用户的机型及产品推广渠道调查情况如表 4-3 所示。

根据表 4-3 的调查结果可以看出：

- Rain 的粉丝群中没有过于低端的手机。但较麻烦的是用户群中三星手机占大部分，约占 45％。Moto、Nokia 的用户平分秋色，反而索爱这类主打时尚的手机用户较少。据此可将 Moto、Nokia 作为适配上的参考着力点。

表 4-3 用户机型及产品推广渠道调查表

目标用户的机型及产品推广渠道调查				
编号	昵称	地区	机型	是否经常用校友录
01	wǒ 嗳 Rain☆	江苏南京	Nokia5300	经常
02	雨中菱舞	江西南昌	Moto V8	不经常
03	迷雨 rain0	河北	Samsungi458	一般
04	joyce 毛毛	西安	Nokia6288	不经常
05	无名	南京	Moto V3	经常
06	晶莹透雨	四川	Samsung i458B	不经常
07	雨后光辉	西安	SamsungSGH－F258	经常
08	无名	河北	Samsung E908	不经常
09	无名	广东	Nokia N82	不经常
10	Rain 魂	陕西	Moto K1	经常
11	彩虹之子	广东	Samsungi458	不经常

➢ 营销渠道上借助校友录来抓住学生用户群的构想还是可行的。有 36％的粉丝经常浏览校友录，那么理论上通过这个渠道上能抓住 1/3 的 Rain 粉丝群。

(4) 综合分析

首先，Rain 的粉丝群体以二线或经济欠发达地区的中学生、高中生为主，这些人虽收入有限，但对偶像产品的消费能力相当可观。因此在产品质量有保证、推广到位的情况下，盈利还是有保障的。

其次，Rain 粉丝中绝大多数都不经常玩手机游戏，因此在产品设计中还是应该以打造 Rain 延伸消费品作为开发宗旨，必须以严格贯彻“真实性”为核心来开发。

最后，从交流渠道和手机游戏下载渠道来看，交流渠道基本集中在了 Rain 贴吧、CC 等几个目前人气较旺的论坛中。特别是 Baidu 贴吧，同时在线人数相当可观。在手机下载渠道上以 Free WAP 为主。

因此，在产品推广策略上应抓住三个要点：核心用户群的推广渠道包括校友录、校园内部论坛、QQ 交流群；Web 渠道推广包括以百度贴吧、CC 网免费产品的下载；Free WAP 渠道推广。

4.2.2 游戏可行性分析

基于上述充分的市场调查数据，可以对该游戏做出以下可行性分析报告。

(1) 市场分析

目前贴牌明星的手机游戏大多以动作游戏为主。其内容缺乏新颖性，玩家在游戏过程中更多的是在体验一款游戏的乐趣而并非领略他们所喜欢的偶像的魅力。而且凡是动作游戏均有产品生命周期较短、剧情互动性不强的硬伤，加上手机平台在显示和操作上的固有缺陷，明星贴牌手机游戏开发 EDU、PUZ 类游戏更加合理。《Rain 的育成计划》不是简单地为 Rain 开发一款游戏，而是开发一个 Rain 的衍生消费品。因此，本产品着重表现的是将偶像魅力、偶像互动与游戏乐趣三者结合在一起。

(2) 用户群分析

Rain 自 2002 年 4 月出道后，短短数年已成为亚洲最有影响力的明星之一。目前 Rain 在国内拥有数量庞大的粉丝团，其中又有一部分属于狂热粉丝；这部分用户以年轻人为主，会非理性地收集和消费任何以 Rain 为主题的产品。这批粉丝主要分布在大中型城市中。这部分狂热粉丝一般均有支持 Java 功能的手机，且有较强的消费能力，因此可作为本产品的主要消费群。从消费者心理看，偶像作为大众人物被万人追捧，正因如此，作为个体的粉丝更希望能“独自占有”自己崇拜的偶像，以及与偶像进行各种层面的互动交流。这些需求在现实上均是很难实现的，那么本产品就是为了满足这批用户的这两种需求。在手机这个便利的平台上，不仅可以使用户能“独自占有”自己的偶像，与自己的偶像进行多种层面的交流，还可以亲身参与到自己偶像的成长历程中来，并且多结局的设定还满足了当前年轻人追求个性、标新立异的特性，即“打造一个只属于我的 Rain”。

(3) 产品内容分析

本产品为一款模拟养成类游戏。以大宇明星志愿系列 PC 游戏为原型，该游戏在没有任何明星效应的前提下取得了相当可观的销售量，目前已推出第三代。本产品在以 Rain 为核心资源的前提下保留和借鉴了该系列的绝大部分出彩设定，如“随机事件插入”、“多结局设定”、“简洁出色的操作功能”等；且会在游戏中着重表现真实性，包括场景真实性、人物真实性、道具真实性和事件真实性等。

4.2.3 游戏的业务策划

(1) 产品概述

Rain 的养成类游戏整体涉及三条产品线：KJava、IVR、SMS。以 KJava 平台打造的一款模拟养成类游戏通过在游戏流程中嵌入一些计费点，利用 IVR、SMS 作为计费通道在游戏中进行扣费。

(2) 游戏背景

Rain 被设定为一个艺校毕业、才色俱佳、心怀壮志但找寻工作处处碰壁的郁闷毕业生，在毕业典礼上遇到了同样身处困境、旗下已没有一个艺人的经纪人(也就是“玩家”)。经纪人发现了 Rain 有过人的潜质，随即决定将其所剩全部财产和资源作赌注，计划将 Rain 打造为一个超级巨星。

(3) 游戏方式

主要由打工、购物、换装、学习技能、定期与非定期参加各类活动、参与唱片录制、参加电影电视剧的拍摄等专职工作组成。Rain 有体力、唱功、舞蹈、创作、气质、人气、善良、修养等数值。通过打工和学习等工作，各项数值会有相应变化。唱片录制和接拍影视剧要根据数值条件来决定是否有资格参与以及片酬待遇。游戏期间穿插各类比赛和随机事件，满足条件后可提升数值。游戏时间设为 3 年，设定 6～10 种结局和 2～3 种隐藏结局。决定出现哪种结局并不需要复杂的逻辑，只要设定满足的数值条件即可。

(4) 机型适配

表 4-4 中阴影部分为必须支持的机型，其余为可选支持机型。

表 4-4 机型适配表

厂商品牌	终端类	包括的终端	JAD描述	是否为定制终端类
Nokia	N7210	2650,3100,3108,3120,3200,3300,6030,6100,6108,6220,6610,6610i,6820,7200,7210,7250,7250i,6021	中文	是
	N7610	6681,6670,6600,6260,3230,7610,N70,3250,N91,N72	中文	是
	N7260	N7260,N6230,N6020,N3220,N2626,2610	中文	是
	N6101	N6101,N6102,N7270,N6170,N7360,N6060,N6111,N5200,N6070,N6085,3110c,5070,3100c,3500c,2630,2760,2660	中文	是
	N6230i	N8800,N6230i	英文	否
	N7370	N7370,N6270,N6131,N5300,N6300,N7373,7500,8860	中文	是
	N73	N73,N93,N93i,E50,N71,5700,6110N,6120,N95,N76	中文	是
	E62	E62	中文	否
	N5500	N5500	中文	是
Motorola	A760	A768i,A768,A760i,A728,A760	中文	否
	V878	V878,V872,V690	中文	是
	E680	E680i,E680,A780	中文	是
	C650	V220,V180,C650,C381,C168	中文	是
	E398	V3,E375,V80,V635,V600I,E398,E770,V191	中文	是
	E2	E2	中文	是
	V8	Z6,V8,V8 2GB	中文	是
	L7	L7,U6,V360,V3i,V3re,V3r,W510	中文	是
	L6	L6,L2,L6i,L6g	中文	是
	E6	E6,A1200,A1200e,E6e	中文	是
	K1	K1,L7i,Z3,L72	中文	是
sonyericsson	K700C	K758c,K750c,K700c,W550c,W600c,W810c,Z550c,W700c,K550C,W610C,W710C,W800C,Z558C,Z710C	中文	是
	K506	K508C,K506C,K500C,Z608C,Z520C,Z530C,W200c,K310C,W300C,K510C	中文	是
	S700	S700C,K790C,W830c,T658,W580C,S500c,K818c	中文	是
	T628	T628,T618	中文	否
	P908	P910c,P908	中文	是
	K300C	K300C,J300C	中文	是
	W958C	M608c,W958c,P1c	中文	是
	E108	X478,E818,E808,E638,E338,E708,E108,D488,X488,X458,E358,X678,X668	英文	是
	D508	E728,E628,D508,D428,P738	中文	是
	X108	X108,X608	英文	否
	D608	D608,D808,D828,D838,D848	中文	是
	P318	P318	中文	是
	E258	E258,E488,SamsungE428,SamsungX518	中文	否
	KG77	LG－KG77	中文	是

(5) 计费方式

- 可通过 IVR 和 SMS 购买。需要设定一些有难度的特殊事件出现的条件和有一定难度的逻辑以吸引用户购买。
- 增加通过打工获得的金钱外的一种新的货币体系。该货币不可在游戏中获取,可用以购买一些稀有道具。稀有道具一部分可在商店中出现,另一部分将出现在事先设定好的特殊事件中,如在规定的游戏时间进入规定的游戏地点,会遇见神秘的商人出售稀有道具。稀有道具有大幅度提升某一项数值、恢复青春(即在人物数值不变的情况下时间倒退)等用途。
- 进行所谓的"洗点"操作。即用户通关后可通过付费实现在保留角色全部数值的基础上重新开始游戏。可设定一些隐藏结局,而这些结局出现的条件是用户第一遍通关时的各项数值无法满足的,那么会在游戏结束时提示用户有隐藏结局的存在,通过付费可进行"洗点"操作。
- 上传结局。每种结局都有系统内部识别码。达到结局后可进行 SMS 上传操作,将结局上传至服务器中。且可通过上行查询得到目前打出该结局的人数。两种方式均采用按条收费。

(6) 市场推广

- 互联网推广方式:主题活动——"争分夺秒赢大奖,只属于我的 Rain"。与 Rain 主题网站进行合作,推广免费版游戏下载。最主要的合作网站包括 Rain 的官方网站以及百度中 Rain 的贴吧。

活动细节:在活动期间,免费版用户可在通关后将其结局 SMS 上传至该游戏的数据库,且可通过上行来查询目前有多少用户已打出且上传了同样的结局。可规定前几位上传某种结局的用户获得一定面额的充值卡。根据结局的难易程度有不同面额的充值卡奖励。每晚零点清空记录。

- 移动增值业务的推广方式:利用常规的诸如 Free WAP 推广、交叉营销、手机内置等方式推广该产品。
- 通过大篇幅的软文来辅助造势,以相关主题论坛为主要发布地。
- 通过网上校友录、一级城市重点校园发放传单进行推广。

4.2.4 游戏的产品策划

1. 基础信息

游戏名称:《成为大明星 Rain》

游戏类型:角色养成+音乐+休闲

游戏时间:2~10 小时

市场定位:

游戏画面鲜亮轻松,主要定位于年龄在 16~24 岁的时尚年轻人,对韩国明星 Rain 有一定兴趣,养成类游戏更能够吸引女性玩家。

游戏世界观:

通过模拟 Rain 从一个普通高中生成为大明星的过程,让玩家了解 Rain 成名过程中的心路历程;游戏主题宣扬青春励志,让玩家了解成名之路充满挑战和艰辛;强调游戏性,多种游戏方式让玩家拥有多层次的游戏体验。

游戏背景：

Rain出生在一个小镇里的一个普通家庭。Rain从小就有成为明星的梦想，因此他不断学习，提高各种技能和素质，希望能够参加歌舞比赛，赢得大公司的合同，走上自己梦想的星光大道。游戏讲述了Rain遇到他的经纪人（玩家扮演），并在经纪人的训练下，通过专业的培训和社交等活动，成功进入演艺圈，从此走上绚烂的星光之路！

游戏特点：

游戏画面风格鲜亮明快，带给玩家多层次的体验；游戏事件丰富，通过游戏剧情、对白、事件等体现游戏的主题；多结局设置。

游戏玩法：

Rain认识了经纪人后，玩家对Rain进行训练，带领他参加每季的比赛，如果Rain能够在比赛中获得良好的名次，就可以获得进入演艺圈发展的机会。周一到周五，玩家对Rain的日程进行安排，提高各项技能；周六周日Rain到城里去休闲或者和朋友交际（通过小游戏），以减低疲劳值。经过1年的时间，总决赛终于举行，Rain能否取得理想的名次从而进入演艺圈以及是否有贵人相助，这些都要到游戏中去发现！

2. 事件设置

表4-5是《成为大明星Rain》游戏中的事件设置情况。这些事件根据特殊条件的触发，在游戏中出现。

表4-5 事件设置

<table>
<tr><th colspan="6">事件设置</th></tr>
<tr><th colspan="6">主线任务</th></tr>
<tr><th>编号</th><th>名称</th><th colspan="3">事件说明</th><th>触发条件</th></tr>
<tr><td>1—1</td><td>歌唱比赛</td><td colspan="3">对歌唱属性的考察</td><td rowspan="4">每个季度定时发生，为必选任务，影响游戏结局的主要设定之一</td></tr>
<tr><td>1—2</td><td>舞蹈比赛</td><td colspan="3">对舞蹈属性的考察</td></tr>
<tr><td>1—3</td><td>演艺培训</td><td colspan="3">对演艺属性的考察</td></tr>
<tr><td>1—4</td><td>新人总决赛</td><td colspan="3">安排在这一年的最后一周，获得这个比赛的前3名就可以获得一份大的演艺合同</td></tr>
<tr><th colspan="6">常规事件</th></tr>
<tr><th>编号</th><th>类型</th><th>名称</th><th colspan="2">事件说明</th><th>触发条件</th></tr>
<tr><td>2—1</td><td rowspan="3">饮食</td><td>节俭型</td><td colspan="2">保证基本体力，容易疲劳</td><td rowspan="9">日常安排</td></tr>
<tr><td>2—2</td><td>普通型</td><td colspan="2">保证正常体力</td></tr>
<tr><td>2—3</td><td>营养型</td><td colspan="2">体力充沛，需要配合适当获得，否则有肥胖的危险</td></tr>
<tr><td>2—4</td><td rowspan="6">节日/生日</td><td>元旦</td><td colspan="2" rowspan="6">特定日期进行交际有属性附加，增加更多亲密度，并有可能触发随记事件</td></tr>
<tr><td>2—5</td><td>春节</td></tr>
<tr><td>2—6</td><td>情人节</td></tr>
<tr><td>2—7</td><td>中秋</td></tr>
<tr><td>2—8</td><td>圣诞</td></tr>
<tr><td>2—9</td><td>生日</td></tr>
</table>

续表

编号	类型	名称	事件说明	触发条件
2—10	打工	服务员	增加|体力 减少|气质	初始为3个打工机会，通过不断提高和其他人的亲密度，可以获得更多更好的打工机会
2—11		调酒师	增加|艺术、社交、知名度 减少|气质	
2—12		DJ	增加|魅力、艺术 减少|体力	
2—13		伴舞	增加|舞蹈、知名度	
2—14		酒吧歌手	增加|艺术、知名度 减少|道德、气质	
2—15		建筑工人	增加|体力 减少|气质、智力、魅力	
2—16		记者	增加|智力、社交、表现力、知名度 减少|	
2—17		义工	增加|体力、道德、知名度 减少|	
2—18		街头艺人	增加|表现力、魅力 减少|气质	
2—19		夜总会服务	增加|社交 减少|道德	
2—20		老师	增加|艺术、智力 减少|	
2—21	课程安排	文化课	增加社交、智力	每项可能均有初级、中级、高级之分，需要提高属性进行解锁
2—22		形体课	增加体力、气质	
2—23		艺术课	增加魅力、表现力	
2—24		舞蹈课	增加体力、魅力	
2—25		演艺课	增加气质、表现力	
2—26	其他	体育锻炼	增加体力	日常安排
2—27		休息	降低疲劳值、增加体力	

人物事件

编号	类型	名称	事件说明	触发条件
3—1		恋爱关系	亲密度增加速度加倍	和所有女性人物有足够的亲密度
3—2		赞助服装	免费获得所有服装	和服装点老板有足够的亲密度
3—3		打工机会	新工作机会解锁	和所有人物有足够的亲密度
3—4		参加生日宴会	亲密度大幅增加，触发其他事件	和所有人物有足够的亲密度
3—5		参加电视节目	知名度增加	和电视台老板有足够的亲密度，并且有足够的魅力和知名度
3—6		获得演出机会	增加 | 知名度，演艺在演艺比赛中有附加分	和导演有足够的亲密度，并且有足够的演艺技能

续表

随　机　事　件				
编　号	类　型	名　称	事　件　说　明	触　发　条　件
4－1		夜总会分红	分红 50 000	8 个月连续在夜总会工作
4－2		获得讲师评级	增加|知名度、社交、魅力	有足够的专业技能，9 个月讲课满 3 周
4－3		积极参加义工获表彰	增加|知名度、道德被市政府奖励奖金 20 000	连续参加义工 4 周，有足够的道德值
4－4		提前解锁金牌制作人	可提前	4 月 18 日，参加服装店老板的生日宴会
4－5		和金牌制作人单独聊天	对最终决赛有一定影响	有足够的亲密度、知名度，参加制作人生日宴会
4－6		被偷窃	损失金钱 5 000	连续 2 周去夜总会打工，发生概率 50%
4－7		失恋	减少|魅力 疲劳度乘以系数 1.5，持续两周	亲密度降低到恋爱关系破裂
4－8		夜总会打架，被打成重伤	养伤一个月医疗费用 30 000	道德值低于 XX
4－9		建筑工地事故，重伤	养伤一个月 获得巨额补偿 500 000	在建筑工地连续工作 2 个月

3. 结局设置

表 4-6 是《成为大明星 Rain》游戏中多结局设定的策划表，规定了需满足的条件以及对应的结局。

表 4-6　结局设置

结　局　设　置		
编　号	结　局　名　称	触　发　条　件
5－1	退出演艺圈	以下条件未达到
5－2	和服装店老板结婚，经营服装店	1. 比赛积分进入前十 2. 和服装店老板恋爱关系 3. 服装店老板人物积分前三
5－3	成为夜总会经理	1. 累计夜总会工作时间 3 个月 2. 智力、社交达标 3. 比赛积分未入前五 4. 夜总会老板人物积分前三
5－4	成为艺术学校老师	1. 比赛积分进入前十 2. 讲师资格 3. 艺术学校校长人物关系积分前三
5－6	成为节目主持人	1. 比赛积分进入前三 2. 魅力、智力达标 3. 电视台老板人物积分前三
5－7	成为幕后人员	1. 比赛积分进入前五 2. 金牌制作人人物积分前三
5－8	成为电影明星	1. 比赛积分进入前三 2. 演艺达标，舞蹈或者歌唱未达标 3. 导演人物积分前三

续表

编　号	结　局　名　称	触　发　条　件
5—9	成为歌星	1. 比赛积分进入前三 2. 歌唱达标，舞蹈或者演艺未达标 3. 金牌制作人人物积分前三
5—10	Rain 成为天王巨星	1. 比赛积分进入前三 2. 舞蹈、歌唱、演艺均达标 3. 金牌制作人人物积分前三

4. 人物及道具设置

表 4-7 是作为玩家扮演的主角 Rain 的状态表，说明他在不同状态下的疲劳程度。表 4-8 是作为玩家扮演的主角 Rain 的基本属性和专业属性表，说明他各种属性的获得方式或途径。表 4-9 是介绍游戏中其他重要角色的相关情况。而表 4-10 则是规定了游戏中道具的价格和功能。

表 4-7　人物状态表

人　物　状　态		
名　称	效　率	说　明
健康	100%	疲劳值处于 50 以下
亚健康	50%	疲劳值处于 50～100
生病	0%	疲劳值处于 100 以上

表 4-8　人物属性表

属　性			
基　本　属　性			
编　号	名　称	获得途径	说　明
1—1	体力	打工/运动/课程	日常活动需要消耗一定体力，需要通过休息来补充
1—2	智力	课程	影响某些事件
1—3	魅力	打工、课程	影响社交
1—4	气质	课程	影响演艺活动
1—5	疲劳值	事件	日常活动都会引起疲劳值增加，只能通过周末休闲休息来减低疲劳值，保证正常的日常活动
1—6	道德值	事件	影响某些事件
1—7	表现力	课程、打工	影响某些事件
1—8	社交	事件	和人物的亲密值
1—9	知名度	特定事件	获得某些工作
专　业　属　性			
编　号	名　称	获得途径	影　响　对　象
2—1	舞蹈	课程、打工	影响每季决赛的名次，最终影响游戏结局
2—2	艺术	课程、打工	
2—3	演艺	课程、打工	

表 4-9　其他人物情况表

其他人物				
编号	名称	性别	职业	性格描述
3－1	金天洙	女	同学	美貌，和 Rain 年龄相仿，性格温柔，喜欢 Rain
3－2	全厚男	女	服装店老板	精明能干，也是一个美女，和她搞好关系可以获得服装赞助、打工机会等
3－3	朴志贤	男	电视台老板	难以接近，但是对有实力的年轻人特别赏识
3－4	金道宽	男	夜总会老板	认为钱是最重要的，和他的合作，更大的收获可能就是钱
3－5	柳时源	男	艺术学校校长	谦和的老人，曾经对艺术有很高的追求，退休后将全部心思放在培养下一代的事业上
3－6	车正秀	女	导演	女强人，进入演艺圈多年，熟悉各种潜规则，本人对 Rain 也有一定好感，愿意给 Rain 机会
3－7	李英照	男	金牌制作人	待人亲切，善于交流，但是对待专业问题极其严格，这也是他成为金牌制作人的原因

表 4-10　道具表

道具				
编号	名称	类型	价格	功能描述
4－1	春季服装	服装	未定	各个季节需要应季的服装
4－2	夏季服装	服装	未定	
4－3	秋季服装	服装	未定	
4－4	冬季服装	服装	未定	
4－5	正装	服装	未定	出席一些正式活动，或者见某些人物时会有帮助
4－6	演出服	服装	未定	演出时穿着有属性增加
4－7	日常饰品	饰品	未定	增加属性
4－8	名牌饰品	饰品	未定	增加属性
4－9	演出饰品	饰品	未定	增加属性
4－10	一般礼物	礼物	未定	增加和朋友的亲密度
4－11	高级礼物	礼物	未定	增加和朋友的亲密度
4－12	特殊礼物	礼物	未定	增加和朋友的亲密度

5. 画面设置

如图 4-13～图 4-16 所示，这是游戏中最终屏幕的画面设计结构图，分别规定了游戏从开场介绍到游戏主界面各种情形下的画面结构和布局。如图 4-17～图 4-19 所示的最终游戏画面截图，分别与画面设计结构图一一对应。

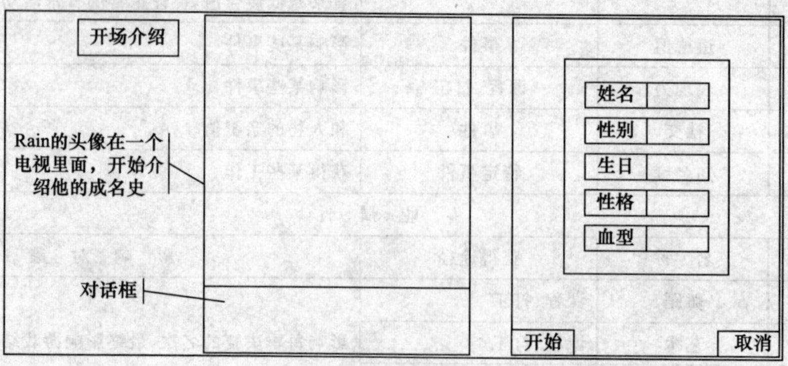

图 4-13　画面设置(一)

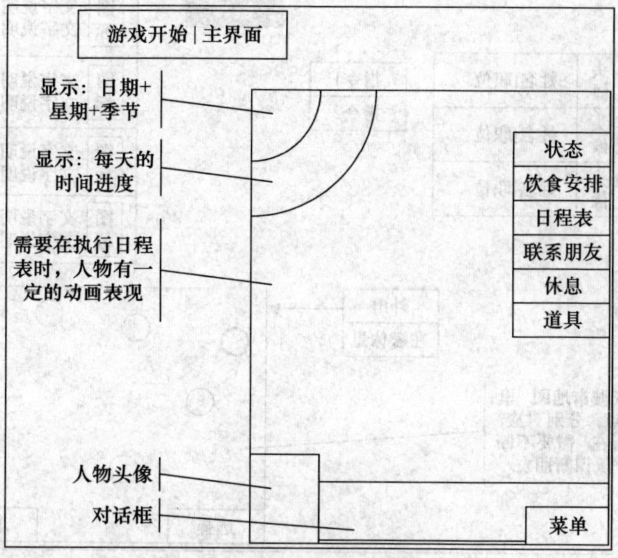

图 4-14　画面设置(二)

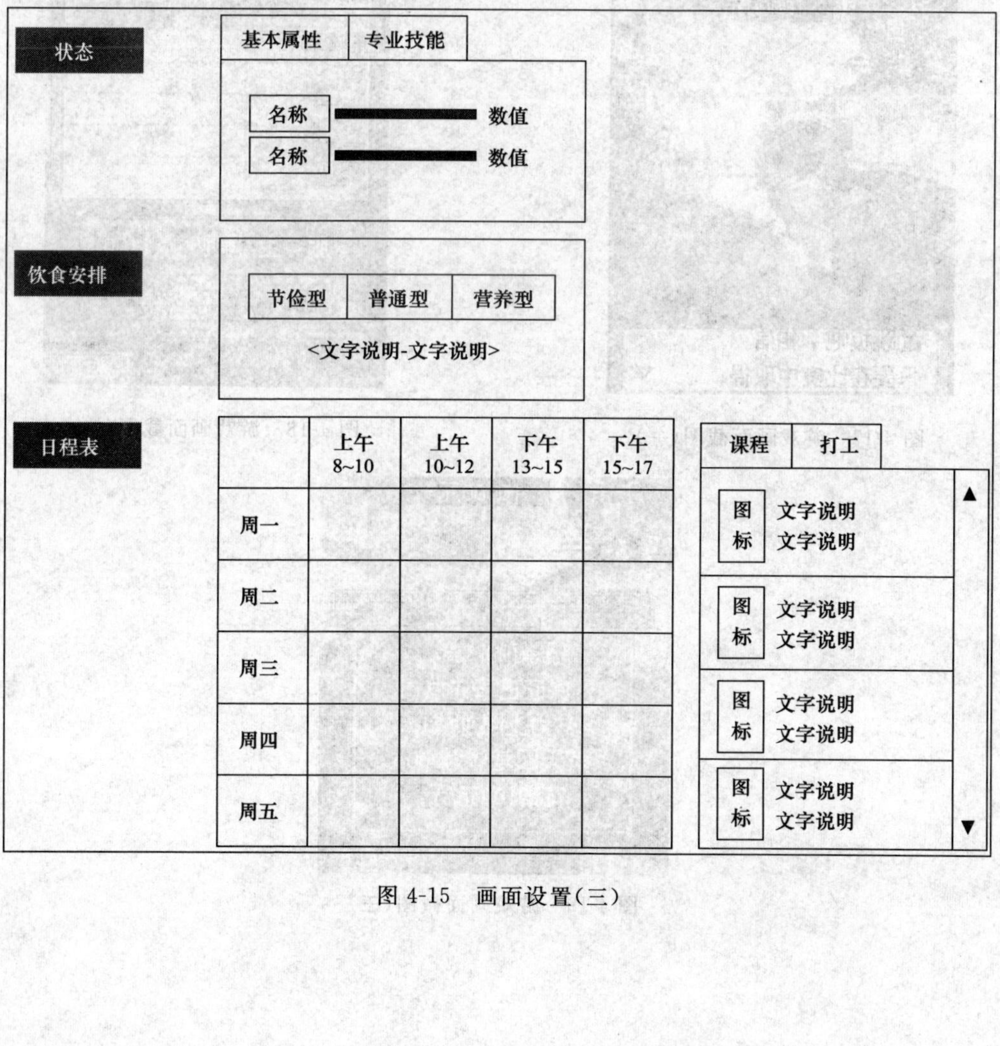

图 4-15　画面设置(三)

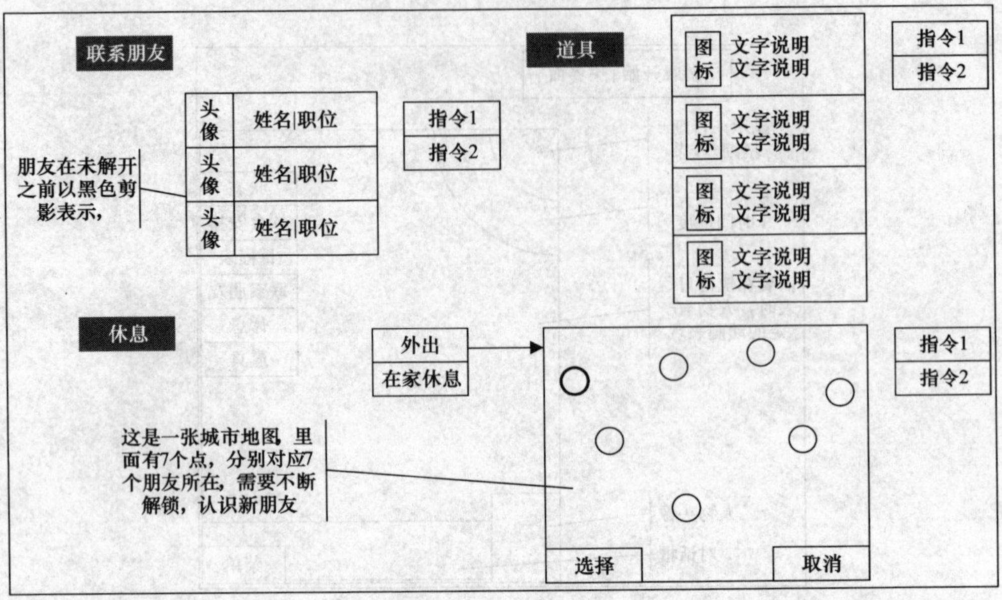

图 4-16　画面设置(四)

图 4-17　游戏画面截图(一)

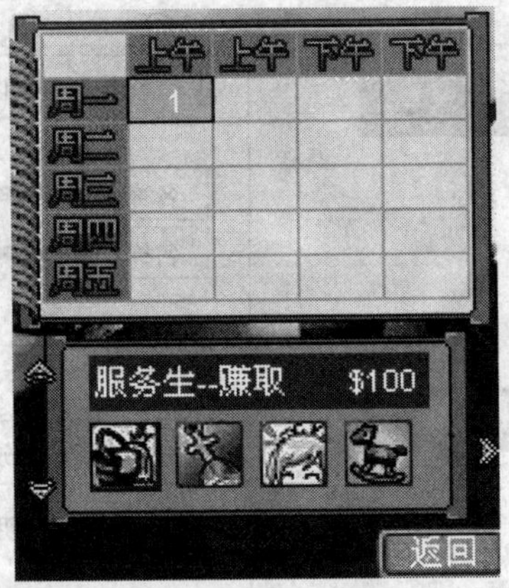

图 4-18　游戏画面截图(二)

图 4-19　游戏画面截图(三)

6. 美术设计需求列表

表 4-11 是为开发本游戏而需要美术人员(往往手机游戏的美术是外包制作完成的,所以有此需求列表提出的必要)提供的美术素材的具体规格及内容。

表 4-11　美术设计需求表

类　别	名　称	估计数量	说　　明	形　　式
事件图片	常规事件	4	歌唱比赛/舞蹈比赛/演艺比赛/总决赛	3～4 帧动画循环播放
		7	生日/各种节日	尺寸适中图片
		15～20	各种课程和打工事件	尺寸适中图片
	人物事件	7	当和某些人物的亲密度达到一定值后,会触发人物事件	尺寸适中图片
	随机事件	10	随机发生	尺寸适中图片
图标	人物头像	10	主角、玩家、7 个游戏人物、Rain 的母亲	尺寸适中图片
	道具图标	15	4 种食物,6 种衣服,5 种饰品	小图标
	日程图标	20～30	打工和上课两类,以及自由活动	小图标
小游戏	小游戏图片	若干	在“休息”选项中包含 7 个小游戏,在目前已有的小游戏基础上修改	无
整图	主界面背景	1	Rain 的房间:包括床、计算机、书桌、电话、书柜等;需要 Rain 的不同状态的图,比如学习、睡觉等	240×320 176×208 208×208 128×160 128×128
	地图	1	一张精美的城市地图,2 屏; 包括 7 个事件点,在这些点玩家可以玩小游戏,可解锁新的联系人	240×320 176×208 208×208 128×160 128×128

7. 数值计算

表 4-12 是玩家扮演的 Rain 的各项属性在不同状态下的数值计算表;表 4-13 是玩家扮演的 Rain 与游戏中其他重要角色接触、进入不同阶段并获得不同的亲密度评分而触发的事件(包括结局)的数值计算表。

8. 游戏对白、旁白、解说

表 4-14 是游戏中的主要情节对白列表。表 4-15～表 4-21 分别是玩家扮演的 Rain 与游戏中其他重要角色——金天洙、全厚男、朴志贤、金道宽、柳时源、车正秀、李英照——6 人之间在处于不同关系阶段(分为普通朋友、亲密朋友、挚友、恋人关系)时期的不同对白。表 4-22 是发生不同事件后系统给出的旁白列表。

游戏中会出现各种比赛,配备有不同的比赛解说词。下面便是舞蹈比赛、歌唱比赛以及演艺比赛的比赛解说词。

舞蹈比赛

➢ 女士们,先生们！大家好！

表 4-12　数值计算表(一)

编号	类型	名称	影响	金钱	疲劳值	体力	体力上限	智力	魅力	气质	道德值	表现力	社交	知名度	舞蹈	艺术	演艺
		初始值		1 000	0	100	100	50	50	50	50	50	50	50	70	40	50
1—1		节俭型		20		30	2										
1—2	饮食	普通型		50		50	5										
1—3		营养型		100		100	10										
2—1		服务员	—	100	20	20	2			2							
2—2		调酒师	表现力	500	20	20				3			5	5		5	
2—3		DJ	魅力	500	30	30	4									8	
2—4		伴舞	舞蹈	300	40	40								8			
2—5		酒吧歌手	艺术	400	30	30				5	10			15			
2—6	打工	建筑工人	—	200	40	40	5	3	8	5							
2—7		记者	智力	400	40	40						5	15	20			
2—8		义工	魅力	50	50	50	5				20			30			
2—9		街头艺人	演艺	400	15	15			5	8		10					
2—10		夜总会服务	社交	700	30	30					30		15				
2—11		老师	智力	200	30	30		15								15	
3—1			基础 —	100	20	20		5					5				
3—2		文化课	中级 —	200	25	25		10					10				
3—3			高级 —	300	30	30		15					20				
3—4			基础 —	100	30	30	5			5					8		8
3—5		形体课	中级 智力	250	40	40	8			8					12		12
3—6			高级 艺术	400	50	50	10			10					24		24
3—7			基础 —	150	30	30			5			10				10	
3—8		艺术课	中级 智力	350	40	40			8			20				20	
3—9	课程安排		高级 智力	600	50	50			10			30				30	
3—10			基础 —	150	40	40	5		10						10		
3—11		舞蹈课	中级 表现力	350	60	60	8		20						20		
3—12			高级 气质	600	80	80	10		30						30		
3—13			基础 —	200	40	40				10		15					10
3—14		演艺课	中级 艺术	400	60	60				20		25					20
3—15			高级 魅力	800	80	80				30		40					30
3—16	其他	体育锻炼	体力		20	20	10										
3—17		休息	—		20												

表 4-13 数值计算表(二)

编号	名 称	阶段	得分	亲密度	事件 1	事件 2	事件 3	事件 4
4－1	同学	1		500	介绍服装店老板	失恋	参加生日宴会	
4－2		2		2 000	恋爱关系			
4－3		3		4 000	触发结局 02			
4－4	服装店老板	1		500	介绍电视台老板	Newjob：伴舞，酒吧歌手	参加生日宴会	提前解锁金牌制作人
		2		2000	赞助服装	失恋		
		3		4 000	触发结局 03	恋爱关系		
4－5	电视台老板	1		500	介绍夜总会老板	Newjob：调酒师，记者，义工		积极参加义工获表彰
		2		2 000	参加电视节目		参加生日宴会	
		3		4 000	触发结局 06			
4－6	夜总会老板	1		500	介绍艺术学校校长	Newjob：DJ，街头艺人，夜总会	夜总会打架	被偷窃
		2		2 000	夜总会分红		参加生日宴会	
		3		4 000	触发结局 04			
4－7	艺术学校校长	1		500	介绍导演	Newjob：老师		
		2		2 000	获得讲师评级		参加生日宴会	
		3		4 000	触发结局 05			
4－8	导演	1		500	介绍金牌制作人	失恋	参加生日宴会	
		2		2 000	获得演出机会	恋爱关系		
		3		4 000	触发结局 08			
4－9	金牌制作人	1		500		参加生日宴会		
		2		2 000	和金牌制作人单独聊天			
		3		4 000	触发结局 07	触发结局 09	触发结局 10	

- 这里是“成为巨星”的大型选秀比赛的第一场“舞星闪耀”，将要进行的是选手们舞技的较量。
- 来自东南区的 EXT 首先登场，一段 Locking 让大家眼花缭乱。
- 第二个上台的是 Blues，一上台就气势逼人，头转、单手倒立，高难度动作让人惊叹。
- 而女子战队 Future crew，火辣的服装和挑逗的动作让人半天缓不过神来……
- 下一个出场的是一个男性选手，叫做 Rain！
- Rain 的表现相当不错，有可能会取得不错的名次……
- 台下的观众也相当激动！现在已经形成几个阵营了让我们听听他们的声音。

表 4-14　游戏中主要情节对白

开场	Rain	大家好！我是 Rain，现在是讲述我如何成为一个超级大明星的故事。在我的成长路上，我要感谢很多人，最应该感谢的就是我的经纪人。在游戏里，你就要扮演我的经纪人，帮助我成为一个超级大明星。演艺之路充满快乐和痛苦，那么，一起加油吧!!
主界面	玩家	今天起，我就是 Rain 的经纪人了。这可是个很辛苦的工作哦，需要为 Rain 安排每周的日程，还有他和朋友的联系工作。 Rain 的目标是成为一个超级巨星，虽然他的天赋很不错，但是也要花不小的努力才行的。
主界面	玩家	Rain，我们就把明年 6 月的超级新人大赛作为成功的跳板吧，相信只要在比赛中取得好名次，你的演艺之路会顺利很多的。
主界面	Rain	嗯，好的。
主界面	玩家	要想在超级新人大赛中取得好名次，首先要在前三季的分项比赛中有好表现才行啊！然后还要抓住机会进行社交，多认识一些名人，这就是成功的诀窍了。
主界面	Rain	听起来很简单，但是……
主界面	玩家	是的，看来你还有很长一段路要走呢，所以接下来的一年一定要好好努力啦。
其他	UI 介绍	现在来介绍一下你的房间：左上角显示的是当前的日期，有些重要的日期你一定要记住的，比如比赛的日期和一些重要人物的生日，等等。
其他	UI 介绍	正上方显示的就是时间了。成功就是在每一段时间中积累出来的，所以要让每段时间都过得有价值才可以。
其他	UI 介绍	右边这些图标就是用来帮助你规划这一年的发展的工具了，我们依次来说明一下。
其他	属性介绍	“状态”是用来记录你当前的各种属性的，分“基本属性”和“专业属性”两种。“基本属性”包括你的生理、心理和社交上的一些指标，会影响你所有的日常活动。“专业属性”包括舞蹈、艺术和演艺的水平指标，这个决定了你在比赛中的表现，要抓住机会强化一些属性。
其他	饮食标准设定	这个是对你每天的饮食标准的设定。花的钱多自然吃得好，但是也要注意自己的经济情况，并且有时候吃的太好也会有营养过剩的困扰，这些都可以依情况来决定了。
其他	日程安排	“日程表”非常重要，你的所有属性的提升都取决于你日常的安排。 我会帮你把每周的日程都安排好，这样你就可以按照它来做了。但是打工赚钱，上课学技能，在时间上需要找到一个完美的平衡点哦。
其他	联系朋友	“联系朋友”也是成功路上一个不可缺少的一环。 往后的一年你会认识很多人，他们会给你各种帮助，你需要按照自己的想法针对性地进行社交活动，他们中的某些人可能会帮助你的巨星之路更顺畅。
其他	周末安排	周六日的时候尽量出去走动一下，这是和朋友见面的好机会。他们会给你多样的娱乐方式，相信你们会在游戏中增加你们的友谊。 当你们的亲密到达一定程度后，他就会介绍新的朋友给你认识了。
其他	道具提示	“道具”包括服装、饰品和礼物。一个艺人的品位有时候也能帮助艺人在比赛或者社交中有更好的表现呢。

表 4-15　Rain 与金天洙的对白

金天洙，女，同学。

	普通朋友	亲密朋友	挚　友	恋爱关系
Rain	你好！是金天洙吗？	Hi！天洙。找你有点事？	金，最近怎么样？	亲爱的，你想我吗？
金天洙	是的。Rain 同学，你好。	什么事？	还不错。	嗯……
Rain	今天的课程很有意思啊，学到了很多东西。	关于课上那个……的问题，我不是很明白。	我在罗汉街发现一家很不错的火锅店，一起去吃吧？	我好想你哦！亲一下吧！
金天洙	是啊，你今天的表现棒极了！	这个是这样的……	好啊，什么时候？	不要啦，怪怪的！
Rain	谢谢！	……	明天吧，到时我再联系你。	但是我好想你啊！
金天洙	为比赛的事情而进行的联系很辛苦吧？	基本就是这样了！	OK，到时见！	那亲一下吧！嗯嘛！
Rain	有一点，但是也只能这样了。	你好厉害！这下我明白了。改天一起吃饭。	无	好甜蜜!!!
金天洙	一定要加油哦！我会支持你的。	好啊。	无	……
Rain	嗯，我一定会取得好名次的。	无	无	……
金天洙	有时间可以来找我玩。	无	无	无
Rain	没问题。现在有点晚了，那么，再见了！	无	无	无

表 4-16　Rain 与全厚男的对白

全厚男，女，服装店老板。

	普通朋友	亲密朋友	挚　友	恋爱关系
Rain	全小姐，你好！我需要一些演出服，你那有没有啊？	全姐姐，你好！最近有什么新货到吗？	Hi，厚男！最近生意怎么样？	亲爱的，你在干什么呢？
全厚男	我这有不少，你可以到店里来看一下。	有不少新款，有空来看看吧。	还不错。好久不见了，什么时候聚聚吧。	我在想你啊！
Rain	好的，我过两天就过去看看。	没问题，可是你要给我优惠哦！	是啊，大家工作都太忙。	嘻嘻，原来和我一样啊。
全厚男	无	呵呵，一定会的，你是我们最好的客户了。	一起去钓钓鱼野个餐一定很不错。	……
Rain	无	无	好的，你有时间就联系我。	……

表 4-17　Rain 与朴志贤的对白

朴志贤，男，电视台老板。

	普通朋友	亲密朋友	挚　友
Rain	朴先生，我是 Rain。	朴大哥，最近怎么样？	朴大哥，我是 Rain。
朴志贤	你好！有什么事吗	最近挺忙的。	Rain，好久不见了啊。我这有一瓶好酒，你周末过来一起品尝吧。
Rain	只是想在周末的时候我有时会去拜访你，想和你说一下。	有什么适合我的机会一定要告诉我啊！	呵呵，太好了，我一定去。
朴志贤	没问题，我周末都在公司，你可以随时来。	呵呵，好的。	无
Rain	嗯，好的。	无	无

表 4-18 Rain 与金道宽的对白

金道宽,男,夜总会老板。

	普通朋友	亲密朋友	挚　友
Rain	金大哥,你好!	道宽哥!	道宽哥,听说你最近身体不好?
金道宽	是 Rain 啊,最近怎么样啊?	Rain 啊,最近很少来我这啊,大哥挺想你的。	嗯,年纪大了,不比你们年轻人了。
Rain	还不错,就是比赛日快到了,正在艰苦的训练	最近课程比较紧凑。	哪有?你才是当打之年呢。
金道宽	不要太辛苦了,有空来我店里坐坐吧。	有空一定去拜访您。	哈哈,有空就来我这玩吧,最近又来了一支不错的乐队。
Rain	嗯,好的。	无	好的,有时间我就去。

表 4-19 Rain 与柳时源的对白

柳时源,男,艺术学校校长。

	普通朋友	亲密朋友	挚　友
Rain	柳先生,很高兴认识你。	柳老师,您好!	柳大哥,最近还好吗?
柳时源	呵呵,是 Rain 啊。	太见外了,叫我柳大哥就可以了。	Rain,听说了你最近的表现,相当棒呢!我果然没有看错你。
Rain	是的。就是看看你有没有时间想去拜访你一下。	我有一些表演上的问题想和你请教一下。	那还要多谢您的帮助呢!
柳时源	这样啊,我随时都可以啊。	请教什么啊,来了一起交流交流吧。	你天赋好又努力,以后一定会有一番作为的。
Rain	那我去之前再联系你。	好的,我们再联系。	无
柳时源	好的,小伙子好好努力,前途不错!	无	无
Rain	谢谢!	无	无

表 4-20 Rain 与车正秀的对白

车正秀,女,导演。

	普通朋友	亲密朋友	挚　友	恋爱关系
Rain	车导,你好。	车导,我特别喜欢你的电影。	正秀姐,最近忙吗?	正秀～～在忙呢?
车正秀	Rain 啊,我听柳大哥说起你了,他对你评价很高啊。	太谢谢了,大家这么熟了,不要叫我车导了,叫我正秀就行了。	Rain 呢,最近在筹一部新片,挺忙的。	嗯……
Rain	呵呵,有点不好意思。	那好吧,正秀姐。	就是想问候你一声。	要注意休息哦,不要太累了,工作永远做不完的。
车正秀	太谦虚了,谢谢你的问候。	最近我的片要杀青了,有空可以一起喝喝咖啡聊聊天。	最近你的表现很不错啊,有空来我这聊聊合作的事吧。	你也是哦,快比赛了吧每次看你都训练的那么辛苦的。
Rain	那我们有空再联系。	好的,你定时间吧。	好啊!	那我去练习了,下班后去接你。想你～

表 4-21　Rain 与李英照的对白

李英照，男，金牌制作人。

	普通朋友	亲密朋友	挚　友
Rain	李英照大哥，您好。	英照大哥，你好。	英照大哥，关于总决赛你有什么建议吗？
李英照	你是 Rain 啊，年轻人，前途无量啊！	Rain 啊，你最近的表现不错，但是还有很多要提高的地方。	这个比赛是要找寻一个全面的明日之星，你需要在各方面都有最强的实力才能取的冠军。
Rain	你过奖了！	谢谢您的指点。	听起来好难啊！
李英照	我很喜欢你的舞蹈，好好努力，你还有很大的上升空间的。	你资质很好，还有很好的潜力，所以不要骄傲。	演艺之路原本就不是那么容易的，既然你选了这条路，你要付出比其他人更多的努力。
Rain	我会更加努力的。	我会更努力的。	知道了。

表 4-22　事件旁白

事件旁白	
事　　件	说　明　文　字
建筑工地事故，重伤	建筑工地发生事故，造成重伤需要养伤 1 个月，获得赔款 50 000 元
被偷窃	损失金钱 5 000 元
夜总会打架	打架成重伤，养伤 1 个月，损失金钱 10 000 元
获得义工表彰	知名度提高 200，道德提高 200，获得奖励 20 000 元
介绍服装店老板	认识了新朋友
失恋	和金天洙分手了，情绪低落，魅力下降，疲劳值升高
恋爱关系	和金天洙恋爱中，亲密度提高
参加生日宴会	参加金天洙的生日宴会，亲密度提高，认识了新朋友
触发结局 02	游戏结束了。Rain 最后和金天洙结婚了，虽然没有走上巨星之路，但是也算过上恬静美满的日子
介绍电视台老板	认识了新朋友
参加生日宴会	参加全厚男的生日宴会，亲密度提高
Newjob：伴舞，酒吧歌手	解锁了新的工作机会
失恋	和全厚男分手了，情绪低落，魅力下降，疲劳值升高
恋爱关系	和全厚男恋爱中，亲密度提高
赞助服装	获得了全厚男的服装赞助，获得 2 000 元
触发结局 03	游戏结束了。Rain 最后和全厚男结婚了，他们一起经营那家服装店，日子过得很幸福
介绍夜总会老板	认识了新朋友
Newjob：调酒师，记者，义工	解锁了新的工作机会
参加生日宴会	参加朴志贤的生日宴会，亲密度提高
参加电视节目	知名度提高 200

续表

事　　件	说　明　文　字
触发结局 04	游戏结束了。因为在夜总会里的优秀表现，金道宽聘 Rain 做夜总会经理，生活看似纸醉金迷，可是背离了自己的梦想，总归有一丝空虚和失望
介绍艺术学校校长	认识了新朋友
Newjob：DJ，街头艺人，夜总会	解锁了新的工作机会
夜总会分红	获得夜总会分红 50 000 元
触发结局 05	游戏结束了。柳时源聘用 Rain 作为艺术学院的老师，这可是一个比巨星更有意义的工作，不是吗
介绍导演	认识了新朋友
获得讲师评级	获得讲师评级
Newjob：老师	解锁了新的工作机会
触发结局 06	游戏结束了。Rain 在电视节目的表现深受大家欢迎，成为了电视节目的主持人。虽然没有获得比赛冠军，但是谁知道主持是不是另一片天地呢？
介绍金牌制作人	认识了新朋友
获得演出机会	解锁了新的工作机会
失恋	和车正秀分手了，情绪低落，魅力下降，疲劳值升高
恋爱关系	和车正秀恋爱中，亲密度提高
触发结局 08	游戏结束了。原来在歌舞之外，Rain 的演艺天赋更被认可，经过多部大片的历练，Rain 的演艺事业平步青云，最终成为知名的电影明星
和金牌制作人单独聊天	亲密度提高 200
触发结局 07	游戏结束了。虽然还没有成为巨星的实力，但是因为和李制作的良好关系，Rain 进入他的制作公司成为了一个幕后人员，至少留在了娱乐圈里
触发结局 09	恭喜 Rain！比赛之后，李英照先生立即联系了 Rain，表示要给他制作一张专辑，看来离成功不会太远了
触发结局 10	恭喜 Rain！这就是真实的 Rain，拥有歌唱、舞蹈、演艺的全方位的实力，巨星之路就在脚下。只要努力，你也可以成为下一个 Rain

- Future Crew，我们的冠军。
- 经过 3 个小时的鏖战，比赛结果出来了，现在倒计时宣布名次。
- 第三名是……
- 第二名是……
- 女士们，先生们，“成为巨星”第一站“舞星闪耀”冠军的是……
- 我们的下一站比赛“歌王争霸”将会在三个月后举行，希望所有观众到时都光临，也希望所有选手继续努力，在下场比赛中表现优异！

歌唱比赛

- 各位嘉宾，新年好！
- 现在你们看到的是“成为巨星”大型选秀栏目的第二场“歌王争霸”的比赛现场。

- 上一场的比赛里我们看到了很多优秀选手的表现，给我们留下了深刻印象，但是他们是否是歌舞俱佳呢？
- 让我们拭目以待！
- 首先是一号选手李恩民的《Forever》。
- 20号选手的歌声非常具有穿透力，看来会有一个不错的分数。
- 哦！他的分数是8分，相当不错的成绩。
- 27号选手的成绩是6.7分。
- 34号选手显然准备不足，所以没有成绩！
- 好的，所有比赛进行完毕了，又到了宣布成绩的时刻，十分紧张！
- 第三名是……
- 第二名是……
- 第一名是……
- 下一场比赛，也是最后一场分项比赛，“演艺人生”将在三个月后举行，只有三场比赛总积分的前20名才可以进入最后的“新人王”总决赛，而总决赛的第一名就会获得“娱乐集团”的丰厚合同，从此走上巨星之路！
- 期待您三个月后再关注！

演艺比赛

- 大家好！“成为巨星”的最后一个单项比赛“演艺人生”现在开始了。现在我们一起来欣赏第一个节目……
- 节目都非常精彩，选手们也表现的很出色。
- 现在宣布比赛名次：
- 第三名……
- 第二名……
- 第一名……
- 恭喜！
- 最后的总决赛终于要到了，前20的选手也要在最后这三个月加紧努力一下了！

9. 游戏操作流程图解

最后，不妨把游戏中涉及的主要行为——日程安排、休息、饮食、交友等的游戏操作流程做一图解。

首先是“日程安排”，其游戏操作流程如图4-20所示。玩家可以按照任意顺序安排日程内容，而且每个时间段的内容可以反复修改。

其次是“休息”，其游戏操作流程如图4-21所示。道具分服装、饰品和礼物三类，每类限装备一件。如果装备有礼物道具，则在每个游戏点前均会询问“是否将礼物送给×××?”。装备好道具后选择“取消”，则道具重置。

再次是关于“饮食标准＋状态”，其游戏操作流程如图4-22所示。按“确定”保存更改，并退回主界面；按“取消”不保存更改，退回主界面。

最后，关于“联系朋友”以及“购买及操作道具”的游戏操作流程，如图4-23、图4-24所示。

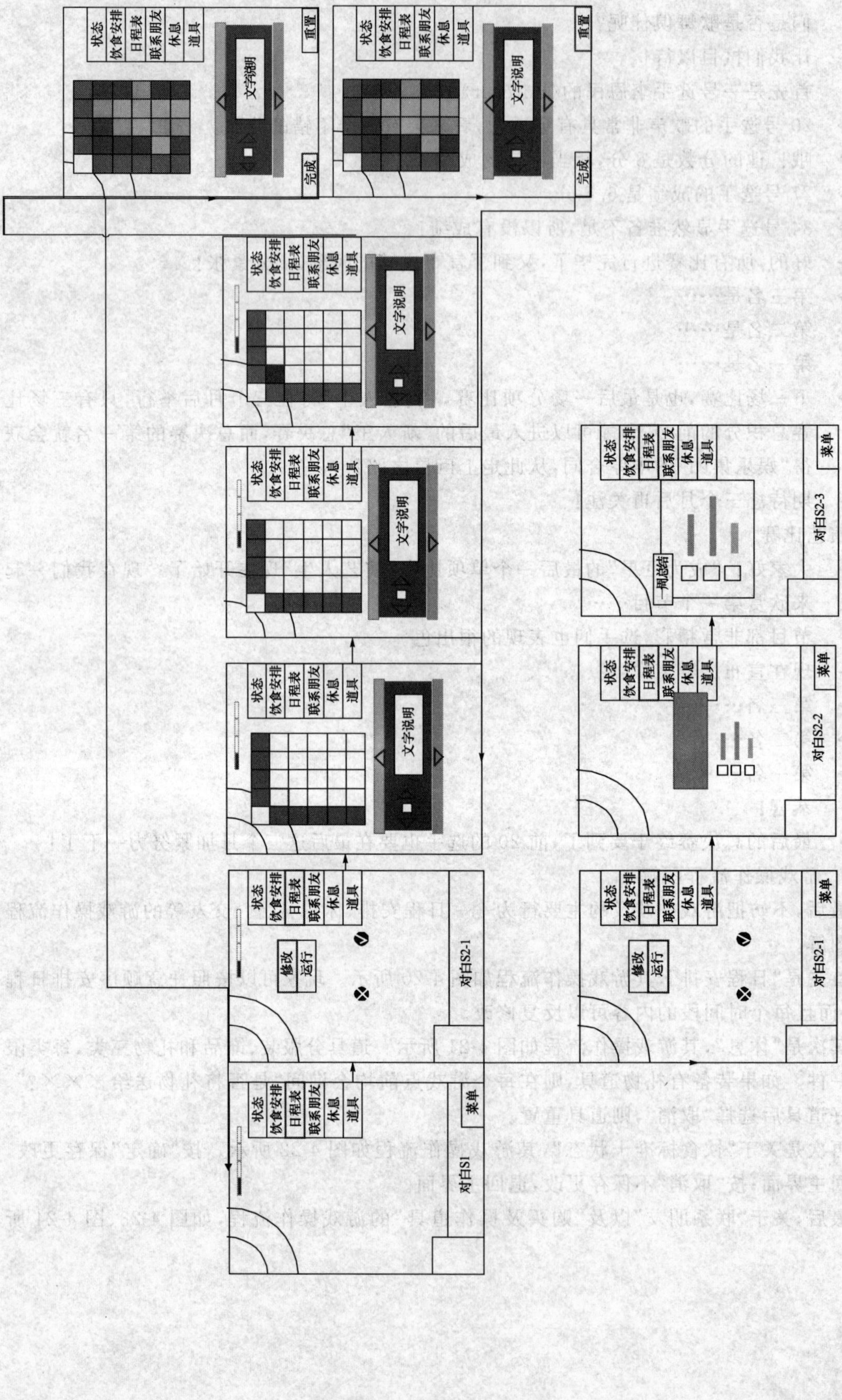

图4－20 “日程安排”游戏操作流程

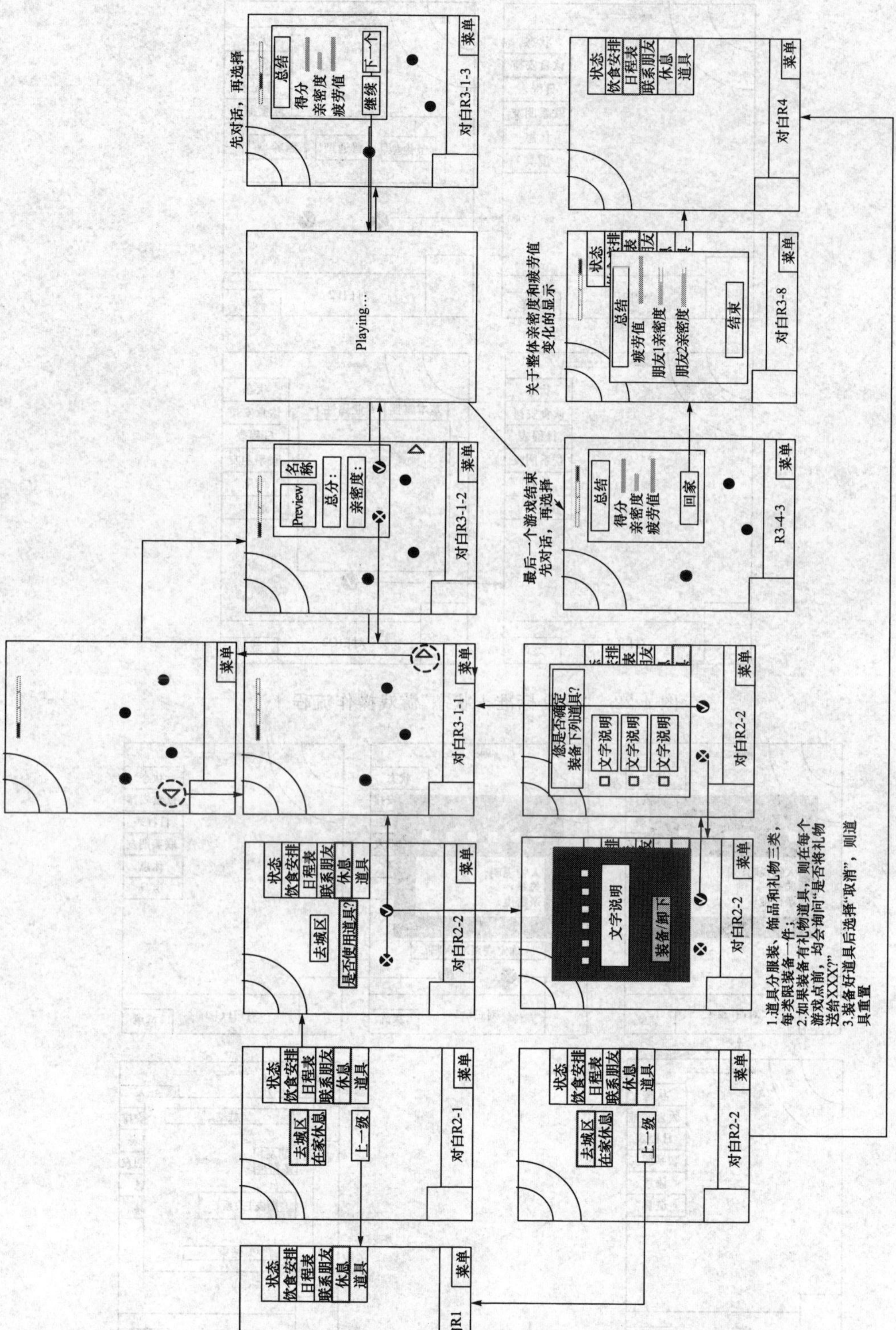

图 4－21　“休息”游戏操作流程

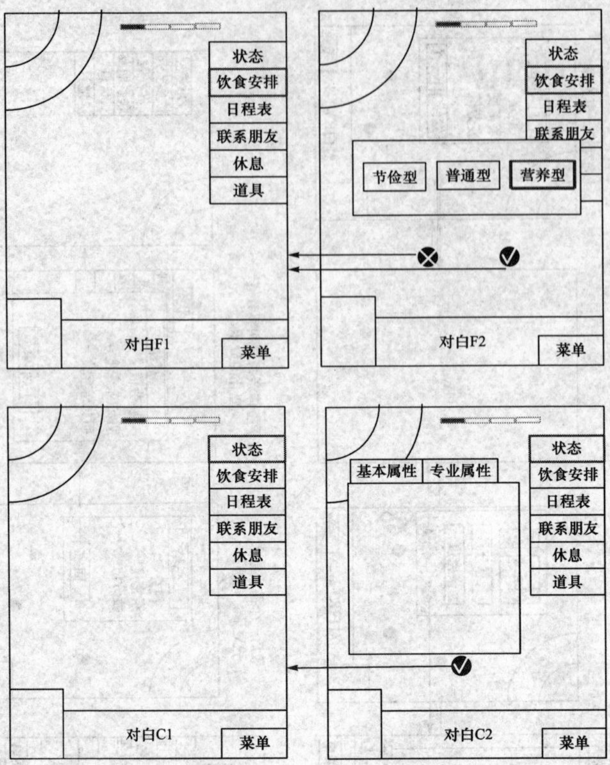

图 4-22 “饮食标准＋状态”游戏操作流程

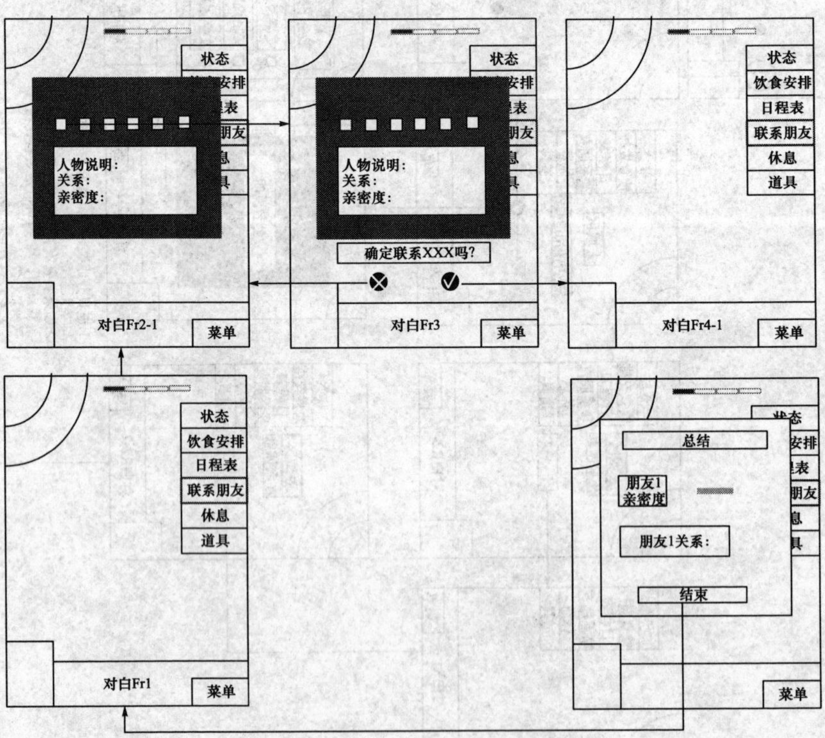

图 4-23 “联系朋友”游戏操作流程

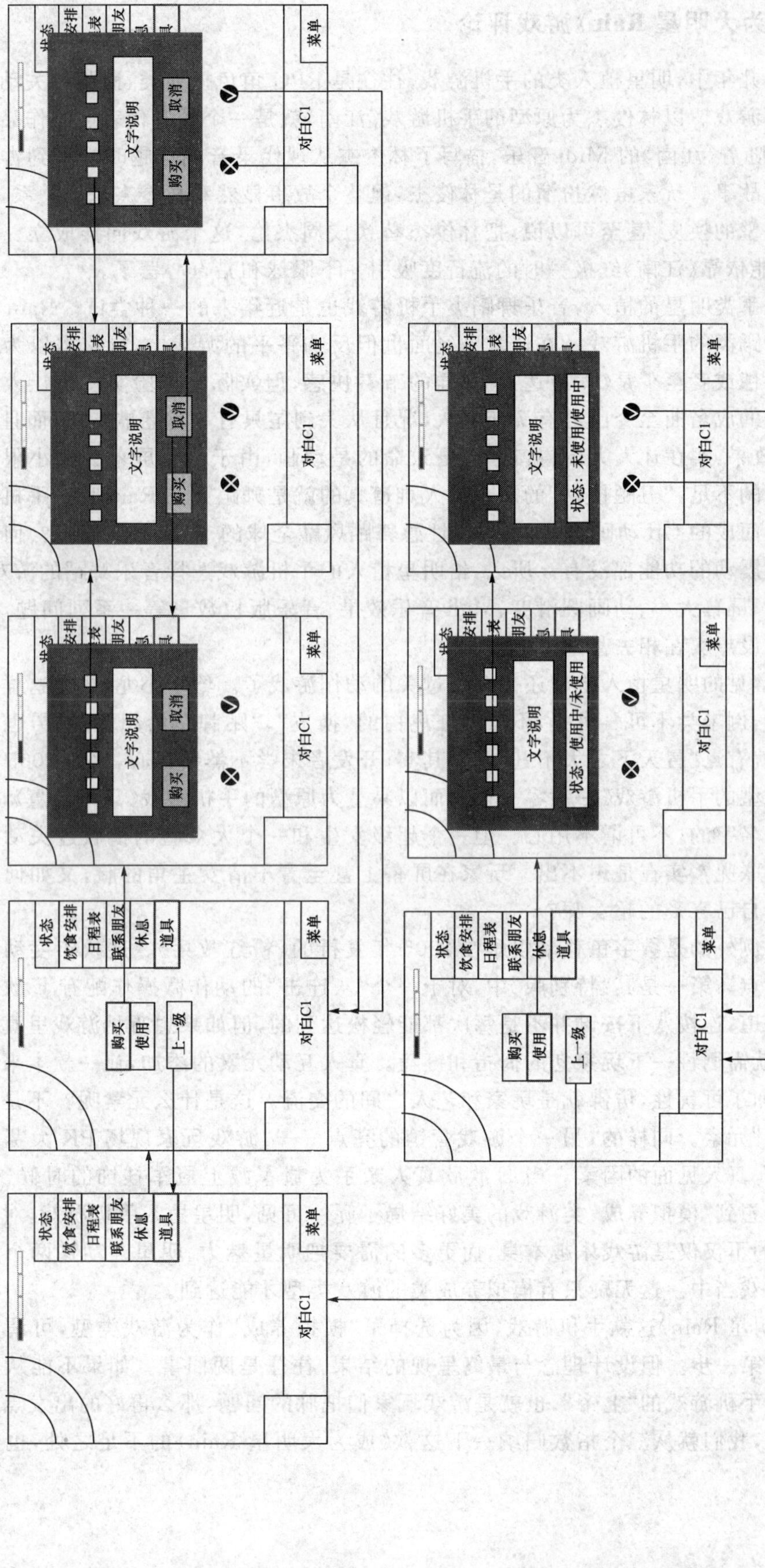

图 4—24 “购买及操作道具”游戏操作流程

4.2.5 《成为大明星 Rain》游戏评论

在过去的几年中，明星植入类的手机游戏，往往是RPG角色扮演类、横版过关动作类或者音乐舞蹈类游戏。以林俊杰为原型的手机游戏《江南》就是一个颇有代表性的作品。这款RPG游戏，伴随着《江南》的Midi音乐，描写了林俊杰从现代录音棚穿越时空来到古代杭州所经历的一段故事。玩家虽然扮演的是林俊杰，但整个故事显然和林俊杰毫无关系，只是一个通用游戏引擎的换皮，甚至可以说，把林俊杰替换成周杰伦，这个游戏同样成立。这样的RPG，显然只能依靠《江南》红极一时的流行度吸引一下眼球和猎奇心罢了。

而对于歌手类明星的植入，音乐舞蹈类手机游戏也是近年来的一种尝试。Rain同样也有一款音乐舞蹈类的手机游戏。在这款已经面世但反响平平的游戏中，玩家本以为可以体验到类似跳舞毯或者至少是《太鼓达人》那样的节奏快感，但实际的体验实在是让人大跌眼镜。《坏男人》的成名曲至今已经有7年之久，况且从头到尾只有一首老歌支撑，而且是有些拙劣的Midi效果，实在让人大倒胃口。而更致命的是动画，由于手机屏幕的大小限制以及该作绘画效果的不足，"丑陋扭动"的那个男人难道真的就是舞蹈天王Rain吗？手机上几格静态画面连缀而成的Gif动画，如何表现以性感舞蹈风靡全球的Rain的风范呢？何况连打对鼓点后手机震动的功能都没有。所以，给明星植入的手机游戏选择音乐舞蹈的游戏类型，由于手机操作、屏幕大小、动画圆滑度、Midi音乐效果、音乐版权数量等一系列问题，其最终效果与最初的设想实在相去甚远。

当然，最常见的明星植入游戏还是横版过关的动作游戏了。给李小龙、成龙这样的明星开发动作游戏，倒未尝不可。可是，不分青红皂白的"换皮"、"贴牌"，给超女、快男也开发动作手机游戏，就有点"冒天下之大不韪"了。其实，开发者未尝不煞费苦心，比如2005年以超女叶一茜为原型的手机游戏《一茜零一夜》，而以易慧为原型的手机游戏《只可易慧》，连名称都是紧贴艺人名字的，不可谓不用心。但一个超级女生和一个大众脸的横版过关动作游戏究竟有什么关联呢？实在是想不出。玩家在屏幕上甚至看不清女主角的脸，又如何能感受到女主角就是自己喜爱的超女呢？

唯一有些例外的是数字鱼移动娱乐在2005年发行的《粉红救兵》。这款年度动作游戏大作有两大亮点。第一是其"特别版"中，对于一个"八连击"的动作微操作配有E欣欣真人的配音。要知道，连按八下按键并不是每次都能轻松达到的，但如果想听见游戏里真人明星的生动配音，就需牺牲一下玩家您的拇指和键盘。真人互动元素的添加，让一款本来平庸的游戏，瞬间增加了可玩性，仿佛就是玩家和艺人之间的交流。这是什么元素呢？不是动作元素，而是"养成"元素。同样的，另一个游戏营销的亮点——"游戏玩家现场PK大赛"，更是强调现场互动、真人见面的因素。当E欣欣真人亲手为冠军戴上冠军挂饰的时候，是不是让玩家依稀联想到"模拟养成"类游戏的美好结局了呢？可见，明星植入手机游戏，对玩家而言，真正需要的不仅仅是游戏乐趣本身，而更多的需要把明星魅力、明星互动这两个元素无缝地添加到游戏当中。这无疑只有模拟养成类的游戏类型才能达到。

《成为大明星 Rain》这款手机游戏，因为选择了"模拟养成"作为游戏类型，可谓走对了"万里长征"的第一步。但设计理念与最终呈现的结果，往往是两回事。如果不能从始至终考虑好如何为手机游戏的"上帝"，也就是游戏玩家们把脉的问题，那么再好的出发点也是无意义的。下面，我们就从三个指数归纳一下这款《成为大明星 Rain》的不足之处，也就是最终产品没能按照业务策划指导思路执行的游戏细节与缺憾。

4.2.5.1　真实指数分析

可能没等玩家进入游戏，一个刺眼的问题就先跳出来了。这就是关于"Rain"的名字。Rain 在出道前，一直叫做郑智薰，直到 2002 年他出版第一张唱片《坏男人》之前，他的制作人朴振英才给他取名"Rain"。那么，既然这款养成游戏模拟的是 Rain 出道前的成长历程，他怎么会一出现就已经有了"Rain"的名字了呢？难道宇宙平移了？

所以，既然这款游戏是为云亲们真实打造，而非臆造原创的作品，那么，一定要把"真实指数"提升到第一重要的位置来考虑。以下，随着"抽丝拨茧"般的细节读解，就会发现，要制作一款真实指数极高的养成游戏，绝不是那么简单的事情！

Rain 在成名后的访谈中多次提到，他高中的时候有一个初恋的女孩，白色皮肤、黑色长发，让他至今仍时常想起。当有人问起 Rain 喜欢什么类型的女孩的时候，Rain 回答说，白色皮肤的，特别白的……而游戏中的设定不尽人意，并没有了解到上述真实细节。游戏中第一个 Rain 的朋友，就是他的女同学金天洙。他们相互喜欢，并且有一种结局就是他们俩结婚了。但金天洙在游戏中被设计成什么形象了呢？粉红色的短发、黄色的皮肤。游戏发行后，这个细节必然成为云亲们不满意的地方之一了。

Rain 在出道前，有 20 多次面试失败的经历，甚至有人劝他整容再做这一行。这种心酸，是广大云亲们津津乐道的话题。游戏本可以极好地利用这些素材。比如，Rain 遇到不同工作机会的时候，系统设定总是失败，然后有人出现，劝他整容。玩家这时候甚至还可以选择是否接受整容。多么有乐趣的游戏体验啊！可是事实上，对于 Rain 的这些难忘经历，游戏中并没有丝毫体现。

Rain 的酒量过人，是中学时候和爸爸学会喝酒的。最多的一次喝下了 40 杯"深水炸弹"。游戏中的打工赚钱的方式之一就是"调酒师"。但游戏对白里完全没有提及这个细节。这足以说明，游戏的开发者没有在 Rain 的真实细节上下够工夫。

Rain 生平最重要事件的之一，就是制作人的慧眼识人以及 Rain 的名称来历。金牌制作人朴振英是把 Rain 点石成金的关键人物，他最认可 Rain 的是他的"努力"。他认为 Rain 的眼神"忧郁如雨"，而且 Rain 从小就喜欢淋雨，所以为他取名为"Rain"。游戏中有一隐藏人物——金牌制作人，可以在服装店老板的生日宴会上遇到并结识。但可惜的是，这个人的名字被臆造成"李英照"，而且和真实存在的朴振英可以说毫无联系，更没有任何对白能再现他们的关系、Rain 的取名经历这些重要事件。

Rain 在成名前，唯一的信心支点就是舞蹈。而他的主要工作也正是伴舞。有一次从高台翻跳，用力过度鼻子碰到膝盖，流了一滩血，但仍然继续跳着。游戏中有 Rain 学习舞蹈的学习任务，也有伴舞的打工方式，但却都是极其平淡的旁白叙述。伴舞打工时候的旁白是"舞池就是我的战场"，画面是 Rain 和一女子共舞。更要命的是，游戏中设定 Rain 去酒吧当歌手时，会直接减少"道德"、"气质"这两项属性的数值，直至"道德"数值为 0。在酒吧唱歌等同于道德堕落。这种游戏中设定的理解，估计要把大量云亲们直接气到晕厥吧！

金牌制作人朴振英十分重视 Rain 的文化水平。他告诉 Rain，如果他考不上大学，就不会再包装他了。Rain 在这之前的模拟考试才得到 200 分，但经过努力，最终高考得到了 314 分，考进了韩国著名的庆熙大学。游戏中有文化课的学习任务，但往往就是玩家第一次通关时最容易忽略的课程。因为大家都想着在歌舞比赛中得到好名次，成为巨星，谁会把大量时间和学费投入到文化课学习呢？而这个时候，游戏中是否应该在 Rain 的文化课指数过低时，出现上述的情节提示呢？但游戏中的旁白是“科技是第一生产力”。没有针对 Rain 真实的成长经历把必要的事件或对话引入，成为该作的一大硬伤。

Rain 出道前的另一个重要事件，就是母亲病逝。Rain 在成名前最重要的，就是 Rain 和他父母以及妹妹的故事了。Rain 家境贫寒，父亲去了巴西，母亲得了糖尿病却没钱治疗，重病期间还偷偷把治疗费给朴振英用于儿子的演艺事业；高考前妈妈在病床上给儿子做了他最爱吃的糖稀，却没等到儿子考上大学的好消息就病逝了。临终的遗言就是“好好照顾妹妹”。然而，游戏中却完全忽略了家庭这条重要线索。除 Rain 之外的 7 个游戏人物没有 1 个是家人，而是全部凭空虚构的。云亲玩家们需要的是什么呢？是在游戏中拼命挣钱终于为爸爸和妹妹买了套新房子之后的感动，因为这也正是 Rain 真实做过的。可惜的是，无视 Rain 成名前真实的人物关系，而全凭主观臆造，成了这款养成游戏另一处致命的硬伤。

可能是巧合，游戏中总在无意识地创造大量可以切入这些真实事件的游戏点。比如当玩家只顾学习、把钱用光了之后，游戏完全可以插入相应的画面和旁白，把 Rain 当年没钱坐公车、饿着肚子训练、5 天不进食这些真是感人的事件一一再现。如果真能做到这种细节，那么与其说这是一款游戏，不如说这已经成了一本极具收藏价值的、能互动的电子书。Rain 说，“有一片云和雨在一起”。他说的云，就是云亲们。他们互相感动着对方。如果粗暴地试图借用其中一方的名去赚另一方的钱，那种感受就是利用。所以，在以 Rain 为原型的养成类手机游戏中，只有 100％的重视“真实指数”，尽量还原 Rain 真实成长经历中的故事，才能用真正感动玩家，才有机会获得商业上的回报和成功。

4.2.5.2 结局指数分析

《成为大明星 Rain》的手机游戏，为玩家提供了总共 10 种个性结局。

结局一：退出演艺圈。失败的结局是必须有的，这十分合理。

结局二：和金天洙结婚。培养 Rain 和他时常提及的初恋女同学结婚，该是多少云亲玩命要达成的结局呢？绝对值得称赞的创意。可惜，由于之前提及的真实指数过低的原因，这个结局的唯美性要大打折扣了。

结局三至结局七分别是 Rain 成为了服装店老板、夜总会经理、艺校老师、节目主持人以及幕后人员；而最后三种结局则是成为歌星、影星以及天王巨星。开发者绞尽脑汁，把与演艺圈关联的几乎所有职业全部搬到游戏中来。目的很明确，尽量多的个性结局，满足云亲们打造只属于自己的 Rain 的个性需求。

但这种对于业务策划中“打造只属于自己的 Rain”的概念的理解，显然是肤浅的。这款养成类游戏天生的一个巨大缺憾，就是只能局限在 Rain 成名前的经历再现，而无法把 Rain 成名后在全世界的巨大成功搬演到游戏中。但这个缺憾是可以在多结局设定中弥补的。

试想，玩家愿意把 Rain 培养成夜总会老板、艺校老师这样不着边际的结局呢，还是更愿意看到 Rain 在结局里能在奥运会闭幕式上演唱、在好莱坞大片《极速赛车手》里担任男主角呢？显然是后者这些真实的事件了。如果想设计一些负面的结局，也可以把 Rain 在 2009 年因打官司而几近破产的事件在游戏中进行搬演。养成游戏的多结局设定，并不是关联行业从业的平行罗列，而是根据玩家需求以及真实事件综合塑造而成，在文艺理论的高度总结，就是“源于生活而高于生活”。

最后需要提及的是“收集”要素。养成类游戏的最大乐趣之一，在于不同结局打出后能收集到类似卡片、纪念品等元素，满足玩家追求完美的心理。国外的经典手游都十分重视“收集”要素的添加与表现。比如 iphone 上的益智游戏《阿兹肯德》，每过一小关，都会对应到一张陈旧照片的某一块区域恢复成彩色，而把整张照片完全恢复成彩色的愿望激励了玩家继续玩下去。而《海洋女孩》则是在玩家每过一关之后，让玩家得到女主角更加性感的照片一张，存储在画廊中。在《成为大明星 Rain》这款游戏里，假设玩家在进入游戏时，系统要求玩家输入自己的名字，而在每打出一种结局时，就会收到 Rain 签名的一张写着玩家名字的信，信的内容与结局是一一对应，中心思想则是感谢玩家对 Rain 的培养；而一旦玩家打出多种结局，就可以得到和 Rain 合影的机会——拿起手机、将摄像头对准自己拍照，就能实现和 Rain 的合影了，甚至还可以激活游戏中一句 Rain 的真人语音，以示对玩家的感谢。这对于云亲而言，将是多么巨大的诱惑呢？可惜，目前的这款游戏，甚至连结局“收集要素”都完全没有。这样看来，仅仅增加结局的数量而没有深入研究什么样的结局以及什么样的结局收集形式更符合玩家的需求，是该作的又一大硬伤。

4.2.5.3　上手指数分析

Rain 的这款手机游戏要求极好的上手指数。因为很多云亲可能平生只玩过这一款手机游戏，冲的就是自己的偶像。所以，乏味的设定或者游戏逻辑太复杂，都会导致玩家的流失。

然而，在进入《成为大明星 Rain》的手机游戏之后，在整整前两三个小时的游戏时间里，玩家唯一能做的就是永无止境地给 Rain 安排每日的日程，还有就是周六去和金天洙玩苹果小游戏。游戏操作过程相当乏味。笔者总结了一下，有四个原因。

第一，游戏“头小、脖子细、肚子大、腿粗”，呈现金字塔状发展。把大量的剧情、随机事件、隐藏人物、各种比赛，全部挤压在游戏叙事的中后段，而且必须满足足够的条件才能触发。比如 Rain 的朋友，开始只有金天洙；只有满足一定条件后才可激活下一个隐藏人物；以此类推，直至 7 个人物全部出现。而这就引发了第二点问题。

需要满足的条件，首先是两人的亲密度达到一定程度；而增加亲密度的唯一方法就是在苹果小游戏中胜出。这个小游戏画面粗糙草率，但第 7 小关难度相当大，相信几乎所有的玩家都要在这一小关重复 20 次也未必能过关。这样，玩家就必须永无止境地重复着这个乏味的小游戏，然后又要重复给 Rain 安排下一周的日程，等到周六再去玩同样一个小游戏。周而复始，估计资深玩家也至少需要几百遍的重复操作。试问，多达 75％的非标准玩家的云亲们，谁能适应这样的养成游戏呢？反过来看看最受欢迎的养成类游戏，比如 Iphone 上的《宠物朋友》(《Pet Pals》)，游戏里的小游戏画面极其精美，且有容易、普通、难三种难度设定，玩家也有三条生命，这样，每次玩家基本都可满意而归，挣到足够的钱去继续喂养自己的宠物。请记住，养成类游戏中的小游戏，永远只能是作为挣钱或增加好感度的小工作，如果难度或流程设计不合理，占据了大部分的游戏时间，就喧宾夺主甚至直接导致玩家丧失信心了。

第三个问题是，该作把游戏总时间设定为 1 年，而时间进展以周为单位，玩家需要以天为单位对 Rain 进行日程安排，真的有点把玩家当保姆的意思了。这种有明星或电影原型的改编游戏，很多是以“季度”为时间单位的，玩家安排一次进程，就过去一个季度，比如根据同名电影改编的养成类手机游戏《如果爱》，就是以女主角孙纳为养成对象；玩家安排她的学习和打工，就是以季度为单位的。重复操作的少了，而事件、活动、情节线索丰富起来，这样的设计更符合追星族的游戏需求。

最后一个问题是玩家的操作体验和系统的提示帮助。《成为大明星 Rain》里，由于是基于 2D 引擎设计的养成游戏，而且没有多变的场景和人物动画，所以玩家只能在单一固定的画面背景中，进行简单的图标操作。而对于不熟悉养成类游戏玩法的云亲们，系统又没有提示帮助。这种不体贴、不人性的设定，导致该作的上手指数很低。反观国外经典养成游戏，比如 EA 的手游大作《模拟人生 2》，基于 3D 引擎开发，真实感极强，玩家可操作的体验也极其丰富。在此基础上，《模拟人生 2》仍然提供了极其详尽的提示帮助，从用户进入游戏到每一项指数偏低时的提醒、到每一个愿望达成、再到每一个朋友的交往，莫不如此。而即使是国内出品的 2D 引擎的养成游戏《长江七号》，虽然画面感觉也有些草率，但玩家的操作体验上仍是十分多变的。玩家一边养成着七仔，一边还可以在废品站里挖出各种物品进行合成，然后交易，还可以在学校、同学家后花园、工地等各种场景里进行小游戏，小游戏又包括了动作类、益智类、音乐类，甚至还用上了手机震动的功能。这款游戏有着与《成为大明星 Rain》类似的玩家诉求，很多玩家并不是标准的手游用户，而是七仔的忠实粉丝。对于这类娱乐题材改编的养成类游戏，玩家的操作体验与系统的提示帮助如果不够丰富，基本就等于拒用户于大门之外了。

总结起来，目前这一版的《成为大明星 Rain》，真实指数、结局指数以及上手指数都并不高，可以说都存在的硬伤。可见，正确的业务策划的理解，并不代表在产业策划和制作过程中的执行必然也是正确的。一款优秀的手机游戏，唯有从业务策划到产品策划再到开发制作的全部环节，都准确理解用户的诉求和市场的需求，才可能在激烈的市场竞争中脱颖而出，立于不败之地。

4.3 《头名录》：电影改编类手机游戏综合剖析

4.3.1 电影大片改编手机游戏市场调研分析

为了明确电影大片改编手机游戏的市场状况，以及之前的成败得失，进行充分的市场调研是很重要的前期工作。以下是针对国外大片改编手机游戏的市场调研分析。

1.《哈利波特与凤凰社》

(1)游戏宣传

A. Web 宣传

该游戏在发行前期与手游大联盟进行了宣传活动。该游戏在手游大联盟建有一个专门的游戏主页，单击进入后会出现与游戏相关的电影《哈利波特与凤凰社》的预告片，以及游戏的效果图，指导玩家如何进行游戏下载以及下载成功后奖励的电影周边产品。

该游戏在发布前期就有一个活动，活动分为预定期与发布期，都是给玩家不同的奖励。活动时间分为两个部分，即：预定期和发布期。

预定期为 2007 年 7 月 25 日～8 月 8 日，在此期间，点击预定按钮，即可获得四位预定验证码，待游戏正式发布，下载游戏时输入用户获得的验证码，可以 6.8 折即 10 元的价格购买游戏。

发布期为 2007 年 8 月 9 日～8 月 31 日，在此期间下载，需要以全价即 15 元购买游戏，但下载游戏就有机会得魔法学院徽章、限量版背包、T 恤和飞行斗篷等魔法大礼。

可以看出该游戏是一次性收费。

B. WAP 宣传

在预定游戏后，游戏会给玩家的手机发来一条短信连接，可以通过 GPRS 连接到游戏的 WAP 网页上，该网页上有与电影相关的剧照，海报，铃声，屏保提供给玩家下载，下载都是 2 元一条。还有游戏介绍、游戏评测以及电影剧情介绍。

(2)美术风格

画面制作精美，就如同把我们带进真的霍格华茨学院一般。在游戏开始的主菜单中，是制作十分精细的霍格华茨的大门，就如同我们要从这里跨进真正的霍格华茨一般。虽说在真的游戏中，从人物制作方面来说还不够精美，但是其人物头像是采用电影中的头像，给人耳目一新的感觉。从背景上来说，学院制作的还是十分美丽的，就像在里面学习生活一样，制作得很完美。如图 4-25 所示。

图 4-25　《哈利波特与凤凰社》手机游戏

(3)游戏与电影的吻合度

游戏类型：角色扮演

提供商：ElectronicArts

游戏背景：

游戏的目标是建立邓不利多军团，然后与那些黑魔法师战斗，玩家必须学习各种魔法招式来抗衡敌人，游戏的战斗方式采用了迷你游戏的形式，玩起来很有趣。在进行战斗的同时玩家还必须通过放飞哈里波特的猫头鹰获取重要道具。

游戏内容：

帮助哈利波特解脱在学院中遇到的所有困难。哈利波特是个喜欢在晚上在学院中逛的男生，游戏中，我们需要帮助哈利波特摆脱在夜晚巡逻可能捉住他的老师和学院的级长。

从游戏中背景与内容看，该游戏除了人物与NPC，学校场景与电影中一样外，游戏剧情与电影是不一样的，可能考虑电影故事比较连贯、庞大的缘故。不过游戏应该是有电影的人物肖像权，包括其他版权，因为EA公司在PC、Xbox等平台都推出了《哈利波特与凤凰社》这个游戏。

(4)游戏操作

2、4、6、8键：方向键

5键：确定、点击、攻击、关灯

0键：释放宠物

右软键：呼叫菜单

左软键：返回

5. 适配机型

N6101系列：N6101、N6102、N7270、N6170、N7360、N6060、N6111，N5200

N6230i系列：N8800、N6230i

N7370系列：N7370，N6270，N6131，N5300，N6300，N73，N93，E50，N71

N5500系列：N5500

V600系列：V600，V501，V500，V303，V300

E398系列：E398， V3，E375，V80，V635，V600I

L7系列：L7，U6，V360，V3i

L6系列：L6，L2，L6i，L6g

E2系列：E2

K700C系列：K758c，K750c，K700c，W550c，W600c，W810c，Z550c，W700c，K550C

K506系列：K508C，K506C，K500C，Z608C，Z520C

S700系列：S700C，K790C，W830c

K300C系列：K300C，J300C

N7610系列：3230，6260，6600，6630，6670，6680，6681，6682，7610，N70，N72，N－Gage，QD，7650，3650，3660

2.《变形金刚》

(1)宣传与运营

目前在各大手机游戏论坛上可以下载的《变形金刚》游戏有两个版本，一个是由Glu公司开发的根据电影改编的变形金刚，另一个是借用变形金刚名声制作的横版飞行游戏。这两个变形金刚都没有什么大规模的宣传，两个游戏都在当乐网做过宣传，Glu的变形金刚还在新浪的手机游戏新闻中做过宣传。目前两个游戏都是免费下载，而后一个版本的《变形金刚》在每关人物死亡后，都会出现“续命”的计费点。

(2)美术风格

Glu制作的《变形金刚》与电影中比较相似，画面比较精细，更绚的是在过场动画中用3D技术制作了与电影版中一样的大黄蜂以及擎天柱的头像。如图4-26所示。

而另一款《变形金刚》就像是一个用飞行射击游戏换皮制作的变形金刚，只是控制的主角与电影中的擎天柱有几分相似，其他的场景以及敌人都与电影中不一样。如果从画面上说，游戏制作的还是不错的。如图4-27所示。

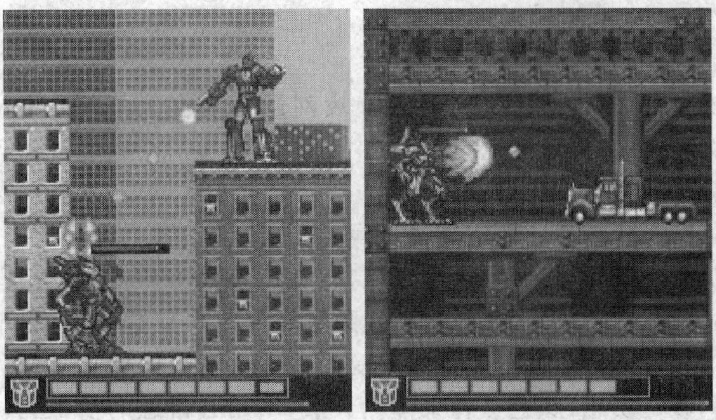

图 4-26　Glu 版《变形金刚》手机游戏

图 4-27　飞行射击版《变形金刚》手机游戏

(3)游戏与电影的吻合度

Glu 制作的《变形金刚》游戏介绍：故事说的是在一场星际战争中，以汽车人为代表的博派和以飞机人为代表的狂派从他们自己的星球“塞伯顿”打到了地球。这让人类陷入了一场灾难之中。不过，好在最终代表正义的汽车人和人类连起手来，对抗狂派的疯狂进攻……

Glu 制作的《变形金刚》与电影的剧情比较相似，人物与电影中也基本一样，可以说是按照电影完全改编的，也有电影的各种版权。

而另一个版本的《变形金刚》基本上就是打擦边球，只是借变形金刚的名声以及类似的人物去吸引玩家，剧情与里面的角色基本上与电影不同，只是主角模样有点像电影版中的擎天柱，但是名字也改了，可以看出该版本是没有任何版权的。

(4)适配机型

Glu 游戏适配机型：

Nokia：S40 2.0 系列，S40 3.0 系列，S60 1.0 系列，S60 2.0 系列，S60 3.0 系列

索爱：S700 系列，K700 系列，K750 系列，K800 系列，K500 系列，K300 系列

Moto：E680 系列，A760 系列，A1200，C975，C650 小屏幕系列(128 * 128)，E398 系列，C390，Vxxx，V975，A1200，C261，E1000，L7 系列，L6 | L2，V878 系列，WM2003SmartPhone，WM5.0SmartPhoneQVGA，WM2003PPC，V3x，Z3，V980，E770

另一个版本的《变形金刚》基本适配了目前所有市场上的手机，包括了 S40 1.0 系列。

3.《蜘蛛侠 3》

(1)宣传与运营

本游戏由国外公司制作,在各大手机游戏网站都有免费下载,Google 可以搜索到226 000条与《蜘蛛侠》手机游戏相关的网页。

(2)美术风格

游戏画面整体感觉比较昏暗阴沉。画风属于写实风格,看上去一板一眼的,缺少变化,而颜色又以暗色调为主,整个城市一片暗红色,感觉让人很压抑,彷佛置身于一个充满罪恶的城市之中。不过,也许游戏要的就是这种效果。而人物造型这一块,很难用好坏来判断。首先是人物本身,咋一看上去确实和我们可爱的蜘蛛侠本人挺像的,但由于人物大小的原因,角色比较单薄,缺乏实感,颜色与背景浑然天成,不用心留意的话,还真不易发现。加上动作的需要,蜘蛛侠经常缩成一团,眼力差的玩家就更不好分辨了。而人物动作,只能用一个字来形容——强,毫不夸张地说一句,只要是电影里有的动作,游戏中都有,甚至更多,简直一活生生的蜘蛛侠。更难得的是,动作之间十分连贯,过渡平滑,跟电影中的一模一样,在这个游戏里,确实只有我们想不到的,没有他做不出来的。如图 4-28 所示。

图 4-28 《蜘蛛侠 3》手机游戏

(3)游戏与电影的吻合度

根据同名电影《蜘蛛侠 3》改编的游戏,不但保留了前集里最精华的要素,且在新作中加入了一些新装备和不少非常时髦的元素,带给玩家的会是一种颇有新意的游戏体验。这是一款传统风格 2D 游戏,包括了蜘蛛人的所有经典能力:飞荡、爬墙、蜘蛛感知。游戏中战斗的比重比较大,主角可以用基本的拳打和脚踢组成组合技。与电影内容相匹配,穿黑色服装的反面蜘蛛人也将登场。黑色状态下蜘蛛人会更强大,但是要维持这个状态必须不停战斗或者击毁物品,如果用太多时间救人则会回到原状态。

虽然属于同名游戏,但与电影的剧情关联不是很密切,里面的人物虽然都差不多,但内容和顺序则完全不一样。游戏大多数的场景发生在城市,另外还有少量的火车站等,蜘蛛侠特有的各种攀爬技巧成为主要的玩点之一。就场景设计来说,给蜘蛛侠的发挥留出了充分的空间,整个场景不仅高,而且十分的复杂,就算是可以飞檐走壁,还可以凌空飞荡,要通过这些建筑物也不是件容易的事。游戏的战斗则是另外一个玩点。在游戏中,普通的拳头攻击基本上是没有什么效果的,必须运用蜘蛛侠各种独特的能力,不断使出各种组合技巧来,才能破敌制胜。每关结束后,蜘蛛侠都会习得一种新技巧。可以这么说,此游戏将战斗提升到了艺术的境界，如何以华丽而优雅的姿势杀死敌人，才是最考验玩家水平的。游戏中生命值的设定也颇为巧妙。你只要踢坏道具、杀死敌人，生命值都会上升。

(4)适配机型

Nokia：S40 3.0 系列，S60 2.0 系列，S60 3.0 系列

索爱：S700 系列，K700 系列，K750 系列，K800 系列，K500 系列

Moto：E1000，E2，V3x，C975，V980，E770，E398 系列，Vxxx，V975，L7 系列，Z3，L6/L2，V878 系列，C650 小屏幕系列(128 * 128)，C390，C261

4.《加勒比海盗 3：世界尽头》

(1)宣传与运营

由 Capybara Games 公司制作的手机游戏《加勒比海盗 3：世界尽头》是根据同名电影改编而成的。海盗题材的作品一直倍受观众的热捧，这一系列影视作品不断为迪斯尼创造了票房奇迹，作为同一系列的手机游戏作品，无疑给了众多期待海盗归来的玩家一大惊喜。

(2)美术风格

与前代同系列手机游戏精细华美的画面相比，本游戏画面采取滚屏方式展开，随着关卡的不同，有横版滚屏，有纵版滚屏，游戏画面视觉多变，画面整体显得相当清爽，色彩浓烈，夺人眼球，游戏中的各个角色刻画尤为精细，完全按照电影人物角色原型塑造。该作把游戏场景刻画得简洁大方，突出刻画游戏角色细节，更利于表现出动作游戏中华丽的招式，让玩家体会到游戏过程的流畅感的同时，不觉得眼花缭乱，玩家亦可在游戏中体验不同的时段和不同的天气，如傍晚夕阳、夜色低垂、连绵细雨等，有身临其境之感。作为一个 265KB 大小的 Java 游戏，游戏美术无疑是相当出色的。随着故事情节的发展，玩家可经历诸多不同的游戏场景，从“黑珍珠号”到中国码头，从小岛丛林到海上炮战，一幅幅简洁而浓烈的异域风情画面将在玩家面前一一展开……战斗中没有炫目的魔法，没有夺人的光效，只有朴素的欧洲剑术，虽然限于手机的按键，但主角仍然可以施展几种不同的剑术，角色灵活流畅的动作仍然让玩家感觉畅快无比。如图 4-29 所示。

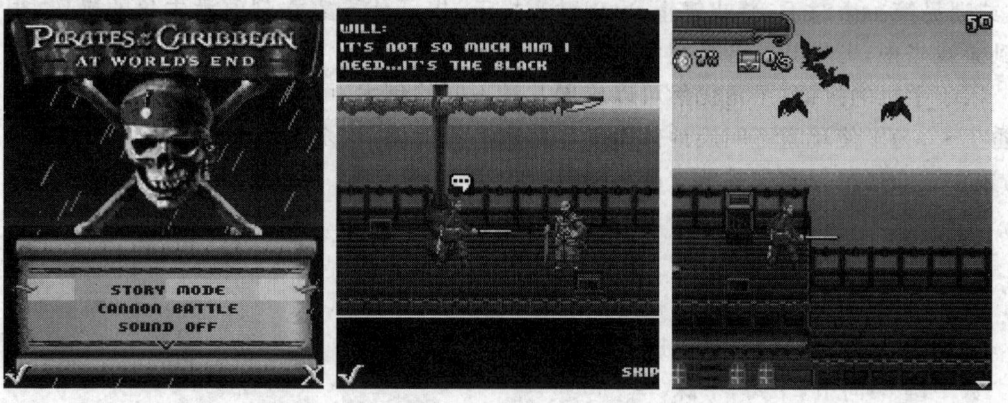

图 4-29　《加勒比海盗 3：世界尽头》手机游戏

(3)游戏与电影的吻合度

《加勒比海盗 3：世界尽头》是一款关卡动作游戏，根据同名电影改编而成，故事基本与电影叙事一致，东印度贸易公司和海怪兵团在世界七大洋中肆意破坏，在未知海域的另一端——世界尽头，世界各个海盗头子们将结成一家，为了海盗事业和财富，合力对抗东印度

贸易公司和海怪兵团……特纳、伊丽莎白、巴博萨船长和一帮“黑珍珠号”船员为拯救杰克船长，穿越狂野的未知海域来到世界尽头，找到中国海盗头子邵峰，拿到地图，才能拯救杰克……游戏从“黑珍珠号”抵达东方海岸开始，特纳拿着长剑开始了冒险之旅。

该作根据同名电影改编，故事自然引人入胜，游戏角色也倍受宠爱，操作风靡世界的杰克或特纳等一干人探险自然是玩家的强烈心愿。游戏剧情完全遵循同名电影故事，但在电影宏篇叙述的基础上作了一定的简化，在该游戏中，玩家依然能体会到在同名电影中故事发展的主要脉络，游戏中的故事从“黑珍珠号”抵达东方海岸开始，以寻找中国海盗头子邵峰为起点，冒险之旅由此开始。作为一款动作过关游戏，剧情的叙述被简化是必需的，在游戏每关开头以及主角遇见 BOSS 时都设置了对话，对话时间很短，没有中断感，反而把故事剧情完美地融合在游戏当中，简单明了地交代了故事的来龙去脉，使玩家在不断战斗的过程中，有了剧情归属感，而没有乱砍乱杀的盲目感了。

游戏采用滚屏展示场景，根据关卡的不同，有纵版滚屏，有横版滚屏，游戏角色可以在大的游戏场景中任意向前或向后走，行动的自由度很大。关卡可以分成几种不同的模式：自由战斗，即与一般通关游戏一样，打败关卡中阻拦主角的敌人；生存战斗，即在某些关卡中，在固定的游戏场景中打败不断出现的所有敌人；一对一战斗，即与 BOSS 的战斗；逃跑，在某些关卡中，主角必死，只能往回逃跑；攀绳运动，在某些关卡中，杀敌不是主要的，重要的是要会攀绳，接二连三地攀绳，否则就掉下摔死；海上炮战，在某些关卡中，玩家是在海洋上与东印度贸易公司互相轰炸。这些不同的关卡，完美地融合在一个游戏当中，降低了关卡游戏的重复性，提升了游戏的整体品质，带给玩家多样化的游戏体验，玩家在游戏中感受不到不知所终的砍杀，也不至于身心疲惫。

游戏的不足之处就是某些关卡场景造型相似，战斗单一，如海上炮战，久而久之还是使人觉得重复。

(4)游戏操作

为了方便玩家尽快上手操作，开发者在游戏当中设置了贴心提示，每当玩家新到一处障碍，或遇见第一个对手，游戏停止，出现贴心提示，提示使玩家立刻熟悉主角的操作，很快融入到游戏当中，可见开发者是很为玩家着想的。

限于手机的按键，主角仍然可以施展几种不同的剑术，可见开发者在按键设置上也下了一番工夫，为了使玩家不间断地体验动作游戏的流畅感，砍杀动作不仅仅是以数字键 5 来触发，数字键 2 还可以实现跳跃＋翻滚。

操作：

左软键：确定

右软键：暂停

数字键 2：向上，跳跃，重复按 2 连跳

数字键 8：向下，下蹲，下跺

数字键 4：向后，后刺

数字键 6：向前，前刺

数字键 5：旋转剑术，丢火桶，发绝招

方向键：同数字键

(5)适配机型

Nokia：S40 2.0，S40 3.0 系列，S60 1.0，S60 2.0 系列，S60 3.0 系列

索爱：S700 系列，K700 系列，K750 系列，K800 系列，K500 系列，K300 系列

Moto：C975，E398 系列，Vxxx，V975，L7 系列，Z3，V980，E770

5.《投名状》

(1)宣传与运营

前面几款游戏最能吸引玩家眼光的应该就是游戏的名字，因为其同名电影是非常吸引人的。而且从游戏制作水准上来看，要让玩家都说好，并且起到很好的市场效应，那么我们的日标应该是制作出一款精品游戏，如果是个比较简单的游戏的话，市场的反应不会有多热，也不会有多少人去下载。

其次从游戏前期制作上来看，和前面列出的 4 个高票房电影改编的游戏比较，我们设计的这款《投名状》应该需要获得相应的电影版权，并且应该保证与电影同步上市，这样才能起到最大的市场效应，迟了可能会有一些打擦边球的同名或者类似该电影的游戏出现。接着就是要在一些论坛做宣传，或者与某个论坛合作进行独家下载，不过前提是要游戏做得非常精致，和前面 4 个游戏差不多才行。

游戏的运营可以借鉴前面 4 个游戏的方式，可以采用一次性下载的方式提供给玩家，或者在游戏中设置一些收费点，比如每过一关发送短信续关，或者人物死亡后发送短信复活等。这两种方式也可以一起设计。

(2)美术风格

从游戏画面设计上与前面 4 款游戏比较，我们的画面应该制作得比较精美，比如从主角的形态、动作上要求精细，场景上需要与电影中出现的场景类似，并且精美，一些更小的细节，比如会被惊动的鸟，被点燃的粮草等都要有所体现才能获得玩家的肯定。上面 4 个游戏的画面在论坛上都有许多玩家在表扬。在图片风格上应该和电影中的风格相似。在有版权的情况下，要体现出与电影中类似的场景，以及相似的人物造型，这样才能让玩家体会出游戏与电影的紧密联系。不过如果要让图片很精致的话，需要的制作时间也不会短。从前面 4 个游戏的品质上分析，游戏仅仅图片的制作应该都有 1 个月左右的时间。所以，我们制定了如图 4-30 所示的游戏开发时间表。

我们设计的游戏比较像《加勒比海盗 3：世界尽头》，也是一款关卡动作类游戏，只有设计成关卡动作类型的游戏才能体现电影中的精彩程度(因为该电影中的打斗场面还是比较多的)，并且现在手机游戏市场上关卡动作类游戏都比较受玩家青睐。

4.3.2　《头名录》手机游戏产品策划

手机游戏《头名录》由电影《投名状》改编而成。该游戏为横版过关的动作类游戏，下载免费，但内嵌入短信作为通道的计费点。其游戏策划及收费业务策划具体如下。

1. 游戏概述

(1) 为什么做这个游戏？

目前市场上根据高品质电影改编的游戏比较多，而且都比较受欢迎，我们的目的也是将《投名状》这一电影题材做成精品游戏，不但可以让玩家感受与体会到和电影一样气势磅礴的精彩打斗场面、跌宕起伏的故事剧情，还可以提升《投名状》这部电影在游戏界以及玩家中的知名度与受欢迎度。

		任务名称	工期	开始时间	完成时间	前置任务
1		⊟ **《投名录》游戏总体开发进度**	**80 工作日**	**2007年9月3日**	**2007年12月19日**	
2		⊟ **《投名录》游戏设计**	**10 工作日**	**2007年9月3日**	**2007年9月14日**	
3		游戏场景设计	2 工作日	2007年9月3日	2007年9月4日	
4		游戏人物设计	1 工作日	2007年9月5日	2007年9月5日	3
5		UI界面	1 工作日	2007年9月6日	2007年9月6日	4
6		背景故事构建	1 工作日	2007年9月7日	2007年9月7日	5
7		对白脚本	1 工作日	2007年9月10日	2007年9月10日	6
8		数据数值设计	2 工作日	2007年9月11日	2007年9月12日	7
9		游戏操作设计	1 工作日	2007年9月13日	2007年9月13日	8
10		音效设计	1 工作日	2007年9月14日	2007年9月14日	9
11		⊟ **《投名录》图片制作**	**60 工作日**	**2007年9月5日**	**2007年11月23日**	
12		场景制作LV1	4 工作日	2007年9月5日	2007年9月10日	3
13		人物设定（3个主角）	3 工作日	2007年9月11日	2007年9月13日	12
14		人物动作（3个主角）	11 工作日	2007年9月14日	2007年9月28日	13
15		界面UI制作	2 工作日	2007年9月29日	2007年9月30日	14
16		界面UI制作	2 工作日	2007年10月8日	2007年10月9日	15
17		人物设定（普通敌人）	2 工作日	2007年10月10日	2007年10月11日	16
18		人物动作（普通敌人）	5 工作日	2007年10月12日	2007年10月18日	17
19		BOSS设定与动作	5 工作日	2007年10月19日	2007年10月25日	18
20		场景制作LV2	4 工作日	2007年10月26日	2007年10月31日	19
21		场景制作LV3	4 工作日	2007年11月1日	2007年11月6日	20
22		场景制作LV4	4 工作日	2007年11月7日	2007年11月12日	21
23		场景制作LV5	4 工作日	2007年11月13日	2007年11月16日	22
24		切片制作	2 工作日	2007年11月19日	2007年11月20日	23
25		开机图片+游戏结束图片+通	3 工作日	2007年11月21日	2007年11月23日	24
26		⊟ **《投名录》程序开发**	**74 工作日**	**2007年9月11日**	**2007年12月19日**	
27		基本框架代码编写	5 工作日	2007年9月11日	2007年9月17日	7
28		场景，界面UI编写	5 工作日	2007年9月18日	2007年9月24日	27
29		主角相关代码编写	5 工作日	2007年9月25日	2007年9月29日	28
30		敌人相关代码编写	1 工作日	2007年9月30日	2007年9月30日	29
31		敌人相关代码编写	6 工作日	2007年10月8日	2007年10月15日	30
32		附加功能代码编写	6 工作日	2007年10月16日	2007年10月23日	31
33		添加游戏数据	6 工作日	2007年10月24日	2007年10月31日	32
34		LV1整合	10 工作日	2007年11月1日	2007年11月14日	33
35		完善菜单功能	5 工作日	2007年11月15日	2007年11月21日	34
36		添加音效	2 工作日	2007年11月22日	2007年11月23日	35
37		LV2--LV5整合	3 工作日	2007年11月26日	2007年11月28日	36
38		提交内测版本进行内部测试	2 工作日	2007年11月29日	2007年11月30日	37
39		开机，结束，过关编写	2 工作日	2007年12月3日	2007年12月4日	38
40		机型移植及测试	10 工作日	2007年12月5日	2007年12月18日	39
41		提交最终所有版本	1 工作日	2007年12月19日	2007年12月19日	40

图 4-30 游戏开发时间表

(2) 这个游戏是什么？

游戏是根据电影《投名状》剧情改编的角色扮演类型的横版动作游戏。游戏将分为 5 关，通过过关向玩家不断展示电影剧情的发展。游戏会给玩家带来爽快的打斗、逼真的效果，各种特效加在游戏中，给玩家带来无比的乐趣。

(3) 要操作什么？

游戏中玩家可以分别操作《投名录》中的三个主演（大哥、二哥和三弟）进行游戏，游戏中的每一关都需要同大量的敌人进行战斗，运用各种格斗技巧以及必杀技击杀敌人。

(4) 设计亮点是什么？

- 游戏剧情与电影剧情相结合，让玩家在游戏里就可以领略电影剧情中的精彩；
- 华丽的打斗与特技效果；
- 逼真的人物设计与大型的场景。

2. 游戏设计

(1) 游戏剧情

① 电影剧情

率性而为的二哥，乃一条光明磊落的好汉，在乱世中沦为强盗，带着几百人到处劫掠，他为人盗亦有道，就算打劫也"劫七留三"，留一条活路给被劫的村民，而劫掠所得则分给和他同住一个山村的良民，所以深得人心。二哥一生最爱两个人，一个是莲生，另一个就是十三岁便跟他做了强盗的三弟，把自小成为孤儿的三弟视如亲弟弟。

三弟身上有一种独特的男人魅力，除了狼的野性和杀手的狠冷，更有着少年才有的天真浪漫；因此在他的生命中，同生共死的兄弟情义是他视如生命的永恒的感情。自从在打劫太平军粮车的一役中，大哥这个陌生人替他挡箭而受了伤，令他深感救命的恩情，天生的狂热使然，他对大哥的崇拜竟超过他对二哥的崇拜。

在二哥等人的山村被清军洗劫、付出伤亡惨重的代价后，三弟极力主张他们三人结拜为兄弟，由大哥带领他们投效朝廷。二哥为了不令三弟失望，也为了不让自己的一班同村兄弟陷入绝境，他不计较个人得失，将首领地位拱手让给大哥。

作为男人世界中的一个好兄弟，二哥在女人世界中却是一个失败的情人，一个不合格的丈夫，浓烈的大男人热血令他少了那种迷住女人的浪漫魅力；他的妻子莲生却偏偏又是那种深信一见钟情的浪漫主义者。所以，尽管他当年救出被卖到扬州当雏妓的莲生，尽管他很努力地去关怀莲生，但目不识丁的他就是没有莲生所喜欢的文人书卷气，始终得不到她真心的爱。

为实现天下没有战争的太平盛世理想，大哥借助以二哥、三弟为首的一班兄弟的力量，成立"山字营"暂时为朝廷效力，原来是要借助攻打太平天国结集军力；但是随着他大权在握，大哥变得越来越野心勃勃。他不惜和二哥决裂，屠杀被二哥劝降的太平军降兵，只为怕降兵造反。他利用三弟的狂热性格，说服他站向自己一边。

本来，大哥距离成功已仅有一步之遥，但他的作为伤透了对他崇拜不已的三弟。就在就职大典上，就在权势如日中天的最辉煌时刻，大哥竟横死于刺客之手……

② 游戏剧情

游戏中将采用与电影类似的剧情，描述从兄弟三人出道、结义到归顺朝廷，最后决裂的故事。

(2) 游戏角色设计

① 大哥

- 原效力朝廷，是太平天国作乱期间的清朝军官。充满理想、胸怀壮志的他在战场上看尽清兵残酷无情的真面目，心灰意冷。在偶然的机会下，他遇上二哥、三弟和莲生，就是这两个强盗和一个女人改变了他的一生，造就了他的成功，亦导致他最后的毁灭。生死与共的结拜兄弟一同成立"山字营"，暂时为朝廷效力，实则是要借助攻打太平天国结集军力。
- 武器：长棍。
- 必杀技：横扫千军（打击身边所有敌人）。
- 游戏中口头禅：记着我这张脸，下次投胎找我报仇。

② 二哥

- 二哥一生最爱莲生和三弟。太平天国作乱期间，二哥等人的山村被清军洗劫，伤亡惨重，为了不让自己的一班兄弟陷入绝境，二哥不计较个人得失，愿与大哥结义，并将首领地位拱手让给他，由大哥带领他们投效朝廷，没想到，自大哥出现之后，莲生也暗暗投进他怀里。攻打太平军期间，二哥与大哥出现严重意见分歧，二人最终决裂。

➢ 武器：大刀。
➢ 必杀技：地裂斩（攻击前方一定距离内所有敌人）。
➢ 游戏中口头禅：当贼，要当最大的；杀一个算一个。

③ 三弟

➢ 自小成为孤儿的三弟，十三岁便跟随二哥做强盗，视二哥如亲兄。在打劫太平军粮车的一役中，他对大哥的崇拜超过他对二哥的崇拜。后来，三弟更极力主张他们兄弟俩和大哥结拜为兄弟，由大哥带领他们投效朝廷。谁会想到，这个决定到最后却变成兄弟决裂、互相残杀的悲剧结果。
➢ 武器：刀、盾牌。
➢ 必杀技：猛击（先用盾牌击晕，然后用刀进行连续攻击，对单个敌人的杀伤力最大）。
➢ 游戏中口头禅：抢钱，抢粮，抢娘们。

④ 莲生

➢ 样貌姣好的莲生，七岁被卖到扬州当雏妓，从小被教导琴棋书画，当年幸得二哥把她从妓院救出来，从此跟随二哥。可是，面对二哥她无法付出真爱。后来遇上大哥，一见钟情，却又不能忘记二哥对自己的恩情，内心矛盾。世事无常，辗转之间，莲生又重遇大哥，她无法再压抑自己的感情。可惜苍天弄人，她与大哥始终无法有情人终成眷属。
➢ 武器：双刀。
➢ 必杀技：乱舞（攻击身边所有敌人）。

(3) 游戏关卡设计在游戏开头会让玩家选择一位角色进行战斗，在5关中都不可以更换。

① 游戏主流程设计

进入游戏后玩家可以从三个游戏主角（大哥、二哥、三弟）中任选一人进行游戏，在游戏过程中不可以更换角色。在选择人物时会有各主角的故事介绍，可以给玩家提供选择人物的参考。当玩家以任一角色通关后会获得隐藏人物（莲生），并且可以选择莲生重新开始游戏，游戏中的各关卡难度将会增大，并且没有剧情以及对话。

各人物开头介绍如下：

➢ 大哥篇：充满理想、胸怀壮志的清朝军官，在战场上看尽清兵残酷无情的真面目，心灰意冷下该何去何从呢？
➢ 二哥篇：率性而为、光明磊落的好汉，在乱世中沦为强盗，但为人盗亦有道，深得众心。一生最爱两个人，一个是莲生，另一个是视如亲生兄弟的三弟。
➢ 三弟篇：三弟身上有一种独特的魅力，除了狼的野性和杀手的狠冷，更有着少年才有的天真浪漫。自小成为孤儿的三弟，十三岁便跟随二哥做强盗，视二哥如亲兄。
➢ 莲生篇：样貌姣好的莲生，七岁被卖到扬州当雏妓，从小被教导琴棋书画，当年幸得二哥把她从妓院救出来，从此跟随二哥。可是，面对目不识丁的二哥，她始终无法付出真心的爱。

② 第1关 出道

- 第 1 关主要是让玩家熟悉操作，杀完所有敌人后就可以过关。
- 关卡设计描述：选择完人物后玩家便会进入第 1 关，开始游戏。游戏开头会根据玩家所选的人物出现剧情及相应对话，这个主要是让玩家了解游戏的故事情节。每一个主角的相应对话都不同。这个主要根据详细的电影剧情去设计，让游戏与电影情节相结合。
- 关卡流程设计图如图 4-31 所示。

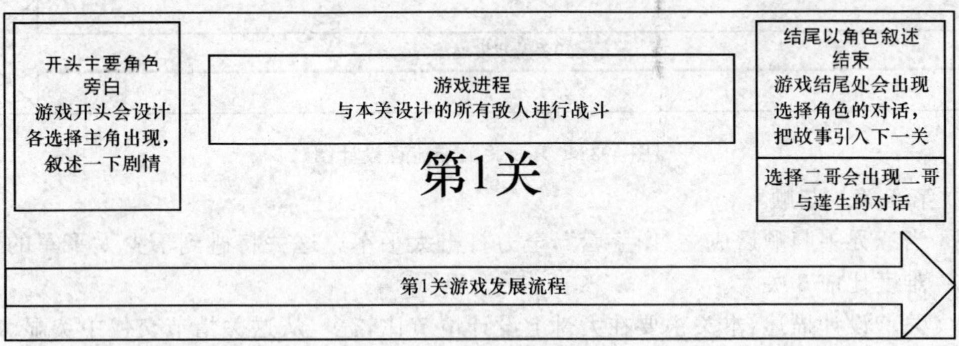

图 4-31　第 1 关关卡流程设计图

③ 第 2 关　恩情

- 第 2 关的剧情主要根据打劫太平军粮车这个片段改编，玩家在最后只需要杀掉太平军运送粮车的首领就可以过关。
- 关卡设计描述：在第 2 关，玩家选择的人物都会经历打劫粮车的战役，在游戏开头、中间与结尾处都可设计与电影情节有关的各相关角色进行对话。
- 关卡流程设计图如图 4-32 所示。

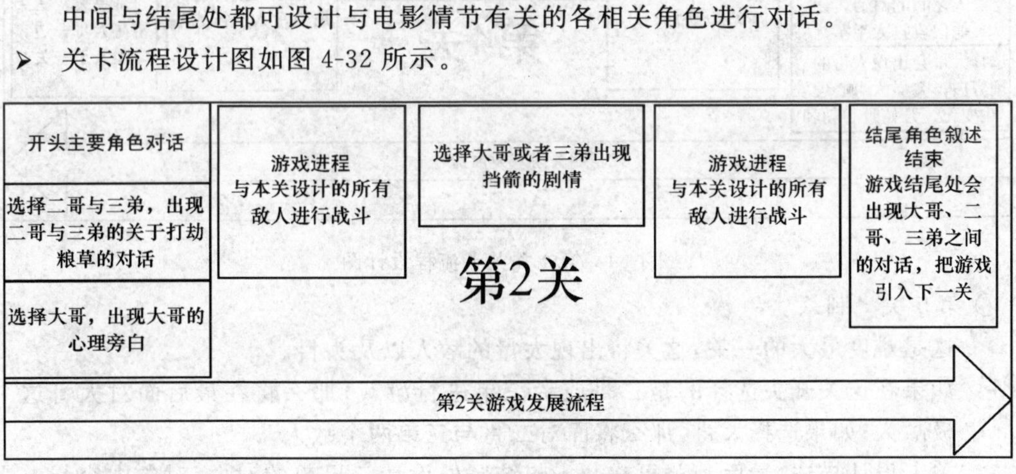

图 4-32　第 2 关关卡流程设计图

④ 第 3 关　结义

- 这关的剧情主要是三兄弟回到自己村庄，发现村庄被洗劫，三兄弟决定投效朝廷。这关主要面对的敌人是清兵。
- 关卡设计描述：当选择的主角回到村庄时会发现村庄惨遭清兵洗劫，他们必须要杀光清兵。游戏的开头与结尾处可设计相应角色对话来叙述与电影相关的情节。
- 关卡流程设计图如图 4-33 所示。

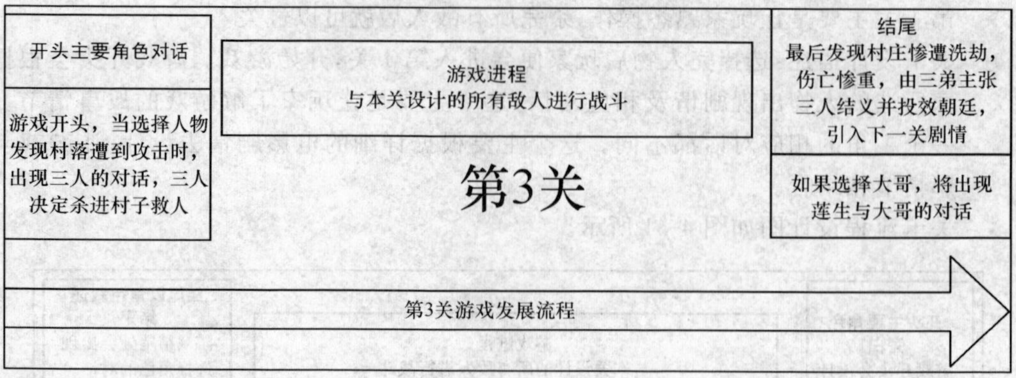

图 4-33　第 3 关关卡流程设计图

⑤ 第 4 关　归顺

- 当三兄弟归顺后成立“山字营”，全力打击太平军。这关将碰到不少太平军的首领，难度比前 3 关大。
- 关卡设计描述：本关主要在大哥上设计情节比较多，从这关情节交代中突显大哥的心理变化。
- 关卡流程设计图如图 4-34 所示。

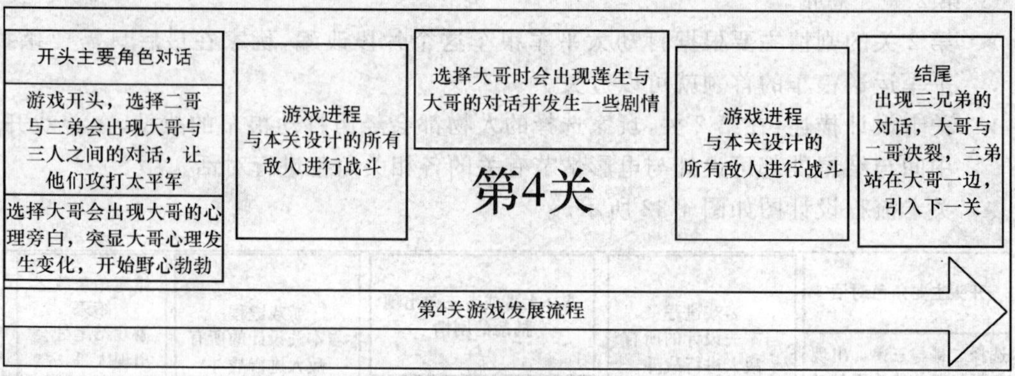

图 4-34　第 4 关关卡流程设计图

⑥ 第 5 关　刺杀

- 这是难度最大的一关，这关将出现大量的敌人以及头目。
- 如果在这关开头选择的是二哥或者三弟进行游戏，那么将在最后面对大哥这个终极敌人；如果选择大哥，那么将面对二哥与三弟两个敌人。
- 关卡设计描述：最后一关可在开头与结尾处设计三兄弟的对白，对白内容与电影剧情一致，当玩家玩到最后一关时，电影的剧情也基本上了解了。
- 关卡流程设计图如图 4-35 所示。

(4) 游戏规则

- 每一关都会有过关任务，包括击杀某一个敌人。每一关都会有一个限定时间，玩家必须在限定时间内杀掉敌人才可以过关。另外，战场中有很多道具可以使用，给玩家提供过关帮助。如果超过限定时间没有击杀指定敌人或者没有到达最后地点，游戏将判定玩家失败。

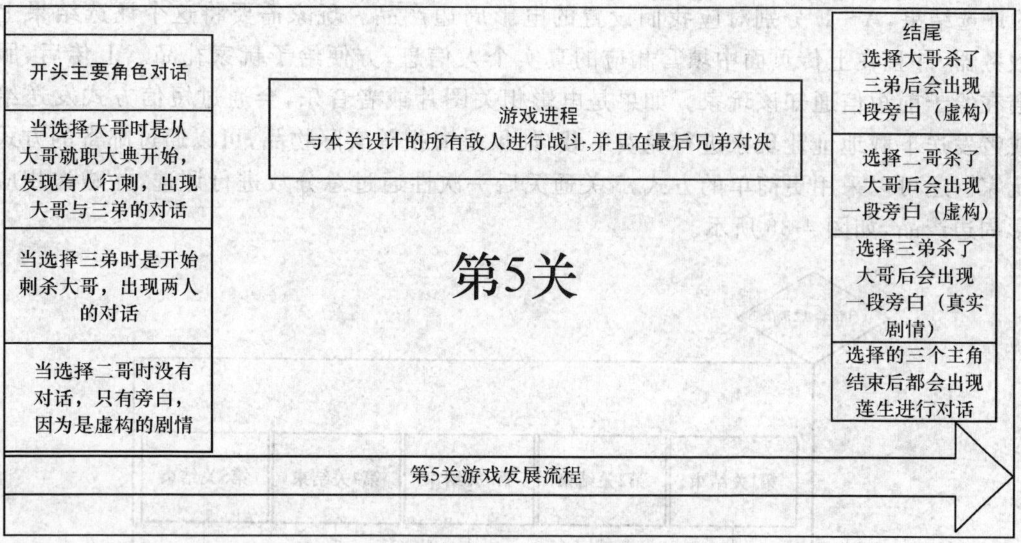

图 4-35 第 5 关关卡流程设计图

- 怒气得到条件：每击中敌人一下，怒气就会涨，被敌人击中怒气涨得多；蓄气也可以使怒气增长。
- 得分条件：游戏中出现的道具都可以得到分数，击杀敌人的种类也可以得到相应的分数，连击的出现根据连击数将得到相应积分。
- 胜利条件：在限定时间内击杀指定敌人或者到达过关地点。
- 失败条件：
  生命值耗尽或限定时间内没有完成任务。

(5) 游戏中敌人 AI 设计

① 普通敌人

- 普通敌人会往主角所在位置靠拢。
- 近战敌人由程序控制在主角附近做出普通攻击，如果被主角击中时有一定的反击概率。
- 远程敌人在主角附近进行远程攻击。
- 普通敌人有在快死时一定逃跑概率。
- 偶尔会出现连续攻击。

② BOSS 型敌人

- 敌人出现后直接冲向主角所在位置进行攻击。
- 敌人会使用不同的技能攻击主角以及主角周围。
- 敌人会防御主角攻击并且反击。
- 有些强力 BOSS 会使用大范围攻击技能。
- 攻击主角时经常出现连续攻击。

(6) 通关奖励

我们将在游戏每一关结束时给玩家设置一个角色积分统计界面，根据玩家在每一关中的得分给玩家评选出 A～E 的结果，游戏结束时将总体统计一次，综合 5 关的评选给定 A～

E 的评选结果，A～E 分别对应我们设置的电影周边产品。玩家需要将这个评选结果上传给服务器，并且在上传页面中填写相应的真实个人信息，方便给予玩家礼品。上传后，服务器会在给予前短信通知该玩家。如果是电影相关图片或者音乐，会通过短信方式发送给玩家或者发送下载地址让玩家进行免费下载；如果是海报等实际物品，可以通过邮寄的方式给予玩家。还可以采用更简单的方式，5 关通关后一次性通过总分数进行评选，并赠送相应的电影周边产品，如图 4-36 所示。

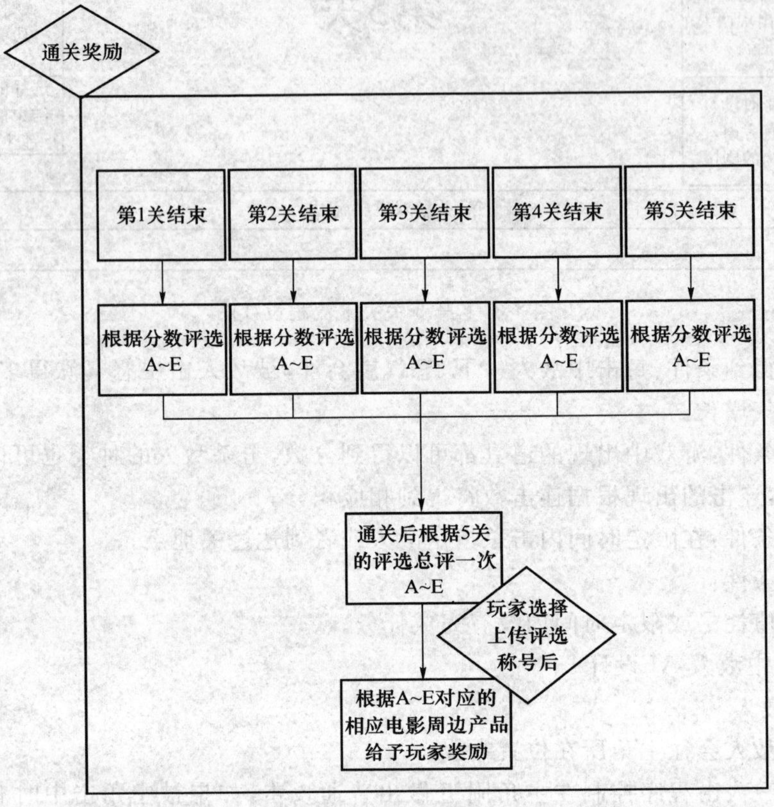

图 4-36　通关奖励

(7) 积分设计

- 道具：加 50 分
- 击杀小兵 1 人：加 200 分
- 击杀普通首领：加 1 000 分
- 击杀过关首领：加 5 000 分
- 击中敌人：加 50 分
- 连招数量 2：加 100 分
- 连招数量 3：加 200 分
- 连招数量 4：加 10 000 分
- 每关结束时统计剩余血量，并根据剩余血量的多少进行积分加成

(8) 道具设计

- 放置在屏幕中的木栏、箱子、粮车等都可以被攻击并且打碎

- 小包子:加 1 格血
- 大包子:加 3 格血
- 大盘鸡腿:加 7 格血
- 圣瓶:加满血
- 武器:暂时提升攻击力(持续时间 5 秒)
- 盾牌:暂时提升防御力(持续时间 5 秒)
- 鞋子:暂时提升移动力(持续时间 5 秒)
- 怒气石:怒气加满

(9) 操作设计

① 游戏进行中

- 导航键:控制角色的移动
- 导航键中键:普通攻击
- 导航键向右:右移动
- 导航键向左:左移动
- 导航键向上:上移动
- 导航键向下:下移动
- 左软键:弹出菜单
- 右软键:暂停游戏
- 数字键:控制角色的移动和动作
- 2 号键:上移动
- 3 号键:角色跳跃
- 4 号键:左移动
- 5 号键:必杀技施放(没有怒气时按住不放可以蓄气)
- 6 号键:右移动
- 8 号键:下移动
- 9 号键:普通攻击,快按可以出现连招
- 0 号键:格挡(格挡住敌人攻击)
- 连击按键:9 键+9 键+9 键+9 键(4 连击)
  9 键+9 键+9 键+3 键+3 键+3 键(6 连击)
  9 键+9 键+9 键+3 键+3 键+大哥必杀技 (5 连击+被必杀技击中人数)
  9 键+9 键+9 键+3 键+3 键+二哥必杀技 (5 连击+被必杀技击中人数)
  9 键+9 键+9 键+3 键+3 键+三弟必杀技 (5 连击+必杀技击中敌人次数)

② 界面菜单中

- 导航键向上:向上移动光标
- 导航键向下:向下移动光标
- 左软键:确定
- 右软键:返回

(10) 游戏功能

- 声音设定:有

- 通信：无
- 振动：有（控制角色被敌人击中）
- 背光：无

(11) 游戏菜单设计

① 主菜单顺序如下：

- 新游戏
- 读取进度（读取的是每关开始的进度）
- 设置（声音开关）
- 帮助（游戏简介、道具说明、玩法说明、按键信息、客服与支持）
- 排行榜
- 关于（开发商和制作商的说明）
- 退出游戏

② 副菜单顺序如下：

- 继续游戏
- 设置（声音开关）
- 帮助（游戏简介、道具说明、玩法说明、按键信息、客服与支持）
- 返回主菜单
- 退出游戏

③ 游戏过关询问：是否保存当前进度。

(12) 游戏各界面设计游戏人物选择界面如图 4-37 所示。

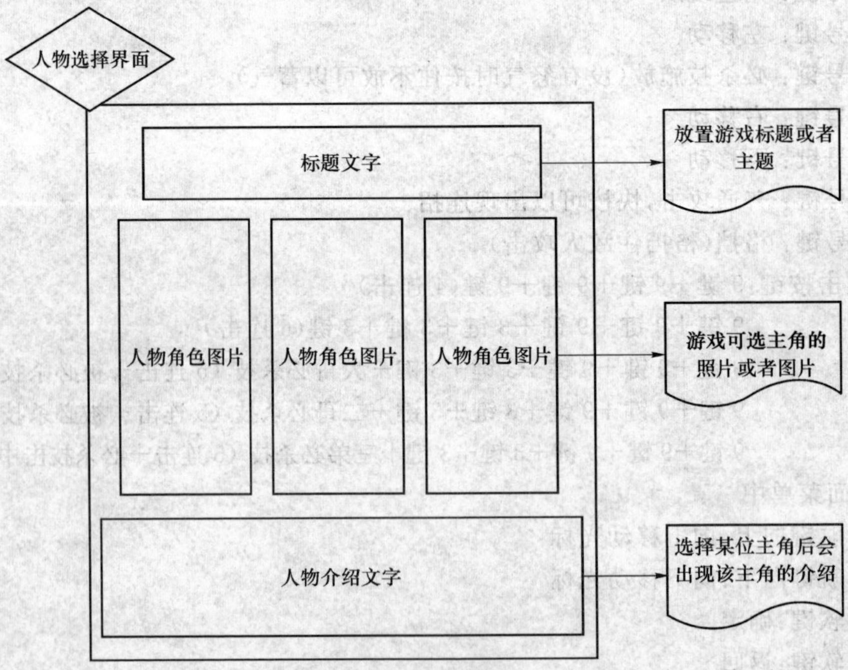

图 4-37　人物选择界面

游戏场景界面设计如图 4-38 所示。

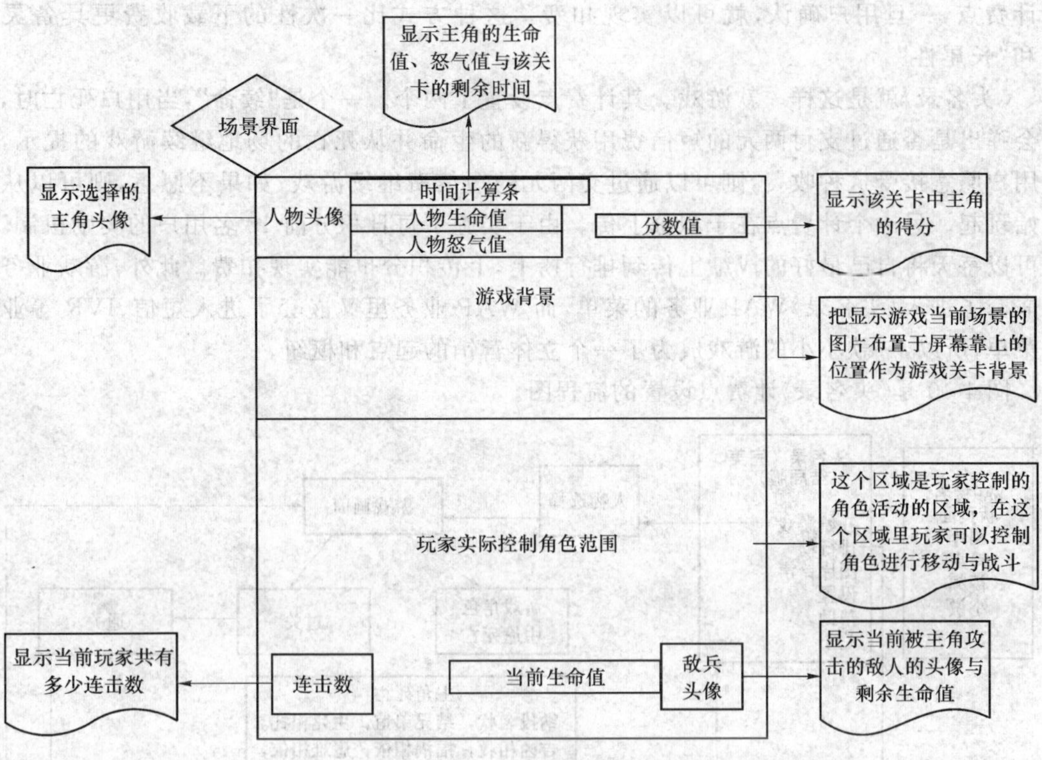

图 4-38 场景界面设计

(13) 游戏最终效果图

游戏最终效果图如图 4-39 所示。

图 4-39 最终效果图

3. 游戏计费模式

虽然《头名录》的手机游戏本身下载是免费的，其下载途径也不是通过移动百宝箱，而是通过 Free WAP 站点、在影院派发宣传卡片、互联网推荐下载等多种渠道实现的，但下载免费并不意味着游戏免费。目前，在免费下载的游戏中嵌套进短信或其他相关业务的计费点，已经成为一种普遍的应用和思路。当用户在游戏过程中，需要某种特殊服务的时候（比如需要续命一条，或使用某种特殊武器或魔法等），就触发一个短信或WAP业务的计费点，一旦用户确认，就可以实现扣费。这种方式比一次性的下载收费更具备灵活性和“长尾性”。

《头名录》就是这样一款游戏。其计费点设置了两个。一个是“续命”，当用户死亡时，画面会弹出是否通过支付两元的短信费用获得新的生命并从死亡的场地继续游戏的提示，如果用户愿意接受这种收费，则可以通过交两元的短信费继续游戏；如果不愿意，则可以从头开始玩起。另一个计费点在于积分上传。由于实施了每日积分前10名用户的奖励机制，用户可以每天将自己最好的成绩上传到排行榜上，上传积分也能实现扣费。此外，游戏业务里还嵌套了进入《头名录》WAP业务的菜单，而WAP业务里又嵌套了进入短信、IVR等业务的菜单，所以，一款小小的游戏成为了一个立体营销的起点和枢纽。

图4-40是《头名录》计费点设置的流程图。

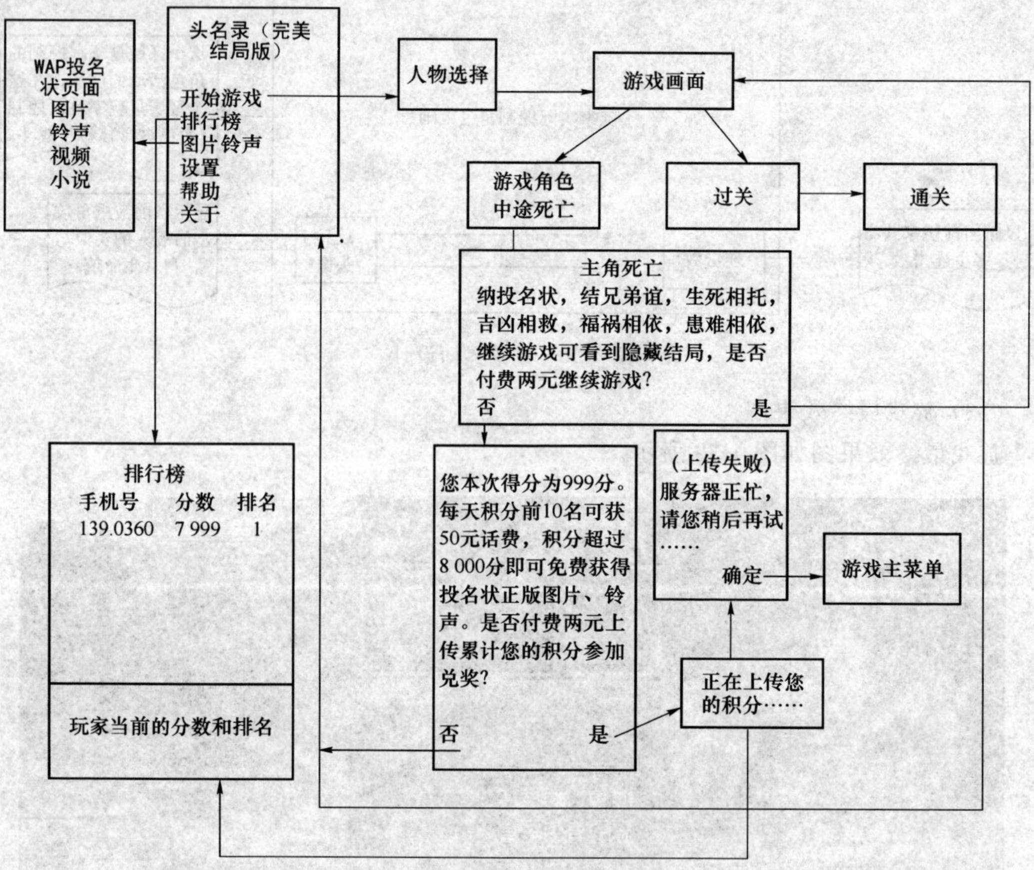

图4-40 计费点设置流程图

4.3.3 手机游戏与电影大片的整合营销

在娱乐业尤其是手机娱乐业的商业模式探讨中，中国人从来不缺乏“仿效能力”，尤其是仿效那些在“他处”曾获得过成功，而且貌似“逻辑清晰”的运营模式。当一个远在大洋彼岸的美国都已经实验成功，而且可以在电梯从一层升到十层的两分钟时间内阐述清楚的商业逻辑摆在面前的时候，精明的中国商人再次“蠢蠢欲动”了，这就是“电影大片改编并捆绑手机游戏进行整合营销”的商业思路—— 一个着实让人兴奋的经济增长点。

的确，在美国，一部电影大片，超过70%的商业回报来自于其后电影开发，而全球的票房收入仅仅占其不到30%的收入。虽然后者的数量级是以十亿甚至是几十亿美金来计算的。而进入21世纪以来，中国的娱乐业也一直在探索着所谓后电影开发的商业前景和合理模式。然而，在盗版猖獗的大陆市场，无论是音像制品、电视播映权，还是小到扑克牌、纸杯甚至书签，都无法抵挡无版权成本的盗版产品的致命冲击。于是，当手机这种随时有被扣费可能的通信工具进入娱乐人的视野的时候，似乎中国后电影开发的一个巨大突破口忽然出现了，尤其是在移动增值产业接连以“内容泡沫”的假象进行“井喷”的2005年、2006年两个年份。而手机游戏，作为交互性最强、情节性最强、娱乐功能最强的一种增值产品，自然首当其冲地成为了电影后产品开发的新宠。

进入2007年，随着“电影大片手机游戏”这个在美国已经成为成熟子产业的概念再次掀起一个国际性狂潮的时候，中国的手机游戏开发及发行商们，也终于按捺不住、冲锋上阵了。

回想起来，在2007年之前，国产电影大片与移动增值行业“亲密接触”的次数是7次，对应着自《英雄》首创的所谓“国产大片”的电影类型后的7部大片——《英雄》、《十面埋伏》、《功夫》、《无极》、《天地英雄》、《夜宴》、《满城尽带黄金甲》。对应着上述7部影片的增值业务发行商，分别是空中网、华动飞天、华友世纪等国内领先的SP企业。这里并不是说国产电影做增值业务拓展的只有上述7部大片，因为诸如2006年的《伤城》、2007年的《太阳照常升起》等电影虽然都有比较立体的无线营销，但从影片本身的轰动效应以及移动增值产品的效果来看，上述7部大片的无线营销属于一线水准，是可以被记载进入历史的。而这个系列中，开发并成功发行了国产手机游戏的，也只有《功夫》一部电影而已。至于其游戏品质，无外乎是一个行业内所谓的“换皮”游戏，贴了大片的名称而已；游戏本身的创新完全谈不上。至于营销，由于该片发行时，电影大片的无线营销尤其是手机游戏发行尚属于非常新鲜的概念，在当时运营商的主导和推动下获得不菲的收入，也自然是顺理成章的事情了。

然而，到了2007年年底的贺岁档，当《投名状》这第8部所谓国产大片以及与这部国产大片同期登录的手机游戏粉墨登场的时候，无论外部环境还是内部环境，似乎都已经改变了。从运营商的角度看，这种大片营销早已经不再新鲜，而且之前已经有过失败的案例导致运营商心态微妙的变化；从电影本身的影响来看，《投名状》被夹在《集结号》、《命运呼叫转移》、《棒子老虎鸡》乃至后续的《长江七号》之间，虽然强势，但也绝不能一枝独秀；而无论用户还是媒体，对这种概念也不再表示新鲜。于是，在这个时候，谁真正会营销而不是效仿，或者说谁有概念和模式的真正突破，谁才有可能笑到最后。

电影大片《投名状》登录全中国的同期，一个也叫《投名状》的手机游戏登录了中国移动的百宝箱平台，该游戏为RPG角色扮演游戏类型，其授权方为电影出品方之一的香港寰亚，开发和发行者则为国内的杭州联梦公司。据新闻报道，该游戏为独家授权，联梦公司更在新闻上打出了“百万重金”购买游戏授权的说法。如图4-41所示便是该游戏的截图。这看似是一个典型的大制作电影捆绑大制作手机游戏的商业营销。强强联手，是否能博得大的市场和收益呢？

图 4-41 手机游戏《投名状》

从联梦公司开发的《投名状》手机游戏，我们不难联想起 2007 年美国大片的一系列同名手机游戏。这些游戏包括《金刚》、《蜘蛛侠 3》、《变形金刚》、《哈利·波特与凤凰社》以及《加勒比海盗 3》。上述 5 款游戏均为国际著名游戏公司开发制作并发行，发行档期均放在了电影热映期间，并在行业内外做了大量宣传，同时也捆绑了诸多地面发行资源，比如常见的电影海报点播、影院地面发行游戏等等。当然，在美国，这些都成功了，而且是叫好又叫座，有了口碑的同时又赚到了钱。

那么反观《投名状》呢？似乎这款游戏的商业模式与美国大片的模式完全同步，甚至当我们在《投名状》电影海报上仔细观瞧时，也能惊讶地发现，原来在海报上也和美国大片一样打印上了同名手机游戏的点播码。那么，是不是可以说这次“效仿”是成功的呢？亦或者说，“效仿”之后，中国的手机游戏的电影大片式营销，在商业模式上已经和美国站在同一高度了呢？

答案显然是否定的。原因很简单，中国人永远不可能把英语作为国语。

在中国，简单照搬国外的商业模式，显然是很难成立的。

首先，中国的手机游戏发行，受限于中国移动的百宝箱，虽然有其他辅助性的发行渠道，但收费游戏的瓶颈依然在于此。在今天，按照最理想的百宝箱收入水平来测算，一款单机游戏一个月收入能达到二三十万元已经属于超水平发挥了；而按照手机游戏的常规生命，一个月也已经达到了生命极限。那么，什么样的游戏才具备利利的可能性呢？我们首先按照一款高质量的游戏来计算其制作成本。4×8 000×2.5＝8 万元，也就是 4 个 8 000 元工资的员工，工作两个半月完成一款游戏的全部开发。考虑到成熟游戏公司具备现成的游戏引擎，美术方面也可以用粗制滥造来蒙混过关的话，可以做个对半折——4 万元开发成本。再加上运营成本、销售成本、推广成本、广告成本、发布活动成本以及分摊的管理成本，总成本至少相当于 3 倍的开发成本，也就是 12 万元人民币。而这也仅仅是一款“换皮”且美术上粗制滥造的游戏。假使一款冠军游戏销售收入能达到 30 万元，中国移动分成及坏账应该在 6 万元左右，剩下 24 万元可以用来作为 SP 和版权授权方的分成总额。SP 得到 50％就是 12 万元，基本等同于开发、运营、销售成本总和，就是持平；而版权方如果也按照 50％的分成，就是 12 万元的授权费。按照这种最顶级收入标准来测算，即便一款电影大片改编捆绑的手机游戏能拿到冠军级的收入，SP 企业也最多能持平，而版权方也最多能拿到 10 万元这个量级的授权费。那么,这个号称“百万重金”的授权规模,意义究竟在哪里呢? SP 为什么要赔本去给电影贴金呢? 亦或者说,SP 劳师动众折腾半年多,最好的结果就是持平,又有什么开发的必要和资本价值呢?

有人会反过来想,会不会因为电影大片的火暴,而带动同名手机游戏获得更大的收入呢? 这也正是类似联梦这样的游戏商们的初衷。要知道,虽然 SP 们有做秀和撑门面的需求,但在 2007 年这样增值行业最寒冷的冬季,没有哪家会主动申请做必然亏损的买卖。那么,这种设想会随着《投名状》的热映而实现吗? 显然也不可能。

电影的观众和手机游戏的玩家之间的重合度并不高,甚至可以说是很低的。看电影的人首先大部分根本不知道有这款游戏的存在,其次不知道如何下载,再次即使知道如何下载也未必知道如何安装,再次即便会安装也未必愿意花这昂贵的 12 元下载费……而百宝箱的固定玩家们,依然不紧不慢地在移动梦网上下载着游戏,维系着固定的玩家小群落,甚至反过来说,这些玩家又绝大部分是不会走进电影院去看电影《投名状》的。而如果手机游戏厂商想到在影院做广告来推销他们的游戏产品,首先要面对的就是几十万元乃至上百万元的地面广告成本,这又岂是区区一个手机游戏厂商能承受得起的营销投入?

最后,我们还不得不考虑一个问题——游戏开发和上线的时间表。由于在中国,所有手机游戏的申报和上线都受到中国移动的严格限制,所以,最少需要提前三个月就进行游戏的申报,才有可能赶在电影同档期上线游戏产品。如果再考虑到至少三个月的游戏开发周期,就至少要提前半年以上进行游戏开发。而在电影放映的半年前,比如《投名状》,连拍摄都还没有结束,哪里能提供给游戏开发商什么真正的资源和准确信息? 而且一般商业授权也很少有提前半年就签约的。这样一来,手机游戏公司就面临着在没有准确素材的前提下、没有得到官方授权的合同的情况下,先行“开发”游戏的尴尬局面。之所以把“开发”打引号,是因为大家可想而知,这种开发与电影有多大关系、与精品是否有可能扯上关联,甚至有没有可能不做“换皮”游戏了? 答案是否定的。这些中国手机游戏的特殊国情,都决定了在今天,简单效仿美国大片模式的中国游戏商们必然很难逃脱一个失败的宿命了。

但另一个声音,或者说一种姿态,也在悄然出现,而且就在电影《投名状》的增值业务拓展中显示出了新的商机。在由数字鱼移动娱乐发行的诸多《投名状》的移动增值娱乐产品中,有一款名叫《头名录》的免费手机游戏。如果有人以为这是“顺手牵羊式”的擦边球,那就大错特错了。相反,在笔者看来,这其中蕴涵着一种新的理解与商业含义;而这种理解和这种理解后的执行,或许更加智慧和轻盈。

《头名录》这款游戏“本身”与电影《投名状》“无关”。之所以说“无关”,是因为从纯内容层面看,这款游戏既不使用电影名称,也没有在任何环节使用任何电影素材,甚至连角色姓名也与李连杰、刘德华等完全无关,只是根据“投名状”所依据的历史故事“刺马”的情节改编而成。但这种层面的“无关”,恰好印证了数字鱼追求的是营销层面的“有关”。中国近年来的移动增值业的内容版权合作,已经走入了一个“概念授权”的怪圈。SP 从授权方得到了授权,更多意义上是一个“概念”的许可证,在一个公章之外再难寻觅商业价值;而除此之外的营销资源的整合,鲜有建树。而这一点,却恰好是电影大片改编手机游戏模式的核心问题所在。

数字鱼出品的这款《头名录》,是根据“投名状”历史故事改编而成,剧情与今天的《投名状》、历史上的《刺马》乃至古代的同名小说、话本都一般无二。由于数字鱼是电影《投名状》移动增值业务的独家发行商,《头名录》这款免费游戏自然也可以轻松地进入立体营销的体系。《头名录》首先被定义为一个免费游戏——不进入中国移动百宝箱申报和上线流程，免费下载游戏客户端。这样带来了两个明显的变化。第一，游戏开发完成时间不再必须赶在电影上映前三个月，而是可以一直延续到电影上映前一天；多出了三个月的开发时间，极大地保障了游戏的质量和品质。甚至在电影上映中，这种免费游戏随时可以调整版本内容，而这在百宝箱收费游戏是不可想象的。第二，游戏发行不再局限于单一的移动梦网平台，而可以放开想象，包括 Free WAP 站点、互联网、手机安装、地面点卡、社区论坛、博客贴吧……所有可能的渠道都可以推广这款游戏，而且是通过用户自发上传模式“病毒式”传播的。这两大变化直接带来了另一个对于电影出品方至关重要的结果——手机游戏免费发放造成的海量玩家，将为电影带来的全新的观众群。

前文分析过，电影与游戏的用户主体重合度不高。而由于一款免费游戏的广泛传播而使更多原本不看电影的玩家由于玩了游戏而关注电影甚至观影，这对于跨行业整合营销而言，是本质意义的飞跃，尤其当这种飞跃的发起者是移动增值业务的时候。而且最重要和值得称道的是，这种跨行业的整合营销，不再局限于简单的“概念授权”的公章层面，而是已经延伸到了营销模式互动的层面。显然，数字鱼在这方面的思考和实践，是更符合中国国情的。而从另一方面即收益上分析，游戏客户端虽然是免费下载，但却通过交叉营销推广了《投名状》等其他 WAP 业务和产品，通过用户上传积分的 PK 实现了增值收入，通过大量用户的引导同样造成了高额回报的可能。而这种回报由于不再局限于百宝箱的每日下载量上限，所以，至少从理论上有给 SP 和授权方更高额回报的可能。而谁又能知道，这种理论会在哪一天变成现实呢？

4.4 《粉红救兵》：明星改编类手机游戏综合剖析

4.4.1 游戏项目背景

《粉红救兵》是为数字明星E欣欣量身定做的一款动作类手机游戏。E 欣欣是中国第一个数字明星，以真人明星 E 欣欣为原型，衍生出 CG 动画版、漫画版、网络游戏版本、虚拟主持人版等多种虚拟形象，其中手机游戏的虚拟形象及手机游戏就是由数字鱼移动娱乐发行的《粉红救兵》。E 欣欣被称做中国版的劳拉，《粉红救兵》也被称为中国版的《古墓丽影》。如图 4-42 所示是该游戏的宣传海报。

图 4-42 《粉红救兵》海报

这款游戏在 2005 年获得了极高的评价，被称为手机游戏年度大作，社会影响力、创新力和经济收益都获得了丰收。究其原因，正在于整合了多个行业的力量、跨行业调动资源，实现了真正意义上的整合营销。比如，该游戏中的女主角根据真人 E 欣欣的形象绘制，由真人 E 欣欣配音并演唱了游戏主题歌曲;游戏的首次发布,借助了 E 欣欣"八位一体"大型新闻发布会,在八个关联的行业造成了巨大影响;而游戏的上线发行,又参与到 E 欣欣的"虚拟明星月"的系列活动中,举行了现场的粉丝 PK 大赛,受到了众多玩家和媒体的追捧和报道。游戏本身也在很多细节上吸纳了整个"E 欣欣"项目的因素,比如游戏歌曲、游戏情节、游戏的官方网站、游戏的整体推广行销等等。可以说,这款游戏的价值并不在于游戏本身的质量或创新,而在于与传统娱乐业的无缝接合。如图 4-43 所示是该游戏的效果图。

图 4-43 游戏效果图

4.4.2 游戏简介

- 游戏名称:粉红救兵
- 游戏类型:动作游戏
- 立项时间:2005 年
- 对应设备:Nokia s60 等
- 开发工具:KJava

(1) 剧情简要

游戏中的 E 欣欣是一个性格开朗、坚韧的女孩儿,十年前被尼奇小熊从战乱的高荒地带救了回来,从此就居住在玩具反斗城。十年的时间里,E 欣欣充分地感觉到了玩具们的善良、天真和可爱。E 欣欣生活得那么快乐,无论是尼奇,还是大笨狗雷噢等等,她身边的所有玩具们对她的爱都是无微不至的,渐渐地,E 欣欣忘记了那些不愉快的童年。提到 E 欣欣的童年,她从小就被当做一名冷血战士培育长大,学习了各种格斗术,掌握各种武器的使用。在那场高原地带的任务中,E 欣欣被敌国的伏兵埋伏,战败了。多亏小熊尼奇救了她,同时也拯救了她的人生。在反斗城中,E 欣欣原来学习的那些战斗技巧再也用不上了,只要尽情地欢笑,充分地享受身边玩具们的爱,那个时候,E 欣欣感觉自己是世界上最幸福的人!

一天,阳光格外明媚,E 欣欣、尼奇和众多的玩具们正在反斗城的欢乐广场上尽情地狂欢着。突然,滚滚的黑云急速地凝聚在一起,不到十秒钟便融合成一个巨大的光电球。接着,可怜的玩具们就一个个被光电球发出的电动波射中,被分解、被机械化,一个个都变成冰冷的机械人。E 欣欣亲眼看着自己这十年来最好的朋友、自己的救命恩人——尼奇,一点点被分解，一点点消失，却什么也做不了！E 欣欣的心都要碎了，她大叫着，希望能有人帮帮她，但这一切都是徒劳。

这到底是为什么？发生了什么事情？无数的问题浮上了 E 欣欣的脑海里。于是，E 欣欣又穿上了那件十年未穿的战斗服，踏上了找寻找答案，拯救家人的旅途……

以上只是故事的一个梗概。在这个策划里，主角 E 欣欣会按照这个故事的剧情发展，演绎一个个游戏，形成一个系列的产品。随着剧情的发展，在不同的环境下，会由 E 欣欣来完成不同的任务，而每个任务将延伸出一个游戏。这个系列将包含大部分游戏类型，形成多点进攻，把用户面铺得更大。本游戏是这个系列的第一部，是一款动作横版过关游戏，玩家将扮演美丽的主角 E 欣欣，潜入反斗城的能源核心——粉红发电厂，去那里了解玩具们被分解、机械化的真正原因。在游戏过程中，E 欣欣要打败各种机械玩具们，并把它们的魂收集起来。到底这件事情背后的主使人是谁？E 欣欣会遇到什么样的困难呢？下面会详细介绍。

(2) 角色关系图

如图 4-44 所示是该游戏的角色关系图。

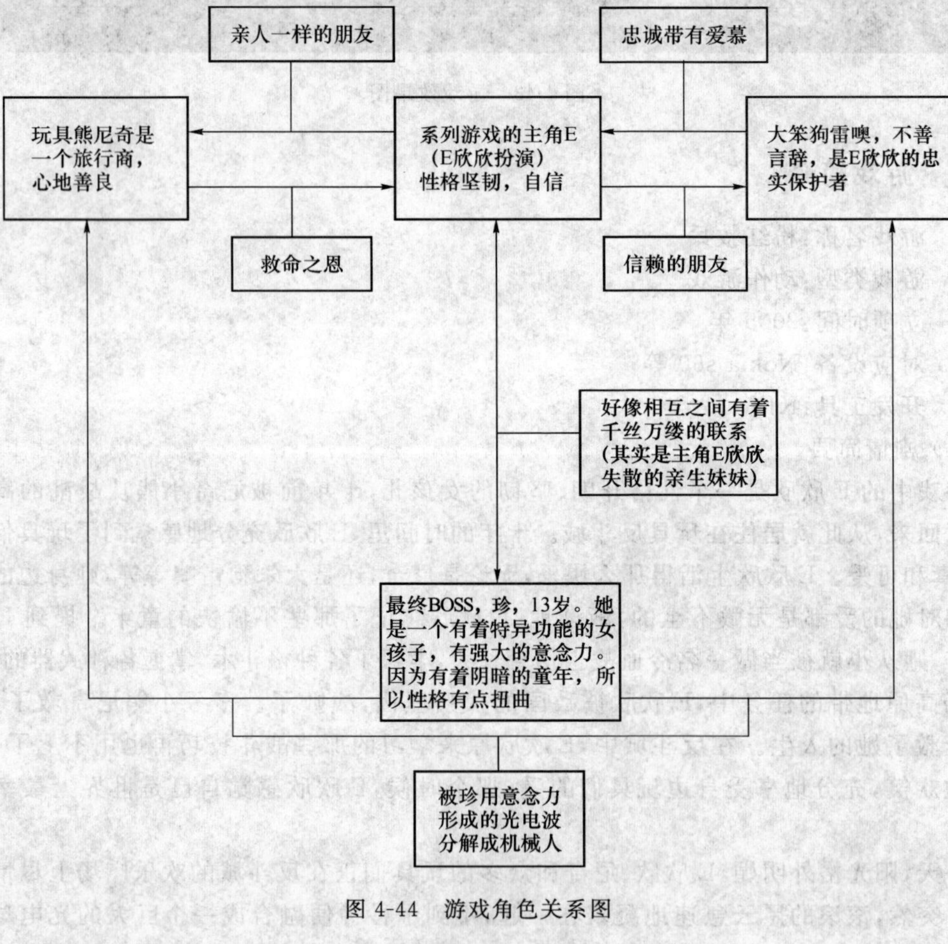

图 4-44 游戏角色关系图

(3) 角色形象概念图

图 4-45 至图 4-48 是该游戏的角色形象概念图。

图 4-45　E 欣欣概念图

4-46　机械化的尼奇

图 4-47　机械化的雷噢

图 4-48　BOOS 珍

游戏中机械士兵们都是以巡逻状态出现的，当发现情况（也就是遇到了 E 欣欣）时身体上的报警灯就会闪烁，如图 4-49 所示，机械士兵们将开始进攻。直到 E 欣欣逃出了他们的巡视范围，机械士兵们才恢复正常，如图 4-50 所示。

图 4-49　警灯未闪烁

图 4-50　警灯闪烁

（4）游戏总流程图

如图 4-51 所示是该游戏的总流程图。

（5）游戏概述

游戏采用横版过关的形式，玩家扮演的 E 欣欣要在粉红发电厂找出反斗城恶运的秘密，找出幕后黑手。游戏中 E 欣欣要躲开各种陷阱机关，消灭机器玩具，收集玩具们善良的灵魂，潜入发电厂的最深处。游戏中玩家可以充分感受到游戏的紧张感和动作游戏的爽快感。

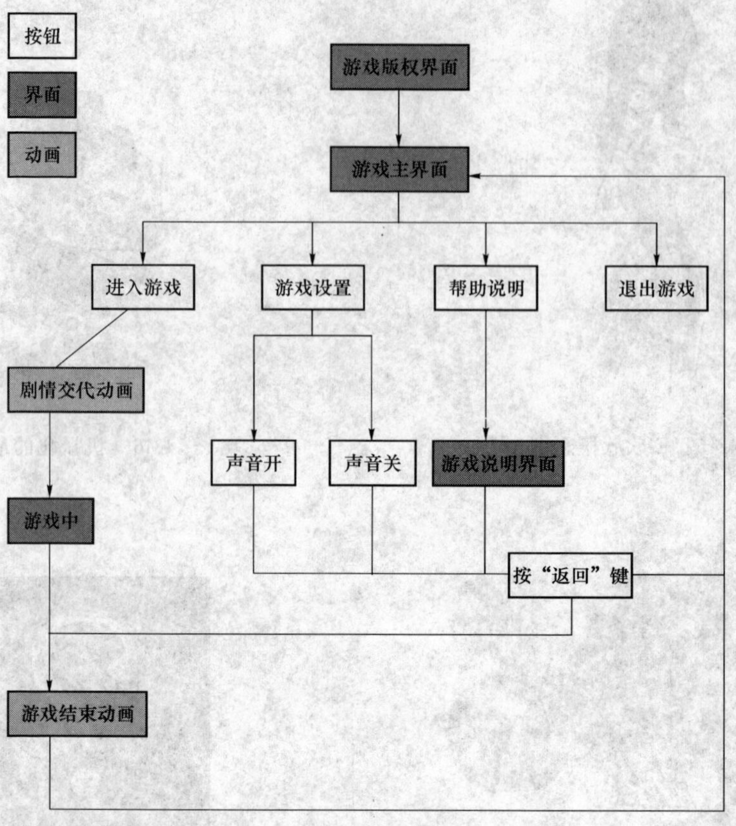

图 4-51 游戏总流程图

(6) 游戏主角动作设计

游戏中 E 欣欣是一名身手矫健的职业杀手，游戏中 E 欣欣要快速跑过敌人的监视范围，跳上高台，攻击敌人！

动作设计如下：

- 跑：表现出矫捷的动作感
- 跳：身体动作要轻盈
- 静止：微微地喘气
- 攻击(普通)：爽快的打击感
- 冲刺攻击：冲击型攻击，可以一次打击多个敌人
- 一击毙命：用电子光刀攻击要害
- 牺牲：倒地
- 被攻击：连续的身体向后

(7) 游戏陷阱设计

游戏中地图上充满了陷阱和机关来阻止 E 欣欣的行动，玩家要万分小心。

陷阱设计如下：

- 电子波：发出多条电子波，有一定的时间间隔
- 火焰地狱：地上机关被踩中后喷出熊熊大火

➢ 地刺：一组锋利的地刺从地下刺出，有一定的时间间隔
➢ 时空陷阱：玩家不小心掉进后将直接结束游戏

(8) 游戏界面及动画说明

① 版权界面

和以往制作的游戏版权界面相同。

② 游戏主界面

在此界面下有四个功能键："进入游戏"、"游戏设置"、"帮助说明"和"退出游戏"，各个功能键的作用见游戏总流程图。特别地，按"进入游戏"菜单之后，其余菜单都消失；按"游戏设置"菜单之后，其余菜单也都消失，此时"游戏设置"菜单变成"声音开"和"声音关"两个菜单。整个界面的菜单和背景图应该以机械化风格为主，但要能体现出中国美学，包括菜单的功能键都应遵循此风格。

③ 游戏界面

游戏界面的左上方显示生命值和魂的量值，都用槽的形式。

④ 游戏说明字幕动画

游戏说明字幕动画也就是游戏中传统的片头。本片头设计如下：叙述性文字自下向上出现，背景依次出现反斗城原来的欢快场景和被机械化时的场景，然后屏幕慢慢变暗，最后进入游戏。

⑤ 游戏结束动画

交由美术设计自行设计，最好给人一种故事将被延续的感觉。

(9) 图片和声效详细需求

① 图片需求

➢ 人物动作：跑步、攻击、被攻击、收魂、跳
➢ 机械玩具 NPC(2～4 种)：巡逻、发现目标时警灯闪烁、攻击、被攻击、被消灭
➢ 场景和道具：场景共三大关九小关，道具有加血和魂
➢ 游戏中需要的特殊效果：吃魂时候的效果，攻击时候的效果
➢ 游戏其他界面：游戏主界面背景图一张、游戏结束画面一张
➢ 游戏中的菜单：游戏中菜单的标牌一组，菜单有"开始游戏"、"游戏设置"、"声音关"、"声音开"、"帮助说明"和"退出游戏"

② 声效需求

➢ 选择菜单(包括游戏中选择卡片和选择地面范围)的声效一个
➢ 进行攻击的声效一个
➢ 使用不当的提示声效一个
➢ 得到道具的声效一个，如果容量允许，可以加上一段循环背景声效

(10) 操作键设置

操作键设置如表 4-23 所示。

表 4-23　操作键设置

键　位	功　能
方向键上	上
方向键下	下
方向键左	左
方向键右	右
右软件	暂停
跳跃键	2
普通攻击键	3
冲刺攻击	6
一击毕命	9
吸 魂	#
暂停中按右软键	取消暂停
暂停中按左软键	退出游戏

4.4.3 营销亮点

(1) 首推“真人扮演”的概念

“真人扮演”并不是说由真人E欣欣参与游戏的表演，而是指从形象到配音再到歌曲，都由E欣欣真人参与，这样可以最大限度地整合E欣欣及其虚拟形象的价值和用户群。除了仿真绘制之外，最大的亮点就在于真人配音。比如剧情旁白的声音、打斗、吸魂等动作的声音，都由E欣欣亲自配音。最突出的一个配音当属游戏中最重要的动作招数——“九连击”。如果用户足够专业，能连续按动手机键9次，则游戏主角E欣欣可以打出漂亮的“九连击”动作；而只有伴随着这个动作，用户才能听见真人E欣欣一气呵成而又性感生动的“九连击”配音。这个细节，也极大地激发了玩家游戏的兴趣。图4-52为“九连击”的动作截图，图4-53为“九连击”数字显示。

图 4-52 “九连击”动作截图

图 4-53 “九连击”数字显示

(2) 发布会与现场“PK”大赛

《粉红救兵》的游戏发布会，就是一场玩家的现场“PK”大赛。报名参加发布会活动的玩家都拿着自己的手机，在主持人的指挥下，开始现场闯关。第一个通过第一关的玩家，将会看到一道E欣欣自己出的问题。玩家选择答案后，实时上传。而他的手机号码及他选择的答案，将实时地出现在大屏幕上。由E欣欣本人亲自解答答案是否正确，并给“PK”大赛的冠军颁发奖品。这种把手机游戏“电子竞技化”的策略，加上明星隐私和明星互动的环节，保障了游戏足够的市场亮点和新闻性。如图4-54、图4-55所示便是这场“PK”大赛活动的现场画面。

图 4-54 “PK”大赛活动现场画面(一)

图 4-55 “PK”大赛活动现场画面(二)

4.4.4　关于"续篇"

正如本案例开篇部分说明的,"E 欣欣"系列手机游戏将构成一个长线运营的产品。在《粉红救兵》获得成功之后的第二年即 2006 年,该游戏的续篇《霹雳美娇娃(真人版)》也登录了百宝箱平台,并获得了好评,如图 4-56 所示。以下我们就来简单了解一下该"续篇"的情况。

图 4-56　《霹雳美娇娃(真人版)》

与本传一样,该游戏一方面沿用 E 欣欣总体的故事背景和情节,另一方面继续从人物造型、配音到营销策略上与"E 欣欣"整体项目紧密结合、整合营销。《霹雳美娇娃(真人版)》的故事发生在 E 欣欣挽救了反斗城的朋友之后,一切又恢复了往日的快乐与安详。这天,E 欣欣与朋友们正在草地上欣赏着逐渐落山的夕阳,他们快乐地聊着天。忽然,滚滚的黑云又一次笼罩在上空,E 欣欣马上觉察到事情的严重,于是,她大喊让伙伴们快跑,被眼前一幕惊呆的伙伴们听到 E 欣欣的喊声后,都快速地向城堡方向跑去。正当 E 欣欣转身也要跑回城堡时,一团刺眼的光束从上空中闪出。在剧烈的响声后,草地上又恢复了平静;乌云不见了,蔚蓝的天空再一次出现,仿佛没有任何事情发生。伙伴们从城堡中探出头来,确认是否已经安全,当他们又重新回到草地上时,忽然 E 欣欣的朋友尼奇大喊,"E 欣欣不见啦!"这时伙伴们才发现,E 欣欣确实从草地上消失了……

《霹雳美娇娃(真人版)》依然是一款横版过关的动作游戏精品。游戏画面细腻,各种敌人一目了然,从不同的装束上就可区分他们不同的攻击方式,同时,人物动作刻画仔细,一招一式有板有眼。本游戏为三大关,九小关,每关都设有不同属性的敌人,如图 4-57 所示。玩家通关时,游戏赠送玩家一张 E 欣欣的照片作为奖励。

图 4-57　《霹雳美娇娃(真人版)》游戏画面

第 5 章
手机网游运营及典型案例剖析

5.1 手机网游产业现状综述

近年来，随着无线网络的发展以及人们生活节奏的加快，便捷、可玩性高的无线娱乐数字产品正逐渐成为人们娱乐生活的重要组成部分，手机网游以其随时、随地、随身娱乐等特点受到越来越多玩家的青睐。

手机网游的发展需要包括手机网游开发商、手机网游发行商、手机终端厂商、移动运营商等产业链上众多企业的通力合作。这其中，除了提供满足用户需求的、符合手机特色的网络游戏产品之外，还需要建立清晰的运作模式和收费模式，才能保证手机网游健康有序地发展。

传统的 PC 网络游戏从收费模式的角度划分，可分为免费网游和收费网游。对于免费网络游戏，玩家可以任意时间使用游戏产品，而运营商只通过游戏道具销售获利。代表作品包括《天使之恋》、《奇迹世界》、《传奇》等。而收费网游则对游戏时间有所限制，玩家需要购买游戏的时间点数。代表作品包括《魔兽世界》、《大话西游》等。免费网游模式的好处在于便于推广，而收费网游模式则注重游戏的体验。

传统 PC 网游的收费形式包括：点卡、虚拟资产、内置广告、周边产品，等。但手机网络游戏不能完全照抄 PC 网络游戏的收费模式。因为，首先，手机网络游戏的硬件平台没有 PC 网络游戏的硬件平台功能强大；其次，手机网络游戏的销售渠道没有 PC 网络游戏的广；再次，手机网络游戏的用户群体接受能力比 PC 网络游戏用户群体接受能力低；最后，手机网络游戏收费途径比 PC 网络游戏收费途径单一。综上所述，只有在利用传统网游收费的手段的基础上，思考出适合手机网络游戏收费的新模式，才能为建构手机网络游戏合理的商业模式探索出成功之路。

2009 年被看成是手机网游获得全新机遇的一年。一方面在手机硬件的销售市场上，高端智能手机正在冲破山寨手机的低成本壁垒，已经把智能的操作系统和极低的市场价格很好地结合起来，避免了高价格的门槛，从而使更多的用户有了进行手机网游娱乐的可能性；另一方面，不仅仅是手机屏幕在变大、手机性能和速度在提升，整个网络环境也在改变，包括即将到来的 3G。这一切，都为手机网游的腾飞提供了必要的外部条件。

从外部环境来看，2009年随着3G技术对旧有手机通信技术的全面取代，能够使用Java/Brew的手机覆盖率不断提升、3G网络商用、游戏推广渠道日益丰富，尤其是随着免费的手机网络游戏运营模式的日益广泛，依靠虚拟物品交易等手机游戏新的营利模式日益成熟。从行业未来发展趋势看，随着3G的不断推出，用户需求、资费、网速及手机终端日趋成熟，手机网游将在短期内取代手机单机游戏。3G网络商用后，手机网游将成为手机游戏增长点，而手机上网资费终究会不断下降。

从内部环境来看，传统PC网游商开始将注意力投放到手机游戏上，并依靠其资源优势，联合一些实力较强的手机网游厂商，结合PC网游的最新游戏，开展相应的手机网游业务。两者的联合使得手机网游厂商获得了更为广阔的客户渠道，从而使得目前还停留在推广阶段的手机网游向网络运营平台商业化的方向迈出了一大步，也使手机游戏产业的发展更加合理有序。

而在这样的环境下，新一代的手机网游产品也陆续出炉了。新一代的手机网游在游戏的视觉表现以及游戏引擎上，都会比目前市场上运营的网游高出很多。比如，画面细腻程度和界面设计上，会有质的突破。画面效果的提升并不是单纯提高画面的尺寸大小、存储容量，而是在画面的风格、绘制方式、设计思路上都能有较大幅度的提高。尤其是对于游戏的角色设计、场景设计、关键道具设计等方面，更加贴近PC网游。

与此同时，由于手机性能的提升以及屏幕尺寸变大，为手机网游的写实化提供了可能性。新一代手机网游的建筑尺寸被放大了，不再是早期的建筑和角色一般高的局面，而是趋向于真实的建筑与人的比例关系及透视关系。人物也从Q版的比例身材，变成更写实的身材比例。

总之，新一代的手机网游将会从视觉效果、游戏引擎、功能操作等各个方面实现质的飞跃，从而为手机网游市场的成熟和飞速发展提供产品层面的准备。

5.1.1　中国手机游戏用户上网行为分析

由于手机网游的前提是手机上网，所以，在理解手机网游产业现状之前，有必要了解中国手机游戏用户上网的行为习惯。

根据艾瑞咨询与当乐网联合发布的《2008年中国手机游戏用户行为调研报告》中的数据显示，目前手机游戏用户采用流量包月的比例较高。其中不限流量包月的用户比例达到21.1%，包月流量在50 M以上的用户比例达到71.9%，如图5-1所示。在上网资费支出层面，手机游戏用户月均手机上网资费主要集中在50元及50元以下，比例为92.3%。其中月均手机上网资费支出为11～20元的比例最高，达39.2%，如图5-2所示。从比例分布看，游戏用户对流量需求较大使手机游戏用户上网资费的支出明显高于手机网民整体水平。未来手机上网资费的不断下调及包月付费方式的灵活推广将有助于消除游戏用户对于流量资费的顾虑，从而降低游戏用户的使用门槛并有效提高用户使用黏性。

相对于其他手机网民而言，手机游戏用户对于流量的需求更大，《2008年中国手机游戏用户行为调研报告》数据显示，从不同地区用户流量包月情况看，广东、河南地区月均包月流量在50 M以上的用户比例分别为91.4%和93.8%，如图5-3所示。这与当地移动运营商灵活的资费政策有较大的关系。目前流量资费仍是影响手机游戏用户黏性的主要因素，各地区移动资费政策的不同是造成用户活跃度差异的根源。

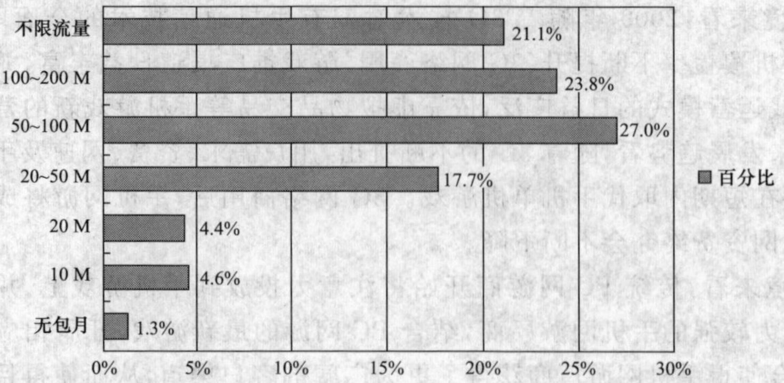

样本描述：N=31 207；于 2008 年 10 月通过当乐网 WAP 网上调查获得

图 5-1　2008 年中国手机游戏用户流量包月情况

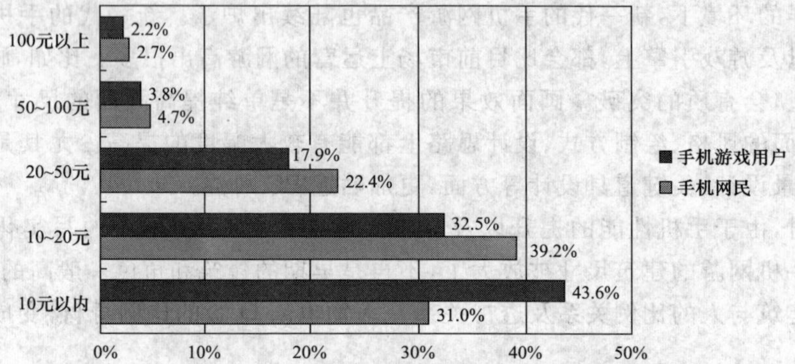

样本描述：N=31 207；于 2008 年 10 月通过当乐网 WAP 网上调查获得

图 5-2　2008 年中国手机游戏用户上网资费支出分布情况

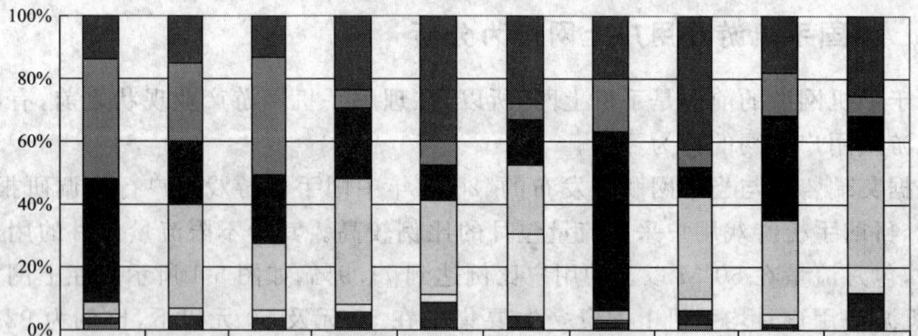

	广东省	福建省	浙江省	江苏省	北京市	山东省	河南省	四川省	河北省	上海市
不限流量	13.5%	14.9%	13.4%	23.9%	40.0%	28.4%	19.8%	42.5%	18.4%	25.7%
100~200 M	38.6%	24.9%	37.2%	5.7%	7.2%	4.6%	17.1%	5.5%	13.6%	6.3%
50~100 M	39.3%	20.4%	21.8%	22.5%	11.3%	14.4%	56.9%	9.4%	32.7%	10.3%
20~100 M	3.7%	32.8%	21.3%	39.5%	30.4%	21.9%	2.8%	32.5%	30.4%	37.5%
20 M	1.2%	2.9%	2.9%	2.7%	2.4%	26.2%	0.6%	4.0%	3.0%	8.3%
10 M	1.9%	4.0%	3.2%	5.2%	7.8%	3.9%	2.2%	4.5%	1.5%	11.8%
无	1.8%	0.2%	0.3%	0.5%	0.9%	0.5%	0.6%	1.7%	0.4%	0.1%

样本描述：N=26 299；于 2008 年 10 月通过当乐网 WAP 网上调查获得

图 5-3　不同地区手机游戏用户月均手机包月流量分布

《2008年中国手机游戏用户行为调研报告》数据显示，手机游戏用户对于手机上网的黏性要远大于普通的移动互联网用户；数据显示，按月统计每天都会利用手机上网的用户比例占总调研用户的75.0%，每月有25～30天登陆的用户为84.9%，如图5-4所示，手机游戏尤其是手机网游作为移动互联网上的一种娱乐方式极大地增加了用户上网黏性。从用户访问时段看，51.2%的用户没有固定的上网时间，35.4%选择在6:00—12:00时上网，26.1%选择在19:00—23:00时上网，如图5-5所示。用户的这种选择充分验证以手机为载体的移动互联网满足了用户随时、随地的上网需求。

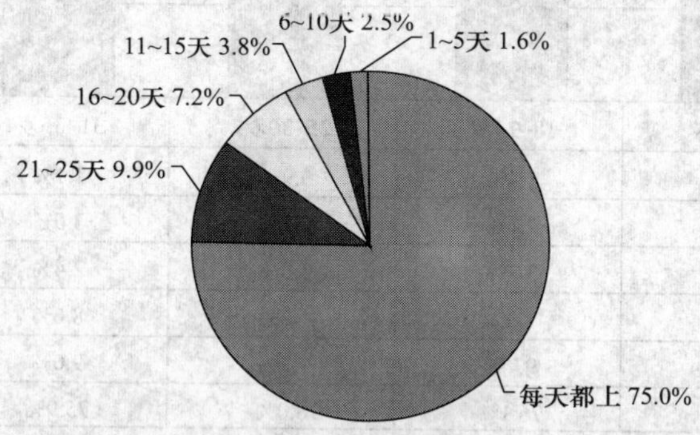

样本描述：N=31 207；于2008年10月通过当乐网WAP网上调查获得

图 5-4　2008年中国手机游戏用户每月上网频次

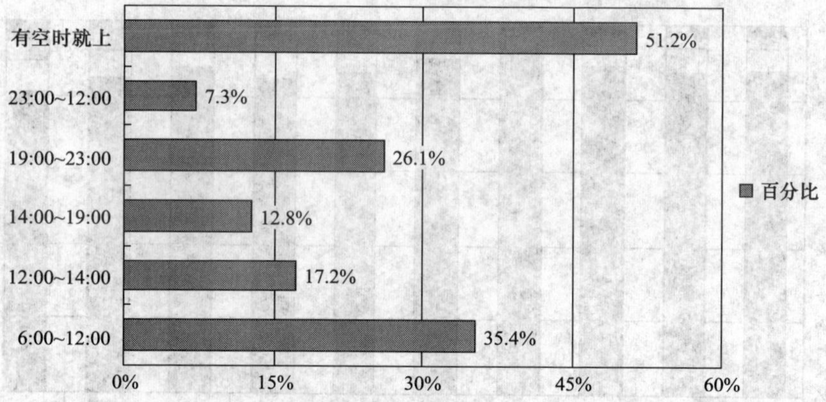

样本描述：N=26 105；于2008年10月通过当乐网WAP网上调查获得

图 5-5　2008年中国手机游戏用户每日上网时段

《2008年中国手机游戏用户行为调研报告》数据显示，从各年龄层次用户月均上网频率分布看，18～35岁之间的手机游戏用户访问频次明显高于其他年龄段用户，如图5-6所示。一方面是源于作为移动互联网上的主要娱乐方式之一，手机游戏尤其是手机网游有效增强了用户黏性，同时又印证了手机游戏对于此年龄段的用户吸引力更大，用户愿意将更多的时间用于移动互联网娱乐领域。

《2008年中国手机游戏用户行为调研报告》数据显示，从不同职业手机游戏用户群体上网频率分布看，部队军人月均上网天数在20天以上的用户比例远高于其他职业群体，如图5-7所示。这主要由于这部分用户生活相对单一，可用于其他娱乐的时间较少，而移动互联网所提供的随时随地上网的便利性恰好刺激了这部分用户。

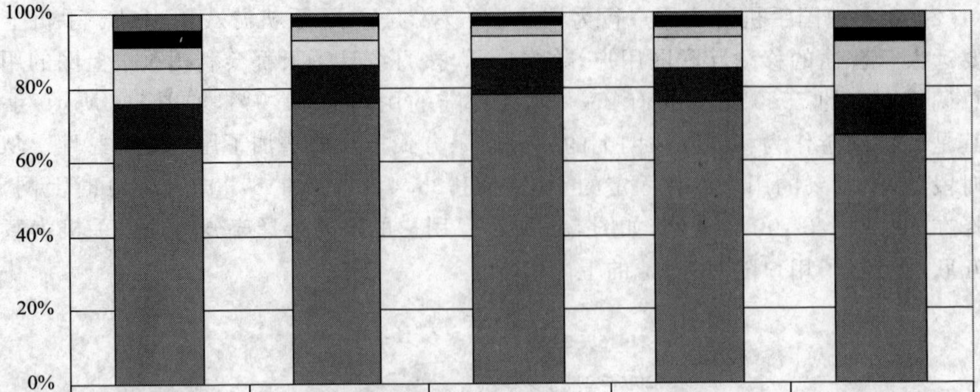

	18岁以下	18~24岁	25~30岁	31~35岁	36岁以上
1~5天	4.4%	1.4%	0.9%	1.1%	4.6%
6~10天	4.8%	2.1%	2.5%	3.0%	3.3%
11~15天	5.4%	3.7%	3.0%	2.4%	5.9%
16~20天	9.7%	7.0%	6.2%	8.6%	8.5%
21~25天	11.6%	9.7%	9.3%	9.0%	11.1%
每天都上	64.1%	76.1%	78.0%	75.9%	66.7%

样本描述：N＝31 207；于 2008 年 10 月通过当乐网 WAP 网上调查获得

图 5-6　不同年龄手机游戏用户月均手机上网频率分布

	工厂工人	个体户	保安/值班工人	部队军人	公司职工	饭店/酒店等服务业	企业管理人员	国企公务员	在家待业青年	学生	其他
1~5天	1.2%	1.5%	1.1%	0.7%	0.9%	0.9%	1.3%	1.4%	1.6%	2.3%	1.1%
6~10天	1.6%	1.7%	1.5%	0.8%	1.5%	2.1%	2.8%	2.5%	1.9%	3.3%	1.8%
11~15天	3.3%	3.1%	2.8%	1.6%	2.9%	3.5%	3.8%	2.2%	4.2%	4.8%	2.4%
16~20天	6.4%	6.8%	5.8%	3.8%	4.3%	7.0%	7.2%	6.5%	7.5%	8.6%	5.4%
21~25天	9.2%	10.0%	8.5%	7.1%	9.4%	9.4%	7.7%	7.2%	10.5%	10.8%	9.8%
每天都上	78.3%	76.9%	80.2%	86.0%	81.0%	77.1%	77.1%	80.1%	74.4%	70.2%	79.6%

样本描述：N＝31 207；于 2008 年 10 月通过当乐网 WAP 网上调查获得

图 5-7　不同职业手机游戏用户月均手机上网频率分布

5.1.2 手机网游用户行为习惯市场调查

首先来看一下中国手机网游用户付费意愿及付费层次。在用户对手机网游的付费意愿层面，军人群体付费意愿最高，为 86.3%，个体户比例居其次，为 76.2%，学生群体付费意愿最低，仅为 59.1%，如图 5-8 所示。各群体的付费意愿与其体验手机网游的时间有较强的相关性。玩家在手机网游中消耗的时间越多，其付费意愿就越强。

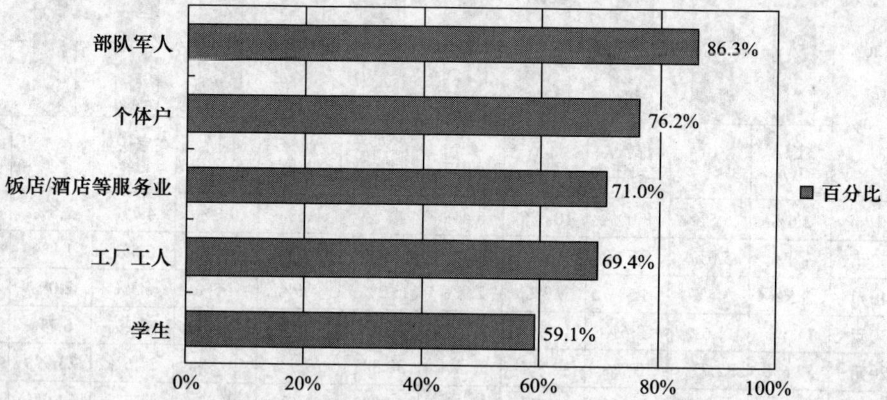

样本描述：N=24 684；于 2008 年 10 月通过当乐网 WAP 网上调查获得

图 5-8 2008 年中国手机网游用户各职业付费意愿

《2008 年中国手机游戏用户行为调研报告》数据显示，目前手机网游付费层次较低。在手机网游付费用户中，10 元以内的付费用户达 30.2%，而未付费用户则高达 32.6%，如图 5-9 所示。

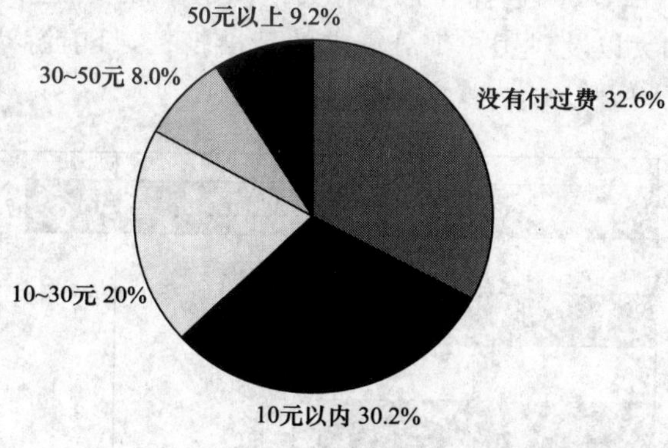

样本描述：N=24 684；于 2008 年 10 月通过当乐网 WAP 网上调查获得

图 5-9 2008 年中国手机网游用户月度消费支出情况

《2008 年中国手机游戏用户行为调研报告》数据显示，从不同职业用户群的手机游戏消费水平看，工厂工人与学生的消费水平明显低于其他职业群体，这与该群体手机游戏付费意愿及消费能力均有较大的关联性。对于手机游戏付费意愿较强的军人群体而言，其手机游戏消费层次明显高于其他职业群体，如图 5-10 所示。

接下来再来关注一下用户下载手机网游的主要渠道和途径。《2008 年中国手机游戏用户行为调研报告》数据显示，用户获取网游信息的渠道较多，其中通过游戏运营商宣传的比

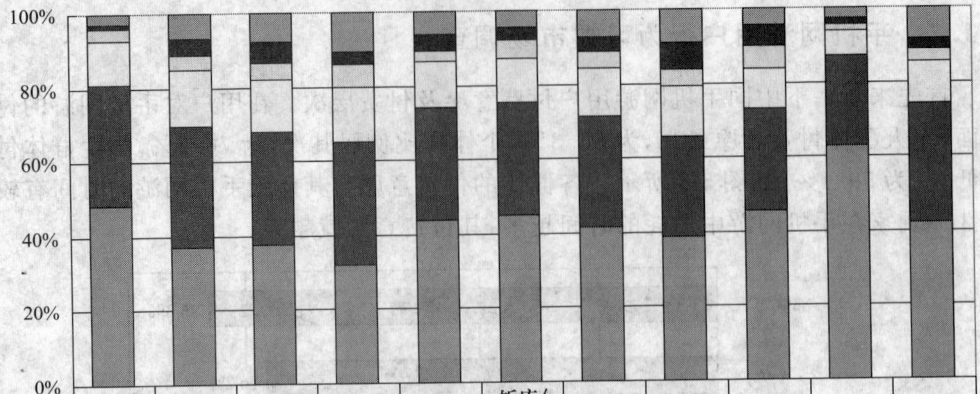

	工厂工人	个体户	保安/值班工人	部队军人	公司职工	饭店/酒店等服务业	企业管理人员	国企公务员	在家待业青年	学生	其他
50元以上	2.6%	6.5%	8.0%	10.6%	6.4%	4.7%	7.5%	9.0%	4.7%	2.6%	8.4%
40~50元	1.4%	5.0%	5.7%	3.5%	4.1%	3.0%	3.5%	7.5%	5.5%	1.8%	2.7%
30~40元	3.5%	3.4%	4.5%	6.0%	2.9%	5.2%	4.6%	4.5%	6.3%	2.0%	3.5%
20~30元	11.5%	15.6%	13.6%	14.9%	12.3%	11.8%	13.3%	13.4%	10.2%	6.7%	11.5%
10~20元	32.6%	32.7%	30.7%	32.8%	30.4%	30.3%	29.5%	26.9%	27.6%	23.9%	31.5%
10元以内	48.5%	36.8%	37.5%	32.2%	43.9%	44.9%	41.6%	38.8%	45.7%	63.0%	42.4%

样本描述：N=5 366；于 2008 年 10 月通过当乐网 WAP 网上调查获得

图 5-10　不同职业用户月均手机网游消费层次分布

例最高达到 70.2%，通过朋友介绍的比例为 41.4%，而利用手机搜索及 Web 搜索的比例分别达到 37.2%与 10.9%，如图 5-11 所示。在客户端下载方面，85.8%的游戏用户选择在游戏运营商网站下载，仅有 14.2%选择在官方等其他渠道下载安装，如图 5-12 所示。随着游戏运营商推广力度的加大以及对用户细分需求的精准把控，目前游戏运营商已经成为游戏厂商发布游戏的主要渠道。

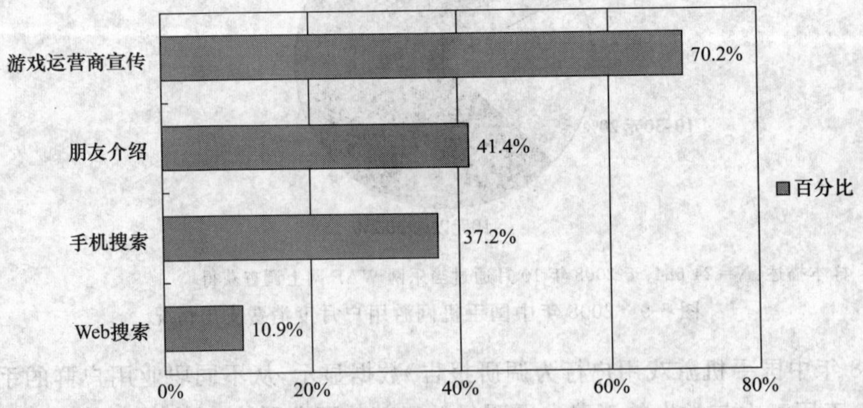

样本描述：N=15 728；于 2008 年 10 月通过当乐网 WAP 网上调查获得

图 5-11　2008 年中国用户获得手机网游信息的主要渠道

再来关注一下中国手机网游用户对手机网游流量及速度的态度。《2008 年中国手机游戏用户行为调研报告》数据显示，目前 43.7%的手机网游用户仍较在乎游戏中的流量消耗，

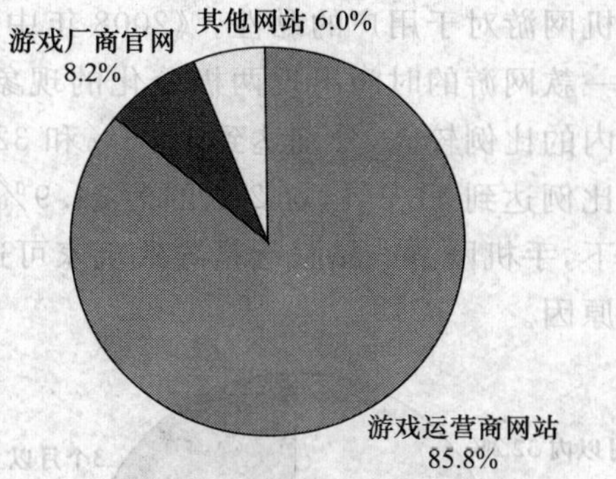

样本描述：N=24 684；于 2008 年 10 月通过当乐网 WAP 网上调查获得

图 5-12　2008 年中国手机网游用户下载客户端渠道状况

如图 5-13 所示。在现有流量资费较高的情况下，手机网游所产生的高额流量费将成为降低用户使用黏性的主要因素。在现有手机网游网速满意度层面，56.2%的用户认为网速一般，而 27.9%的游戏用户对网速感觉不满意，如图 5-14 所示。可见目前移动互联网的速度仍是制约手机网游发展的重要原因，随着未来 3G 网络速度的提升，游戏用户的体验也将随之得到改善。

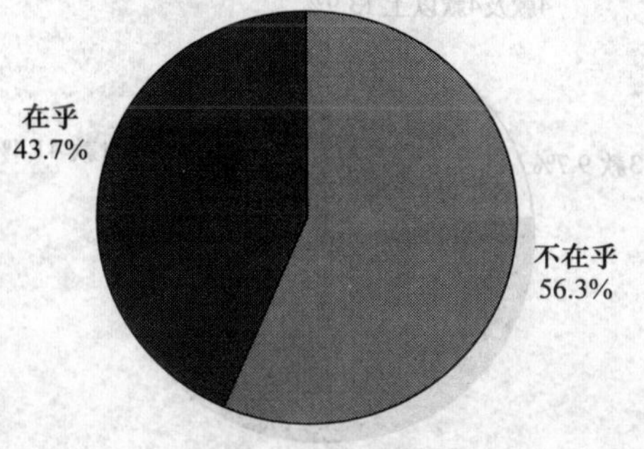

样本描述：N=24 684；于 2008 年 10 月通过当乐网 WAP 网上调查获得

图 5-13　2008 年中国用户对手机网游产生的流量态度分析

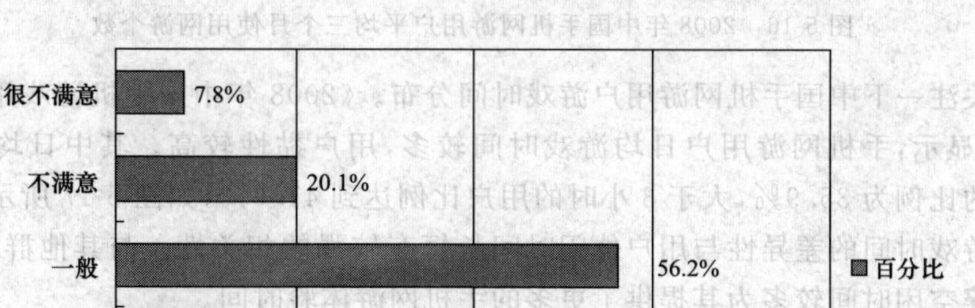

样本描述：N=24 684；于 2008 年 10 月通过当乐网 WAP 网上调查获得

图 5-14　2008 年中国手机网游用户对当前网速满意度对比

再来关注一下中国手机网游对于用户的黏性。《2008年中国手机游戏用户行为调研报告》数据显示，游戏用户玩一款网游的时间出现两极分化的现象，其中单个网游持续时间在三个月以上及在一个月以内的比例较高，分别达到37.6%和32.2%，如图5-15所示。而用户3个月内玩1款网游的比例达到41.4%，玩2款的为34.9%，如图5-16所示。在玩家逐渐对手机网游认可的前提下，手机网游产品匮乏是导致玩家可选择游戏较少，从而对某款手机网游依赖性较强的重要原因。

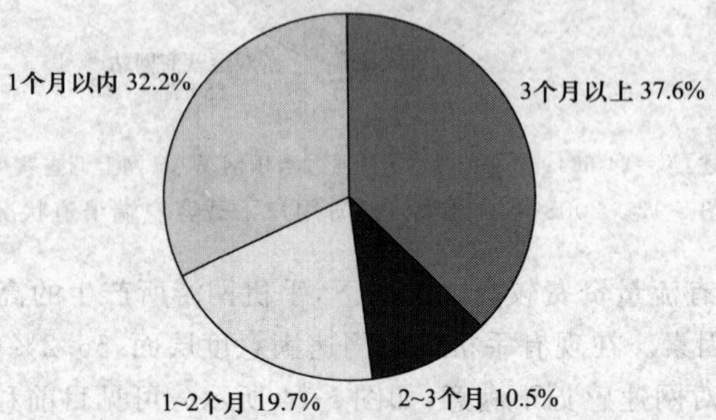

样本描述：N=24 684；于2008年10月通过当乐网WAP网上调查获得

图5-15 2008年中国手机网游用户单个网游持续使用时间

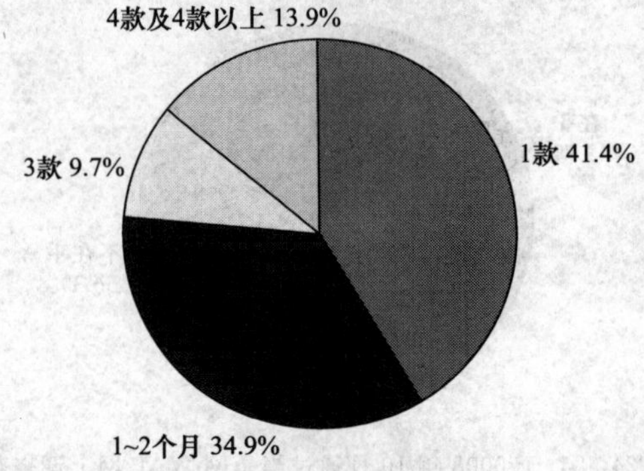

样本描述：N=24 684；于2008年10月通过当乐网WAP网上调查获得

图5-16 2008年中国手机网游用户平均三个月使用网游个数

再来关注一下中国手机网游用户游戏时间分布。《2008年中国手机游戏用户行为调研报告》数据显示，手机网游用户日均游戏时间较多，用户黏性较高。其中日均游戏时间为1～3小时的比例为35.9%，大于3小时的用户比例达到41.6%，如图5-17所示。手机网游用户日均游戏时间的差异性与用户休闲时间长短有较强的相关性。与其他群体相比，军人群体的零碎空闲时间较多为其提供了更多的手机网游体验时间。

《2008年中国手机游戏用户行为调研报告》数据显示，在手机网游用户游戏时段分布中，61.8%的用户表示没有固定的游戏时间，如图5-18所示，这与手机游戏用户每日上网时段的分布比例一致；无固定时间比例较大恰好体现了手机游戏满足玩家随时随地体验的需求。

再来关注一下中国手机网游用户可接受月度更新客户端的次数。《2008年中国手机游戏用户行为调研报告》数据显示，玩家对于手机游戏客户端更新次数的关注度较弱，其中

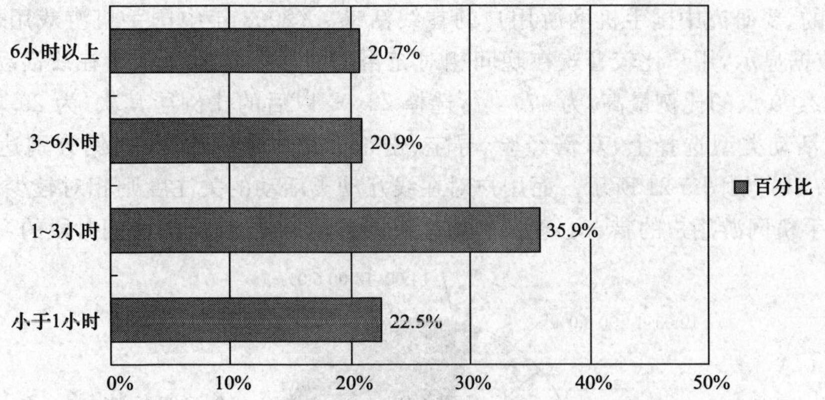

样本描述：N＝24 684；于 2008 年 10 月通过当乐网 WAP 网上调查获得

图 5-17　2008 年中国手机网游用户使用游戏时间分布状况

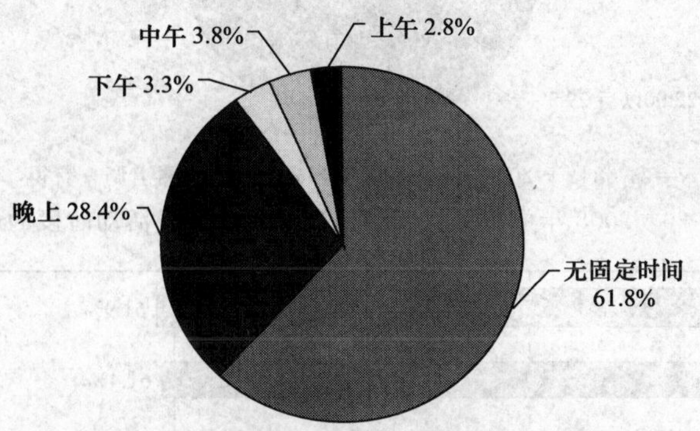

样本描述：N＝24 684；于 2008 年 10 月通过当乐网 WAP 网上调查获得

图 5-18　2008 年中国手机网游用户游戏时段分布

32.0％的玩家认为无所谓是否更新客户端，42.5％的用户可以接受月更新 2～3 次，如图 5-19所示。游戏运营商应尽量避免网游客户端的频繁更新，以避免因客户端更新而产生的用户使用门槛的提升和用户流失。

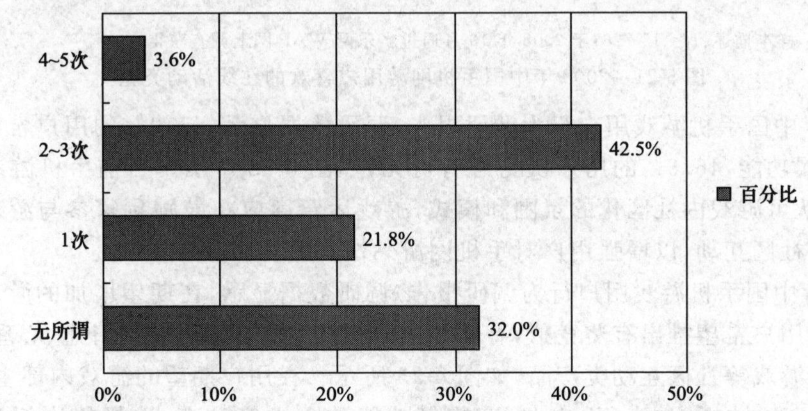

样本描述：N＝24 684；于 2008 年 10 月通过当乐网 WAP 网上调查获得

图 5-19　2008 年中国手机网游用户对更新客户端的态度

最重要的，要研究中国手机网游用户的在线活动。《2008 年中国手机游戏用户行为调研报告》调研数据显示，用户比较喜欢在晚间相对充裕的时段参加手机网游在线活动，其中选择在 18:00～22:00 点的比例最高，为 47.4%，选择 22:00 以后的比例居其次，为 29.3%，如图 5-20 所示。在活动类型选择上，双倍经验、寻宝、击杀 BOSS 名列前三，比例分别达到 61.9%、61.4%及 55.5%，如图 5-21 所示。而用户对在线互动类活动的关注度则相对较少。以上数据反映了目前手机网游用户的猎奇心理及利用手机网游填补枯燥、乏味休闲时段的习惯。

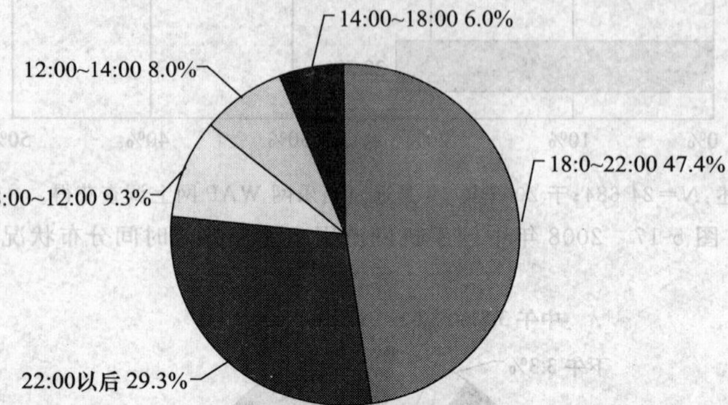

样本描述：N=24 684；于 2008 年 10 月通过当乐网 WAP 网上调查获得

图 5-20　2008 年中国手机网游用户对参加在线活动时段的选择

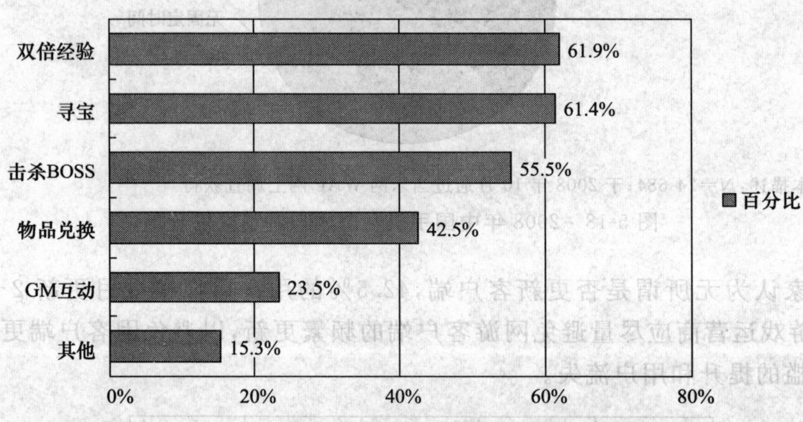

样本描述：N=15 728；于 2008 年 10 月通过当乐网 WAP 网上调查获得

图 5-21　2008 年中国手机网游用户喜欢的在线活动类型

《2008 年中国手机游戏用户行为调研报告》调研数据显示，45.9%的用户希望在手机网游中增加附属功能，46.6%的用户认为可有可无，如图 5-22 所示。目前手机游戏用户已经逐步接受和认可游戏内社区化的氛围和模式，游戏运营商应在鼓励玩家参与游戏本身的同时，积极参与社区互动，以增强用户对手机网游黏性的提升。

《2008 年中国手机游戏用户行为调研报告》调研数据显示，在期望增加的游戏附属功能中，65.7%的用户希望推出有奖竞猜，有 1/3 用户喜欢交友、聊天、博客日志、心理测试、写日志、玩休闲小游戏等社区互动类产品，如图 5-23 所示。在用户期望的游戏内部主要功能中，用户对游戏 PK、结婚、拍卖行、交友、宠物等功能的需求度较高，选择的比例接近或超过 50%，是玩家最常使用的功能。此外，师徒、排行榜、时装、公会以及全服喊话也是玩家喜爱的游戏内部功能，如图 5-24 所示。

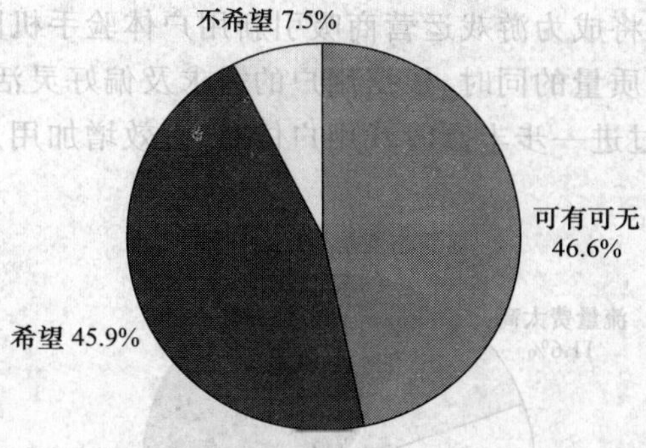

样本描述：N＝24 684；于 2008 年 10 月通过当乐网 WAP 网上调查获得

图 5-22　2008 年中国手机网游用户对游戏附属功能的反应

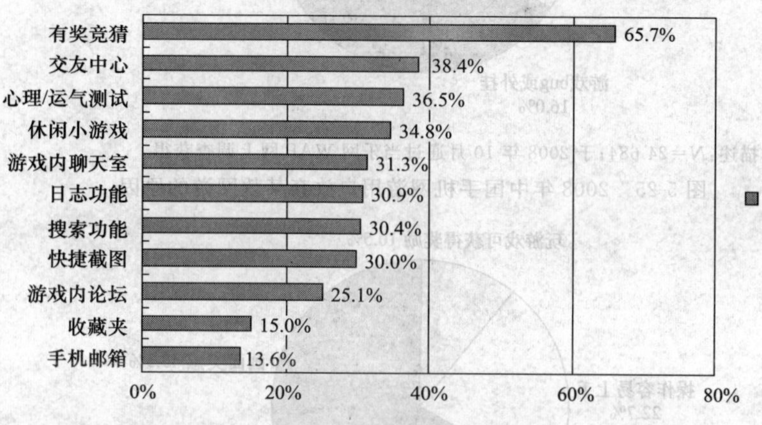

样本描述：N＝15 728；于 2008 年 10 月通过当乐网 WAP 网上调查获得

图 5-23　2008 年中国手机网游用户期望的游戏附属功能

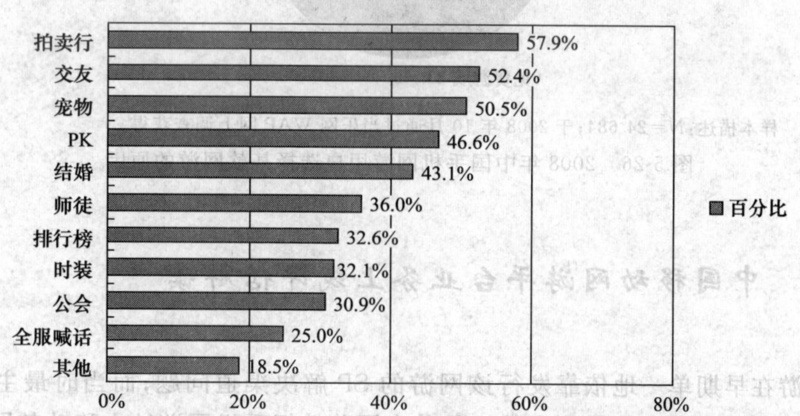

样本描述：N＝15 728；于 2008 年 10 月通过当乐网 WAP 网上调查获得

图 5-24　2008 年中国手机网游用户期望的游戏内部功能

最后，再来关注一下中国手机游戏用户放弃或选择网游的原因。《2008 年中国手机游戏用户行为调研报告》研究数据显示，游戏功能不完善成为用户放弃某款手机网游的主要原因，比例高达 49.6％，如图 5-25 所示。在影响用户选择某款手机网游的因素中，43.3％的玩家表示画面美观是其选择手机网游的主要因素，如图 5-26 所示。调研数据表明，目前改善游戏画面(包括用户界面)将成为游戏运营商吸引新用户体验手机网游的重要途径。手机游戏厂商应在提升游戏产品质量的同时,根据用户的需求及偏好灵活调整游戏开发方向,力求结合用户的细分需求,通过进一步丰富游戏用户体验,有效增加用户黏性。

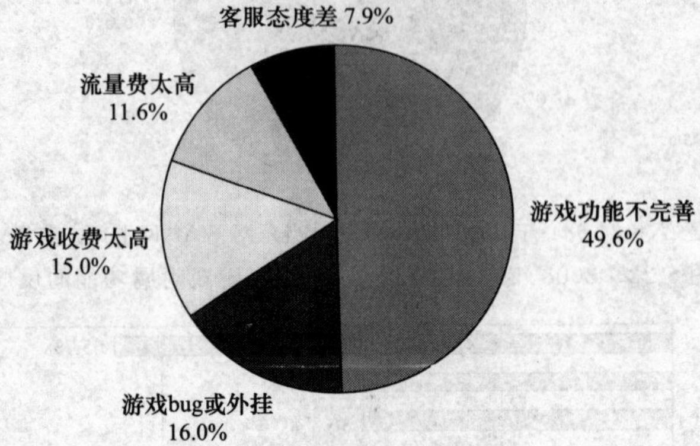

样本描述:N=24 684;于 2008 年 10 月通过当乐网 WAP 网上调查获得

图 5-25　2008 年中国手机网游用户放弃某款网游的原因

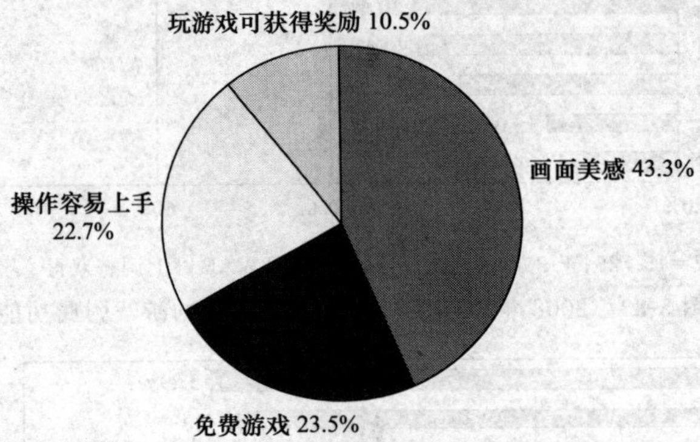

样本描述:N=24 684;于 2008 年 10 月通过当乐网 WAP 网上调查获得

图 5-26　2008 年中国手机网游用户选择某款网游的原因

5.2　中国移动网游平台业务上线评估解读

手机网游在早期单一地依靠发行该网游的 SP 解决渠道问题;而当时最主要的渠道自然是通过 Free WAP 增大注册用户数。随着中国移动把手机网游纳入移动梦网游戏频道的整体规划,网游终于有了自己的官方网游平台。但一款网游产品,想通过业务申报实现在中国移动网游平台的上线,有较严格的评估流程和体系。本节将针对中国移动网游平台业务上线的评估体系进行初步解读。

5.2.1　评估工作流程

中国移动网游平台业务上线的评估流程如图 5-27 所示。

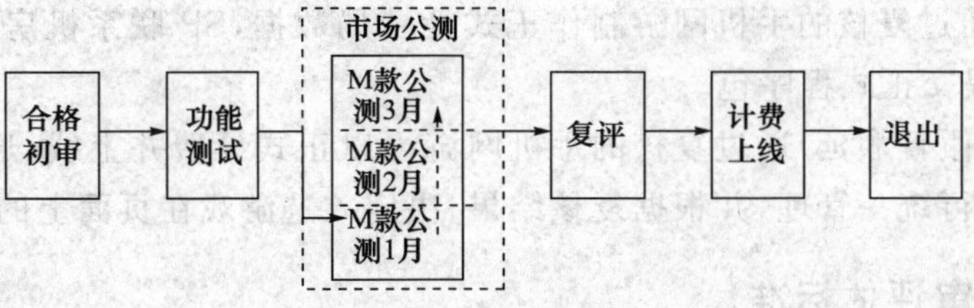

图 5-27　评估工作流程

1. 业务受理

对合作伙伴提交的申报材料进行初步审核，被受理的合作伙伴可以参加当月的游戏评估。每月 11 日(法定节假日顺延)，中国移动向通过了业务受理的合作伙伴发布当月业务通知及评估相关事宜。

2. 初审(专家评审)

当月 12 日—16 日，由中国移动有限公司(下简称中国移动)组织专家评审团——游戏策划/游戏专业玩家、游戏运营专家对手机网游的不同分项进行打分，初审分不低于 8 分的游戏通过初审，进入功能性测试阶段。

若低于 6 分则该款游戏不可再申报。若高于 6 分(含 6 分)但低于 8 分，则可对该游戏进行优化，重新申报初审。若再次参评时仍低于 8 分，则该游戏不能再次申报。

若合作伙伴在一年内有两个手机网游发生“申报初评未通过，再修改后仍未通过”的情况，则该合作伙伴在当年内不能再申报手机网游。

每月 18 日(法定节假日顺延)反馈专家评审结果并为通过初审的 SP 下发测试局数据，SP 根据收到的局数据，对业务内容进行修改，并以修改好的一个机型版本，参加当月 28—30 日的联调测试。通过联调后，于次月 1 日，提交修改完毕的程序包。

3. 功能性测试

每月 1 日 SP 提交依据测试局数据修改后的程序包，进行分机型功能性测试。通过功能性测试的业务才可以参加市场公测。

测试结束后，按各指标进行打分排序，每月得分前 4 名的业务进入市场公测。连续 2 个月未能通过功能性测试的手机网游将被取消继续测试的资格，并退出手机网游流程。

手机网游进入市场公测阶段后，将继续进行功能性测试的抽测。抽测中出现重大问题且不能及时解决的手机网游，将强制下线处理。

4. 市场公测

每月 1 日(节假日顺延)对功能性测试通过的业务进行市场公测，手机网游需要经过总共 3 个月的市场公测(网游公测期为 3 个月，因需一个月进行计费或下线调整，所以网游公测的数据考核期为 2 个月)。数据考核期结束的网游产品，根据公测期间市场和玩家数据(含定性及定量指标)进行核算并打分。打分在 8 分以上的手机网游通过公测，可参加由中国移动公司组织的手机网游复核会。打分没有达到 8 分的手机网游下线。

5. 参加复核

每月 3 日将对已参加公测达到两个月的手机网游进行复核，并根据参考数据决定能否正式上线。

6. 上线前准备

每月5日为通过复核的手机网游制作正式计费局数据，SP联系机房进行业务准备、签署合作协议，SP提交正式程序包。

每月1日（节假日顺延）通过复核的手机网游可以正式计费并上线，通过的业务将纳入游戏业务资质，进行统一管理，并根据复核结果，决定入选游戏在页面上的排序。

5.2.2 专家评审评估标准

专家评审将对参评手机网游在游戏品质、互动性要素及市场运营潜力等方面进行评估，如表5-1所示。

表5-1 游戏品质、互动性要素及市场运营潜力评估指标表

内容	评估指标
游戏品质	游戏画面、音效及运行流畅度； 游戏上手度及界面友好度； 职业、道具设计、功能性设施、棋牌游戏竞赛规则、益智游戏规则
游戏互动性要素	游戏基本互动性要素设计，如聊天、PK、组队等的基本设计及功能； 联网棋牌、益智等游戏关系到对战效果的积分、等级、道具等系统；
游戏的运营潜力	游戏适配机型系列的数量，及适配覆盖主流机型的状况； 游戏题材与模式在内容上的合法性、影响力、用户基础、推广渠道； 游戏运营团队的人员数量、从业经验； 运营策略的针对性、合理性； 经典或创新游戏题材的市场影响力

1. 功能性测试评估标准

通过初审的手机网游进入功能性测试阶段，将根据手机网游功能性测试状况对游戏进行定量评估，如表5-2所示。

表5-2 手机网游功能性测试状况评估指标表

内容	评估指标
业务运行测试	从安装、启动、注册开始测试业务的运行情况，根据其运行过程的表现进行打分
计费点测试	测试计费点充值及消耗成功率、设计位置是否违规
联网功能测试	针对业务内容中的互动要素运行情况进行测试并打分
其他开发规范相关测试	其他关于开发规范的测试

除定量评估标准以外，若提交功能性测试的手机网游不符合以下定性标准，则该业务功能性测试不通过：

- 业务测试的一次通过率（分机型）：通过数低于10个终端系列；
- 上交程序及时性：不能及时提交游戏程序；
- 其他合作指标如有无非法链接等，如发现违规链接等问题则不通过；
- 功能性测试的要求请看《游戏频道暂行管理规范V2.0版》中的相关内容。

2. 市场公测评估标准

手机网游市场公测数据考核期为2个月。市场公测打分在8分以上的手机网游通过公测，可参加由中国移动公司组织的网游业务复核会。打分没有达到8分的手机网游下线。

市场公测评估的主要标准如表 5-3 所示。

表 5-3　市场公测评估指标表

内　容	评　估　指　标
运营状况指标	该业务在公测期间的收入、注册用户数、同时在线用户数的绝对量、增量等数值
服务指标	公测期间该业务用户电话调研满意度
服务指标	公测期间该业务功能性测试结果
服务指标	公测期间该业务客服电话拨测结果

5.2.3　复核会

复核会根据参考数据决定手机网游能否正式上线。复核会参考数据主要有：

- 公测关键数据，如注册用户数等；
- 专家、玩家定性调查结果；
- 合作伙伴稽核结果，包括运营数据及服务指标等。

通过复核会的网游业务才可以正式计费并上线，通过的业务将纳入游戏资质，进行统一管理，并根据复核结果，决定入选游戏在页面上的排序。

5.2.4　业务评估管理

对于在评估中出现以下情况的，将根据情节严重程度对相关合作伙伴处以一季度暂停手机网游申报的处罚，并根据信用积分管理办法扣除相应积分。

- 合作伙伴在评估中提供虚假或伪造版权证明(授权证明)；
- 合作伙伴在评估中提供暴力、淫秽色情、反动等非法内容的游戏。

若在市场公测阶段遇到以下情况，则中断该手机网游的市场公测：

- 游戏中出现严重违规内容且不能及时整改；
- 游戏出现严重 BUG 或运营错误，导致用户大量投诉；
- 客服质量过低，不能达到标准。

5.3　《神话之宠物情缘》：中国古典题材手机网游典型案例剖析

本节，我们将通过对数字鱼移动娱乐出品和发行的一款热门手机网游——《神话之宠物情缘》的详细介绍，了解手机网游的相关知识。

5.3.1　《神话之宠物情缘》游戏综合介绍

1. 游戏名称：《神话之宠物情缘》。

2. 游戏类型：即时交互 MMORPG。

3. 游戏平台：Java 平台。

4. 游戏延续：《神话之宠物情缘》是《神话之古怪三国》第二季升级产品，在沿用了第一代产品多项独创实时技术的同时增加了宠物跟随、新手帮助系统、武器发光可见等特效功能。

5. 游戏故事背景：

传说在远古时代，这个世界上存在很多的奇异生物，据说这些异物并非起源于地球，而是来源于一个时空黑洞，大禹带领人类使用特殊的手段战胜了这些异物，并成功地把时空黑洞封印起来。公元 208 年刘表在荆州因病逝世，荆州出现了黑洞，曹操立即率大军南下，直取荆州，企图解开封印，通过黑洞的力量达到统治整个中国的目的，刘备军与孙权军在荆州一战中纷纷落败，荆州已完全掌握在曹操手中，为了避免封印被解开造成天下大乱，刘备与孙权决定在赤壁联手阻击曹军，在曹操解开封印前夺回荆州。

6. 游戏特色：

- 真正的即时互动方式，即时换装，即时战斗；
- 独特的养成类宠物成长体系，为单调的游戏生活增添更多乐趣；
- 炫目的武器发光系统，锻造武器等级识别；
- 500 张地图，无尽的世界畅游；
- 6 种职业，900 种技能；
- 聊天频道分频分色，让用户聊到疯狂；
- 菜单人性化设置，无论用户上线与否，信箱小秘书随时告知；
- 强大丰富的主线、分线剧情，让用户不走寻常路；
- 尔虞我诈的公会混战，迸发的激情，血性的进取；
- 新手帮助系统，不再让用户手足无措。

7. 特色详解(一)：宠物系统

《神话之宠物情缘》创建了独特的宠物养成系统，从玩家领取宠物开始，将通过喂养的方式培养宠物进化，而进化则体现出宠物的生长状况和动作表现。图 5-28 就是一个从种子开始发育成完整宠物的宠物进化图。

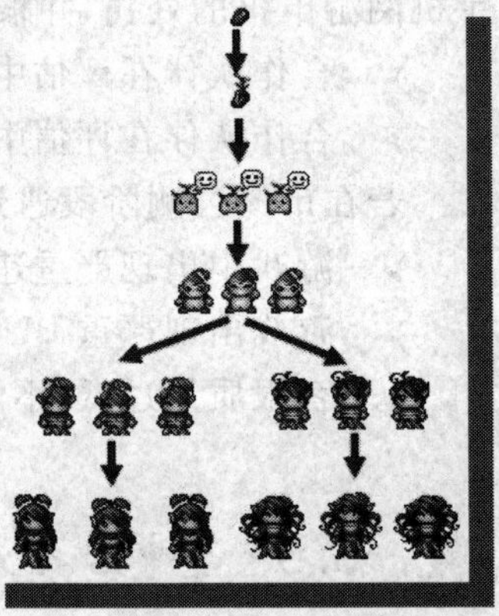

图 5-28　宠物进化图

游戏中各种宠物种子都是在 NPC 商人处直接购买，宠物没有其他途径可以购买，包括交易。宠物不可以直接放弃，必须在特定 NPC 处交还给回收宠物的 NPC 饲养，一旦宠物被回收就不能再得到。玩家只能固定饲养三个宠物，分别为勇气类宠物、爱情类宠物、战争类宠物，每类宠物只能同时饲养一个，如果对当前饲养的宠物不满意，需要先把宠物还给回收宠物的 NPC，再在 NPC 商人处购买宠物种子。基本食物在打怪中随机掉落，升级类食物、影响生长形态类食物可以从 NPC 处直接购买。玩家在喂养时喂养不同的升级类食物会有不同的结果(这里只按升级前最后一次喂食的升级类食物而定)。

游戏中有三种类型的宠物，分别对应着不同颜色的精致的宠物形象。第一种是勇气宠物，在游戏中起辅助战斗作用，如图 5-29 所示。

勇气宠物的进化过程如图 5-30 所示。这里的名称只是宠物的品种，宠物的昵称可以由玩家自己命名。

第二种是爱情宠物。玩家培养出的爱情宠物和游戏中的结婚系统相关。玩家想要在游戏中结婚必须拥有特定的爱情宠物。如图 5-31 所示。

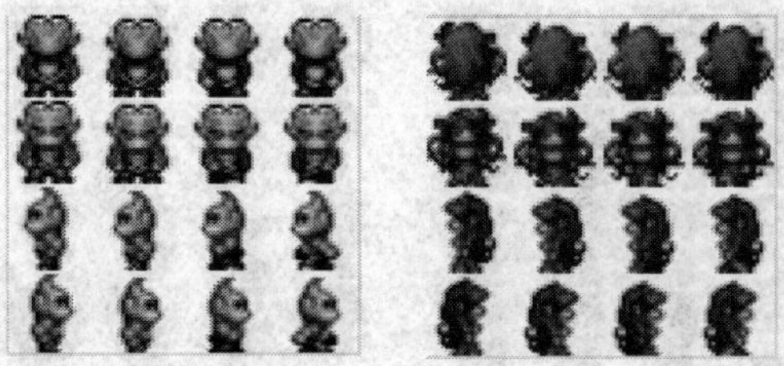

图 5-29　勇气宠物

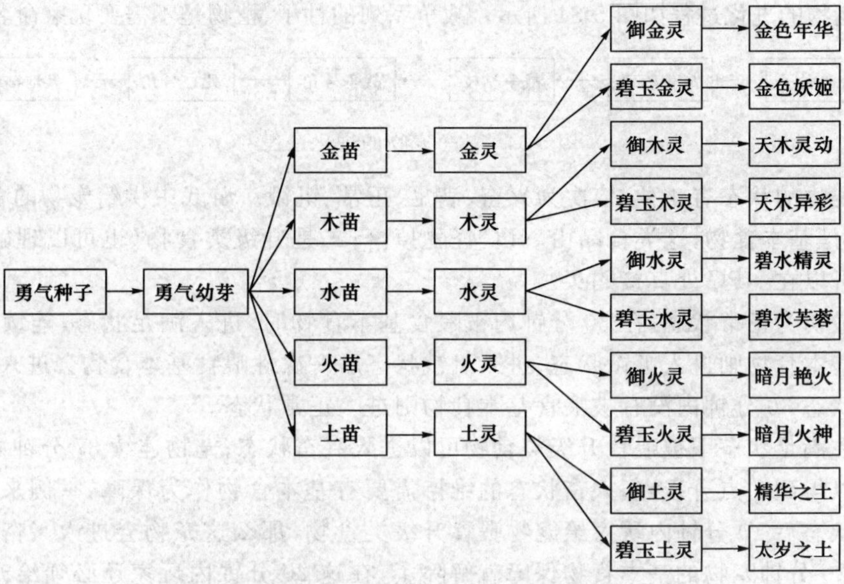

图 5-30　勇气宠物的进化过程

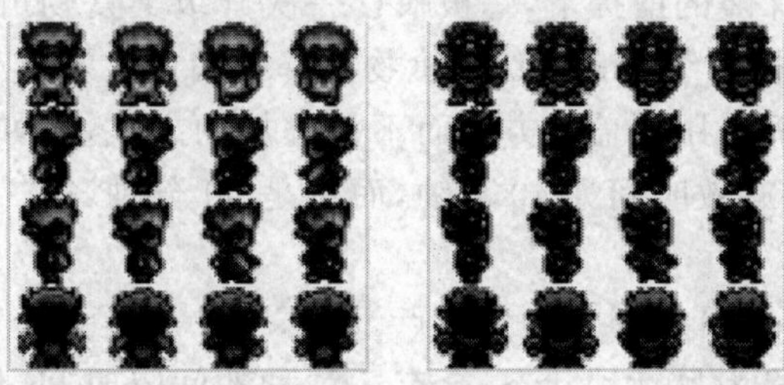

图 5-31　爱情宠物

爱情宠物的进化过程如图 5-32 所示，这里的名称只是宠物的品种，宠物的昵称需要是结婚对象在游戏中的昵称。

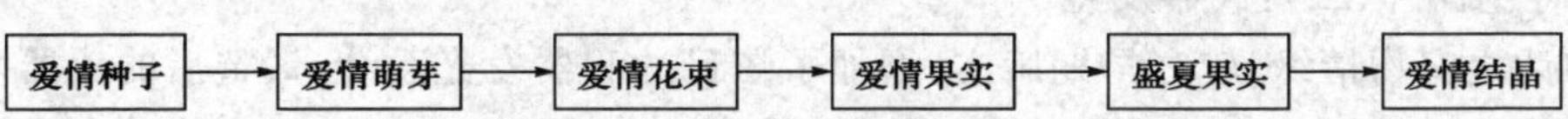

图 5-32　爱情宠物的进化过程

第三种是战争宠物。玩家培养的这种宠物与游戏中的攻城相关。公会要在游戏中参与攻城战必须拥有特定的战争宠物。如图 5-33 所示。

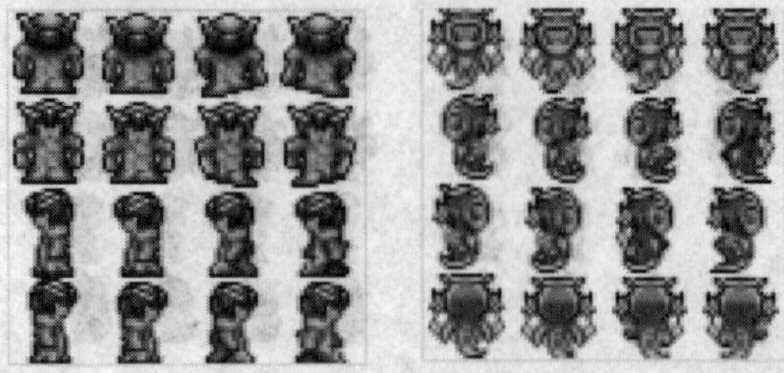

图 5-33　战争宠物

战争宠物的进化过程如图 5-34 所示。战争系列的种子、植物是不需要玩家命名昵称的。

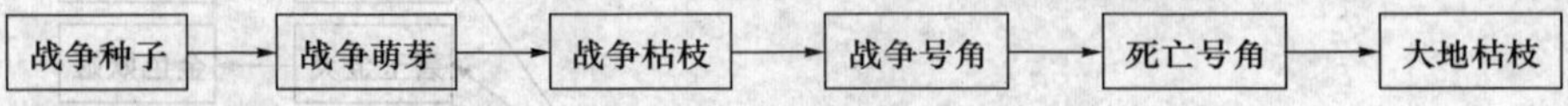

图 5-34　战争宠物的进化过程

游戏宠物的状态有 4 种，依次为兴奋、满足、正常、饥饿。游戏中供给宠物的食物分为三种类型，一是基本食物，这类食品由 NPC 怪物掉落；二是升级类食物（也可以理解为材料），这类食物可以在 NPC 处直接购买。

宠物最初为正常状态，在 30 分钟内被喂食基本食物时，进入满足状态；连续 30 分钟没有被喂食基本食物则进入饥饿状态；进入饥饿状态后一次性喂食基本食物会进入正常状态；进入满足状态 30 分钟内没有被喂食基本食物则进入正常状态。

宠物在满足状态下被喂食升级类食物可以进入兴奋状态；宠物连续 37 分钟内处于兴奋状态下可以得到 1 点升级点，兴奋状态的维持需要有基本食物作为保障，举例来说，宠物在进入满足状态后 10 分钟内玩家给宠物喂食升级类食物，那么这宠物会进入兴奋状态，但是由于再过 20 分钟宠物的基本食物保障就解除了，在这 20 分钟内玩家还必须给宠物喂食基本食物，否则，在 20 分钟后宠物将由兴奋状态直接降到正常状态。

宠物在有基本食物保障的前提下，每被喂食一次升级类食物可维持 30 分钟兴奋状态；30 分钟结束后如果没有被继续喂食升级类食物则降到满足状态。

宠物喂食的效能时间采用覆盖的方式而不是叠加的方式，例如，宠物喂食 10 分钟后再次喂食，两次喂食的总共有效时间为 40 分钟，而不是 60 分钟，第二次喂食的效果会把第一次的效果覆盖。

宠物每 24 小时最多只可得到 2 点升级点。

宠物从一种状态转换为另一种状态，会有 5 秒种的间隔时间，例如在正常状态下喂食，可以转为满足状态，但是在图形上不会立即显示，5 秒钟后才会发生转换。

升级点在达到特定要求后宠物将会升级并转换形态（升级点与转换形态的关系类似于经验、等级）。

8. 特色详解（二）：武器发光

《神话之宠物情缘》较之早期版本，增加了炫目的武器发光系统，锻造后的武器发出不同的光晕，使之更加绚丽。随着武器强化等级的提升，在普通界面中武器会出现发光效果。随着强化武器四种图形效果的转变，强化等级为 0～4 级时，武器没有发光效果；强化等级为 5～9级时，武器发淡蓝色光芒；强化等级为 10～14 级时，武器发红色光芒；强化等级为 15 级时，武器发紫色光芒。

但对于不同武器的锻造，需要各种材料，而各种材料的获得需要在游戏中满足一定的条件或直接购买。表 5-4 是部分武器锻造的材料表。

表 5-4　武器锻造材料表

武器名称	材料 1		材料 2		材料 3		材料 4	
	名　称	数量	名　称	数量	名　称	数量	名　称	数量
红缨弯刀	铜制剑柄	2	小块磨石	2	煤矿石	2	铜矿石	5
工匠之剑	铜制剑柄	4	小块磨石	4	锡矿石	10		
张角佩刀	铜制剑柄	5	小块磨石	5	锡矿石	4	铁矿石	5
秘术剑	铜制剑柄	6	小块磨石	6	铁矿石	8		
荆州之剑	铁制剑饼	2	中块磨石	2	银矿石	5		
骨锤	铜制锤身	2	小块磨石	2	破碎布料	2	铜矿石	5
双刃大斧	铜制锤身	4	小块磨石	4	锡矿石	8	棉制布	2
擂鼓大锤	铜制锤身	5	小块磨石	5	棉制布	2	铁矿石	6
混元锤	铜制锤身	6	小块磨石	6	铁矿石	5	毛制布	3
蟠龙斧	铁制锤身	2	中块磨石	2	银矿石	3	丝绸	2
羽翎枪	铜制长棒	2	小块磨石	2	破烂的皮	2	铜矿石	5
虎牙	铜制长棒	4	小块磨石	4	锡矿石	8	完整的皮	2
纹血刀	铜制长棒	5	小块磨石	5	完整的皮	2	铁矿石	6
豹尾矛	铜制长棒	6	小块磨石	6	铁矿石	5	毛制布	3
大秦枪	铁制长棒	2	中块磨石	2	银矿石	3	坚硬的皮	2
双星弓	杨木块	2	小块磨石	2	破烂的皮	5	棉丝	2
精制长弓	杨木块	4	小块磨石	4	完整的皮	9	麻丝	2
强化长弓	杨木块	5	小块磨石	5	完整的皮	6	铜丝	5
焰形弓	杨木块	6	小块磨石	6	柔软的皮	8	铜丝	2
队长佩弩	柳木块	2	中块磨石	2	坚硬的皮	4	铁丝	2
骨头手杖	杨木棒	2	小块磨石	2	葱白草	5	棉丝	2
玄铁手杖	杨木棒	4	小块磨石	4	毒芹草	9	麻丝	2
邪恶法杖	杨木棒	5	小块磨石	5	毒芹草	6	铜丝	5
象牙杖	杨木棒	6	小块磨石	6	无花果	8	铜丝	2

装备强化系统是一个随机性的对游戏装备进行强化的系统。由于装备在游戏中占有很重要的地位，装备强化系统的推出会成为玩家在游戏中的一个重要追求目标。游戏中可被强化的装备有 5 个部分，包括武器、头盔、胸甲、护手、长靴。每个装备最多可以强化 15 次，每被强化一次，装备的基础能力会被提升 10%～20%。装备强化只对其基础能力进行强化，例如武器的物理攻击力、魔法攻击力、防具的防御力，武器和防具附带的其他属性不会被强化。装备在强化的时候会有一定的失败概率，强化失败后可能会出现负作用。

强化装备需要两种类型的物品：水晶类物品和强化药水。水晶类物品是由装备类道具在 NPC 处换得的，强化药水可以在 NPC 处直接购买。水晶类物品共有 20 种，分为 5 个档次，每个档次的水晶可以强化不同等级的装备。

如图 5-35 所示，一个黄水晶加两个黄水晶强化药水可以强化 0～20 级的装备；一个绿宝石加三个绿宝石强化药水可以强化 21～40 级的装备；一个蓝宝石加四个蓝宝石强化药水可以强化 41～60 级的装备；一个红宝石加五个红宝石强化药水可以强化 61～80 级的装备；一个钻石加六个钻石强化药水可以强化 81 级以上装备。

每个档次的水晶各有 4 个等级，其中只有最高等级的水晶（包括黄水晶、绿宝石、蓝宝石、红宝石、钻石）可以用来强化装备，其他 3 个等级的水晶是用来合成的，以黄水晶系列为

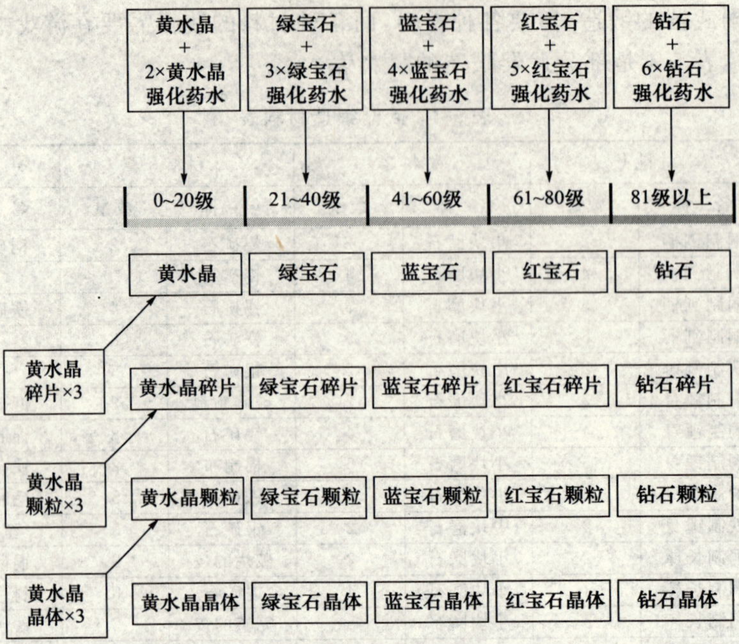

图 5-35 装备强化系统

例,3 个黄水晶晶体可以在 NPC 处交换 1 个黄水晶颗粒;3 个黄水晶颗粒可以交换 1 个黄水晶碎片;3 个黄水晶碎片可以交换 1 个黄水晶。

下面再了解一下装备分解。游戏中的各种水晶是通过装备分解得到的,不同等级的装备能分解得到不同档次的水晶。装备的分解是在 NPC 处实现的,玩家可以选择对话并选择装备栏中的装备进行分解。装备的分解有一定的随机性,如图 5-36 所示,图中说明一定等级、一定品质的装备可分解为不同的水晶。

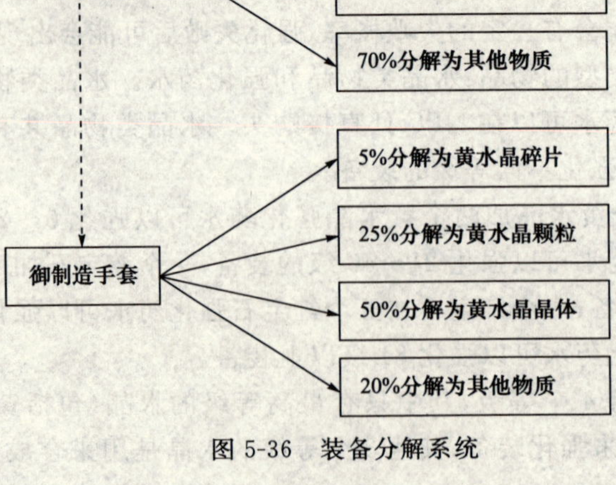

图 5-36 装备分解系统

最后了解一下强化的规则。

- 游戏中所有的武器、帽子、衣服、手套、鞋子都可以被强化。
- 装备必须使用与其等级对应的水晶及强化药水进行强化。
- 所有装备能被强化的最高等级为 15 级，且每次强化都有一定的失败概率。
- 装备强化可分为三个阶段，0～4 级强化、5～9 级强化、10～14 级强化。
- 0～4 级强化有 50％的成功概率，强化成功后强化等级上升一级，装备的基础能力提高 10％；强化失败后装备的基本属性没有变化。
- 5～9 级强化有 40％的成功概率，强化成功后强化等级上升一级，武器的基础能力提高 10％；强化失败后装备的强化等级下降一级，装备的基础能力恢复到前一级状态。
- 10～14 级强化有 30％的成功概率，强化成功后强化等级上升一级，装备的基础能力提高 20％；强化失败后装备消失。
- 装备强化后基础能力的提高包括武器的基础物理攻击力、基础魔法攻击力以及防具的基础防御力。
- 装备强化后基础能力的提高是以物品最初状态为参考对象，例如武器的物理攻击力为 100，在武器的前十次强化中，武器每被强化一级，攻击力上升 10，在后五次强化中武器每被强化一级，攻击力上升 20。

9. 特色详解(三)：世界地图

《神话之宠物情缘》拥有 200 张场景地图，并实时新增隐藏地图。由于引用了三国故事作为游戏背景，所以图 5-37 所示的是整个网游的地图。而具体到每一个战场或城市，又都有具体的战场地图及场景之间的关联关系，如图 5-38 所示。

图 5-37 游戏的世界地图

10. 特色详解(四)：职业分类

《神话之宠物情缘》游戏中共分为 6 种职业，分别是步、骑、水、弩、谋、方，如图 5-39 所示。随着玩家等级的上升，每个职业可学 80 多种技能。让玩家在战斗中永远能够体验全新的魔法视觉感受，如图 5-40 所示。

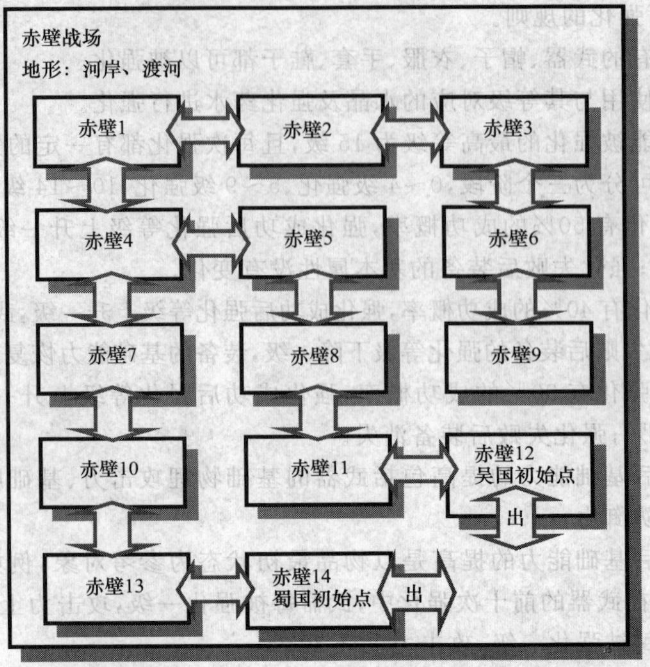

图 5-38 赤壁战场地图

图 5-39 游戏职业

图 5-40 全新的魔法视觉感受

11. 特色详解(五)：战斗系统

《神话之宠物情缘》游戏采用“即时战斗制”，在现有的无线网络环境中实现真正的即时换装、即时战斗战场。感觉真正的网游乐趣。如图 5-41 所示。

12. 特色详解(六)：公会混战

《神话之宠物情缘》成功移植了 PC 网络游戏公会对战模式，让用户体验到集体互动的乐趣。如图 5-42 所示，这就是为表彰公会战胜利者特别设立的公会地图。

13. 特色详解(七)：任务系统

《神话之宠物情缘》中的游戏任务可分为主线任务和分线任务，玩家可以灵活选择自己喜欢的任务，获得意想不到的任务奖励，如图 5-43 所示。

图 5-41　游戏的即时战斗

图 5-42　公会地图

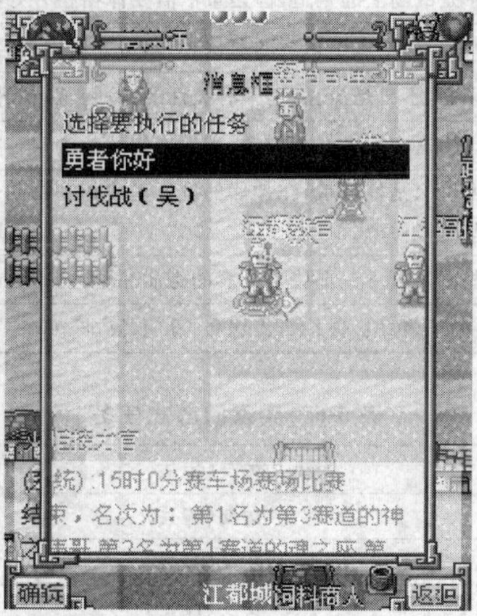

图 5-43　游戏中的任务

表 5-5 是游戏中设定好的一些 NPC 对话，接触 NPC 并触发对话后，往往带给玩家一个新任务的选择机会。而《神话之宠物情缘》中的各种任务又是根据三国时期的国家来划分的。比如表 5-6 就是吴国的一些典型的游戏任务。

表 5-5　游戏中的对话

对话编号	对　话　内　容
TK50001	我是神话世界中最伟大的工匠，在这里生活了 50 多年了，欢迎你的到来！
TK50002	年轻人，欢迎光临神话的大陆，这里是江州城，我是江州的镇长。如果有不懂的问题可以查看菜单中的帮助，此外，卫兵也会给你一定的提示。
TK50003	年轻人，欢迎光临神话的大陆，这里是江都城，我是江都的镇长。如果有不懂的问题可以查看菜单中的帮助，此外，卫兵也会给你一定的提示。

续表

对话编号	对 话 内 容
TK50004	你好，我是江州城的卫兵，如果要学习技能可以去成都城找各职业的教头，成都城就在益州官道的西北角，其他不懂的问题可以查看菜单中的帮助。
TK50005	你好，我是江都城的卫兵，如果要学习技能可以去建邺城找各职业的教头，建邺城就在扬州王陵附近，其他不懂的问题可以查看菜单中的帮助。
TK50006	我这里出售优质的利器、重器、长柄武器。
TK50007	木头加工的东西往往以巧取胜，这里出售弓和杖。
TK50008	我是著名的步兵教头，精通所有步兵技能，你想学点什么？
TK50009	我是著名的骑兵教头，精通所有骑兵技能，你想学点什么？
TK50010	我是著名的水兵教头，精通所有水兵技能，你想学点什么？
TK50011	我是著名的弩兵教头，精通所有弩兵技能，你想学点什么？
TK50012	我是著名的谋士教头，精通所有谋士法术，你想学点什么？
TK50013	我是著名的方士教头，精通所有方士法术，你想学点什么？
TK50014	坚硬的重甲才是战场上的王道，但是重甲需要体格格外好的人才能穿的。
TK50015	轻甲是野性的护具，很多不识货的家伙，不知道如何发挥轻甲的潜能。
TK50016	长袍是最漂亮的，不只是漂亮，还很有灵性的，是智慧、精神的象征。
TK50017	卖饰品喽，你好，这饰品多好，没有这东西你的战斗会艰苦很多哦，买一个吧。
TK50018	戒指的作用可不只是好看哦，在神话的世界里戒指和饰品是必不可缺的战斗用品，用小小的戒指去收拾那些鬼怪去吧。
TK50019	我收藏的这些武器可不是那些铁匠卖的劣质品，要想得到的话，去拿能让我满意的东西来换。
TK50020	客官，您看这帽子多好！你什么也想要，没门，除非……

表 5-6　吴国的游戏任务

勇者你好	女友(步兵)	土元素
骷髅考核	女友(骑兵)	死亡的骑兵
逃兵考核	女友(弩兵)	战歌的面具
丢失的军旗	女友(谋士)	妖精的翅膀
弟子爱萍	女友(方士)	消失的部队
清除溃军(步兵)	鬼怪僵尸	恶魂不散
清除溃军(骑兵)	通往建邺	豫州大虫
清除溃军(弩兵)	移动信息	勇敢的心
清除溃军(谋士)	死亡信息	妖魔的计量
清除溃军(方士)	恐怖军团	死亡道士
讨伐战	没落军团	迷惑的斗士
王陵山贼(步兵)	没落精锐	美丽的传说
王陵山贼(骑兵)	没落魔鬼	将军的末日
王陵山贼(弩兵)	饥饿的百姓	绝望
王陵山贼(谋士)	原始入侵	妖魔之虎
王陵山贼(方士)	美丽的谎言	

14. 特色详解(八):社会系统

《神话之宠物情缘》构建了一个十分真实的社会系统。在游戏里,玩家可以建立公会,成为一会之长。玩家可以向心仪已久的另一半求婚,证明自己的爱情。玩家还可以通过系统商店和摆摊交易获得物品和金钱。如图 5-44 所示是游戏中结婚的“万人场景”。

图 5-44　游戏结婚的“万人场景”

15. 特色详解(九):聊天功能

《神话之宠物情缘》给所有的注册用户提供了功能强大的聊天系统。聊天频道分频分色。比如,系统消息依然适用红色,比较醒目。系统消息的发送方式是在屏幕最下方滚动显示。而世界频道使用天蓝色。世界频道使用的玩家比较多,天蓝色比较适中,不会让人看不清楚。同时在使用世界频道时,玩家昵称和谈话内容的颜色也为天蓝色。而公会频道使用橙色。同时在使用公会频道时,玩家昵称和谈话内容也为橙色。而私聊内容则使用浅蓝色,在使用私聊时,双方的内容都为浅蓝。地图聊天则使用黑色,方便玩家在地图内进行沟通。而队伍方式则使用绿色,比较醒目。如图 5-45、图 5-46 所示。

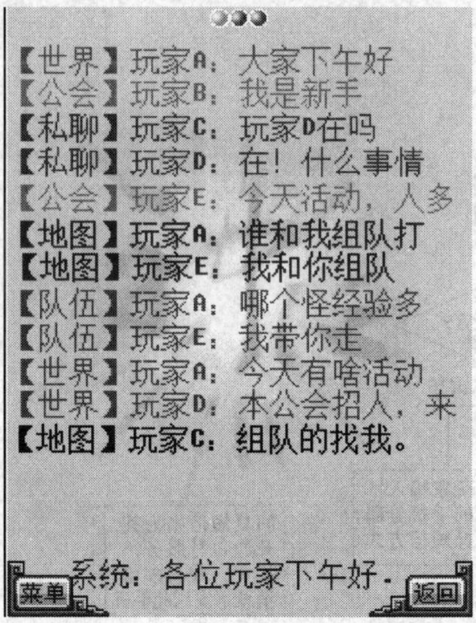

图 5-45　聊天的颜色搭配(一)

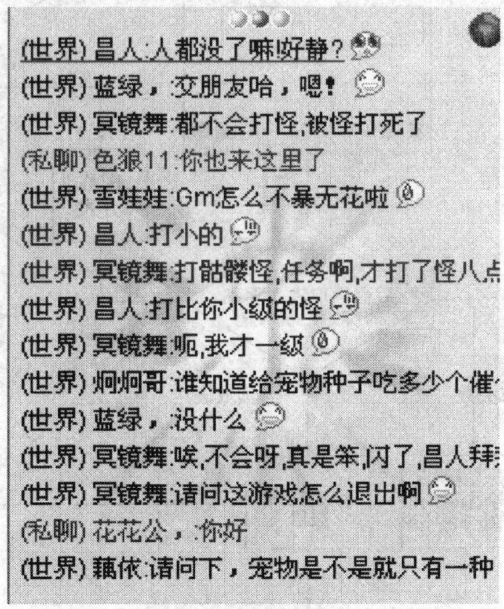

图 5-46　聊天的颜色搭配(二)

《神话之宠物情缘》还提供了好友短信聊天功能,用户既可以从线上发起聊天,也可以从线下发起聊天,可谓实现了全天候随时聊天的目的,从而通过游戏带动了交友。

好友短信聊天功能的线上发起流程框架图如图 5-47 所示。

好友短信聊天功能的线下发起的流程框架图如图 5-48 所示。

5.3.2　手机网游《神话之宠物情缘》营销解析

手机网游的计费方式,目前普遍设计为客户端下载免费,而在游戏中设计众多的道具、

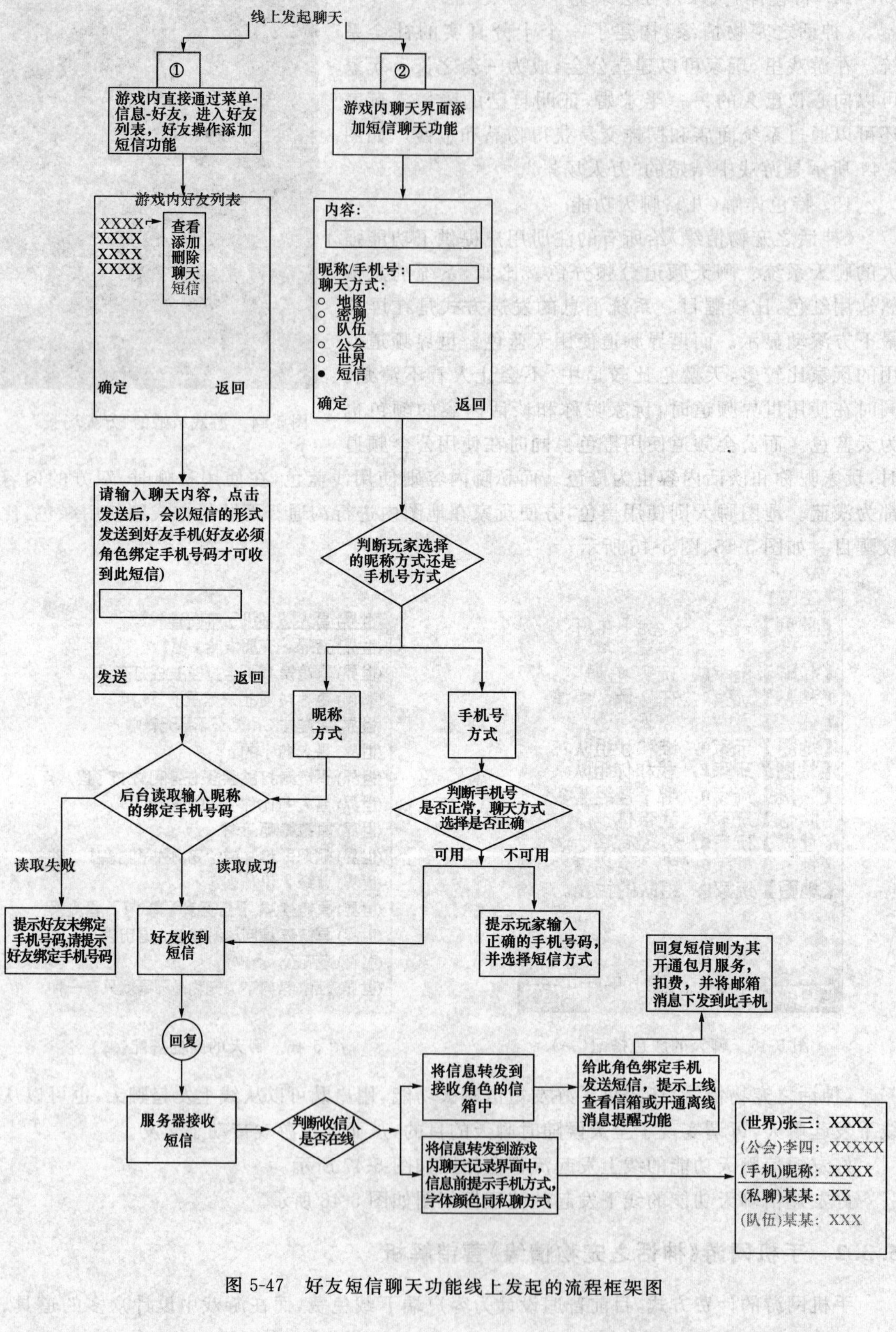

图 5-47　好友短信聊天功能线上发起的流程框架图

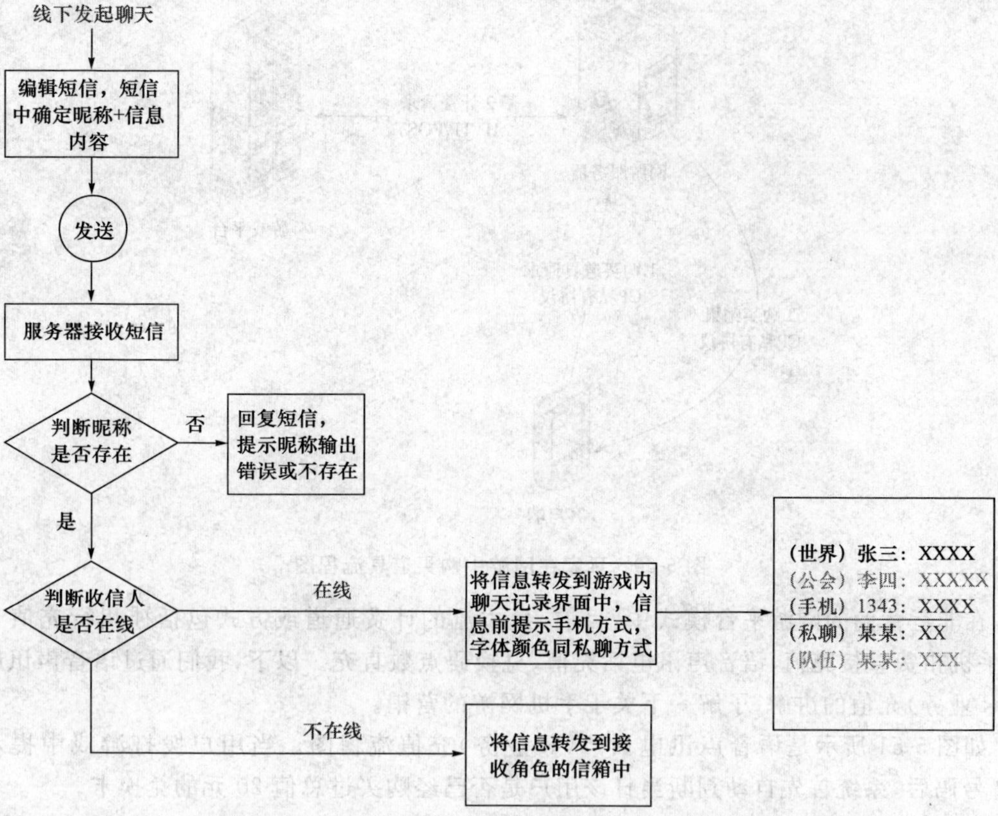

图 5-48　好友短信聊天功能线下发起的流程框架图

装备等收费点，实现对用户长期、深度的吸引，在用户追求虚拟成就体验的过程中实现收费。在中国移动的网游平台上，当玩家登录到游戏客户端后，其相关信息与网游服务器和游戏平台同步，如图 5-49 所示。而玩家在游戏中购买道具的请求发送给网游服务器后，游戏平台将会得到计费请求，如图 5-50 所示。

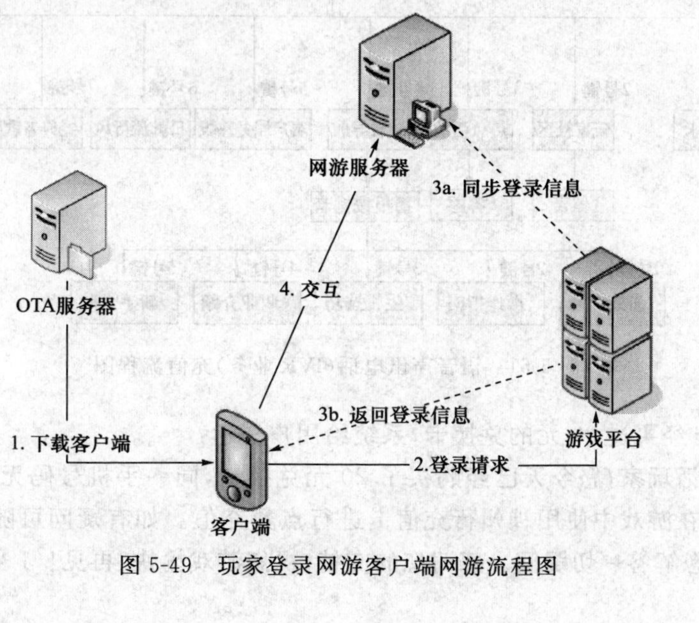

图 5-49　玩家登录网游客户端网游流程图

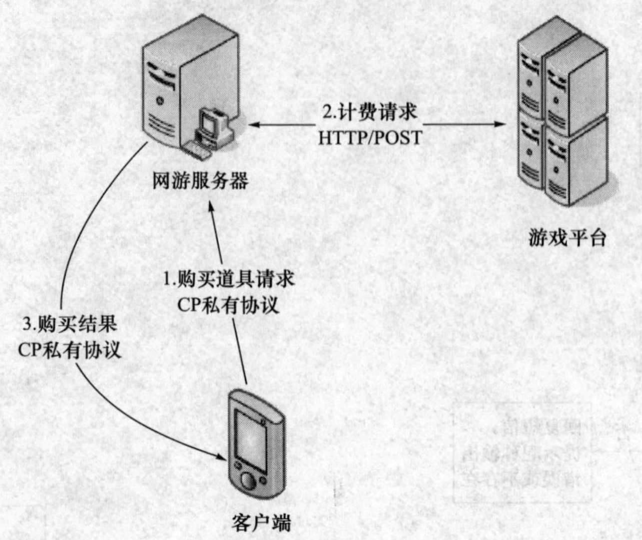

图 5-50　玩家在网游中购买道具流程图

在非运营商的网游平台模式中，目前，最主流的计费通道或方式包括神州行充值卡充值、手机扣费直接充值、语音声讯电话充值、兑换码点数直充。以下，我们通过语音声讯电话(IVR 业务)充值的讲解，了解一下关于手机网游的营销。

如图 5-51 所示是语音声讯电话(IVR 业务)充值流程图。当用户拨打游戏中提示的 IVR 号码后，系统首先自动判断当日该用户是否已经购买过总值 20 元的兑换卡。

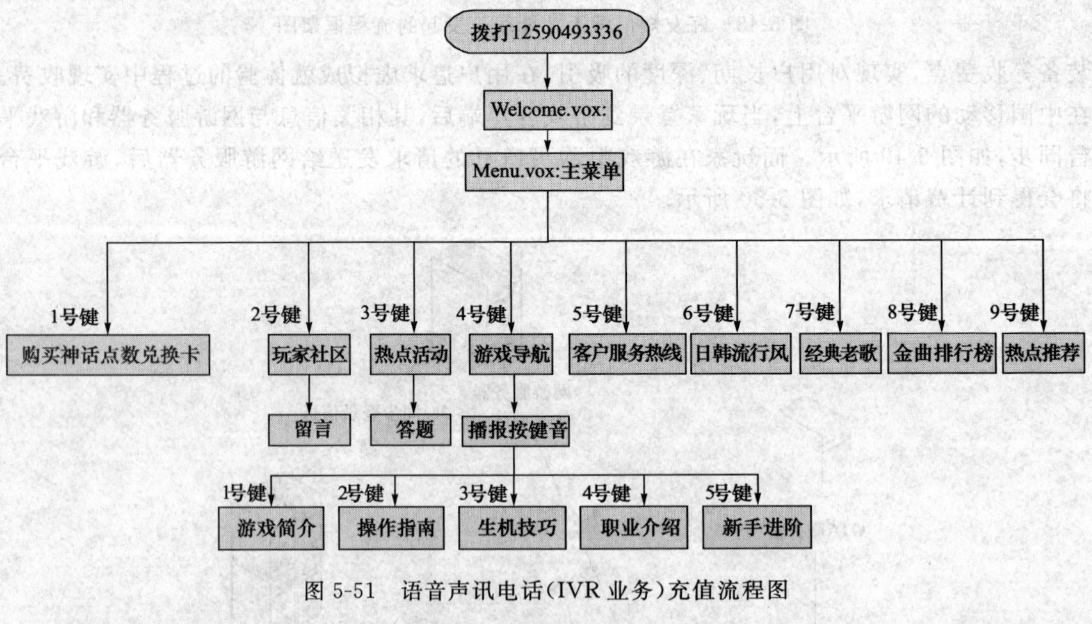

图 5-51　语音声讯电话(IVR 业务)充值流程图

如果用户已经买过 20 元的兑换卡，系统给用户提示：

“亲爱的神话玩家，您今天已经购买了 20 元兑换卡，同一手机号码无法通过 IVR 再进行购买，建议您在游戏中使用神州行充值卡进行点数充值。如有疑问可随时拨打客服电话 4008109266 为您解答一切疑问。感谢您的支持，祝您游戏愉快，再见！1 号键购买神话点数兑换卡，2 号键玩家社区，3 号键热点活动，4 号键游戏导航，5 号键客户服务热线，6 号键日韩流行风，7 号键经典老歌，8 号键金曲排行榜，9 号键热点推荐。快快按键选择吧。”

如果用户当日没有购买 20 元的兑换卡，则当用户按 1 号键后，系统给用户提示：

“您在接听电话 5 分钟后，将获得 500 点的兑换卡序列号，请在听到成功购买提示后挂机，如果您在收听过程中挂机就会购买失败！在您购买成功挂机后，兑换卡序列号由短信形式下发到您的手机。请尽快进入游戏在充值界面选择‘兑换码点数直充’进行点数兑换，兑换卡序列号兑换有效时间为 24 小时。继续请按 1 号键，游戏操作指南请按 2 号键，升级技巧请按 3 号键，游戏职业介绍请按 4 号键，新手进阶请按 5 号键，流行音乐请按 6 号键，重复收听请按 9 号键，返回上一层按 * 号键。”

计费开始后，计时到 5 分钟时，系统会给用户发出提示语音：

“您好，您已成功购买 500 点兑换卡，请您注意查收兑换卡序列号短信。祝您游戏愉快！”

计时不到 5 分钟，按用户选择的内容继续播放。

如果用户按 2 号键，则系统给予以下提示：

“您接听电话 10 分钟后，将获得 1000 点的兑换卡序列号，请在听到成功购买提示后挂机，如果您在收听过程中挂机就会购买失败！在您购买成功挂机后，兑换卡序列号由短信形式下发到您的手机。请尽快进入游戏在充值界面选择‘兑换码点数直充’进行点数兑换，兑换卡序列号兑换有效时间为 24 小时。继续请按 1 号键，游戏操作指南请按 2 号键，升级技巧请按 3 号键，游戏职业介绍请按 4 号键，新手进阶请按 5 号键，流行音乐请按 6 号键，重复收听请按 9 号键，返回上一层按 * 号键。”

计费开始后，系统会在计时到 10 分钟时，给用户发出提示语音：

“您好，您已成功购买 1000 点兑换卡，请您注意查收兑换卡序列号短信。祝您游戏愉快！”

计时不到 10 分钟，按用户选择的内容继续播放。

由于 IVR 业务是按照用户拨打该号码的时间长度来收取信息费的，所以用户拨打 5 分钟或 10 分钟的 IVR 号码，就可以通过该业务交纳相应金额的费用，而发行商确认获得信息费后，将对应该费用的游戏点数给到玩家，从而实现了收费和营销。而在用户等待 5 分钟或者 10 分钟的 IVR 语音时间的过程中，还可以按照提示，通过继续按其他按键，收听有关该游戏的操作指南、升级技巧、进阶攻略等内容，并不枯燥。

其他使用短信或 WAP 的增值业务代计费，或者通过神州行充值卡充值等方式，原理上也大同小异，这里不重复赘述了。

5.3.3　手机网游《神话之宠物情缘》的商品购买流程

在正确下载了与手机机型适配的网络游戏客户端；通过 IVR 业务进行了充值并了解了游戏的相关攻略之后，用户就可以通过在游戏中获得的点数，进入 WAP 商城购买相关物品了，比如道具、装备等，以便更好地进行游戏。以下，不妨来了解一下在手机网游里的 WAP 商城中购买物品的相关流程。

进入手机网游里的 WAP 商城后，用户需要登录后才能进行道具等相关物品的购买。这时候，需要用户输入自己的游戏账号及游戏密码（均为 8 位）。如果用户使用的手机号还没有与玩家扮演的角色进行绑定，则无法进行正常充值。系统会提示用户“请输入您的绑定号码，并将收到的验证码输入进行确认。”

用户进行登录操作后，有两种结果。如果登录失败，则系统提示“您输入的密码不正确”，可以重新输入，也可以拨打客服电话咨询。如果登录成功，则界面上显示用户账号、服务器所在省份以及用户拥有的游戏点数。在这个界面上，还提供了“移动充值卡充值”、“短信兑换码充值”、“手机扣费充值”三个充值入口。如果用户觉得自己的游戏点数不够或已经消耗完了，则需要通过这三种方式之一进行充值，才可有足够的游戏点数购买相关物品。而点击进入任何一种充值页面，都有自己配套的收费和充值流程。

如果玩家选择进入“移动充值卡充值”，则界面出现需要玩家填入中国移动神州行充值卡的序列号(17 位数字)、密码(18 位数字)、充值卡面额(10、30、50、100、300)；相当于用户购买的一定面值的神州行充值卡，把卡上的钱充入游戏发行商指定的手机里，实现了交费，并换回了游戏点数(虚拟货币)。如果充值失败，系统会提示“这是无效的卡号，请重新输入”；而如果充值成功，则立即显示用户已经拥有的游戏点数，此时的界面上将出现新的选择，用户可以选择继续充值或者商城购物。

如果用户选择进入“短信兑换码充值”，则界面出现“点击获取 2 元充值兑换码!”的文字链，并在下方提供了兑换码输入的对话框。该文字链是通过短信代收费的方式，让用户交费 2 元，并回馈相应的游戏点数，从而实现买卖交易。用户一旦点击了“点击获取 2 元充值兑换码!”的文字链，就相当于上行点播了一条短信业务，在实现扣费的同时，也获得了一条下行的信息告知用户对应的“短信兑换码”。将这个短信兑换码填入该界面的对话框中，即可成功充值，并立即显示用户当前的游戏点数。同样，在这个时候的界面上，用户可以选择继续充值或者商城购物。而如果充值失败，则系统提示“无效的兑换码，请重新输入”。

如果用户选择进入“手机扣费充值”，则界面出现“选择您所需点数后点击充值，2 元＝200 点……”这样的文字链，同样，这里还是通过短信或 IVR 的移动增值业务进行代收费的操作。用户可以通过点击不同的文字链，触发不同的计费业务及相应流程，并实现交费，从而获得游戏点数。如果用户选择使用 IVR 业务交费，则进入了上两节所讲解的 IVR 语音杂志代扣费的业务流程。

最后，在用户完成充值之后，便可以进入商城购物了。此时的界面上显示出用户的账号以及游戏点数。如表 5-7 所示是商品的列表，包括“热卖”、“特殊”、“材料”、“药品”等不同分类。

表 5-7 游戏道具列表示意

商　品	点　数	
双倍经验书	100 点	购买
红宝石	100 点	购买
蓝宝石	100 点	购买
传送卷轴包	100 点	购买
灵魂锁链包	100 点	购买
幸运书	100 点	购买
大包神圣恢复药水	100 点	购买
大包神圣铁肤药水	100 点	购买

进入具体每个道具，后面都对应着必须消耗的游戏点数(相当于商品价格)，用户选择“购买”按键后，则进入该道具购买的界面。该界面里将会讲解该道具的功能及价格。比如“双倍经验书”道具，价格为 100 点，购买 3 个，功能为“使用等级限制 1 级，可交易，持续时间 5 400 秒，僵直时间 3 秒，使用后获得 1.5 小时双倍经验时间”。此时如果用户选择“立即购买”，则可以购买成功，通过消耗自己的游戏点数获得该道具。而如果用户此时的游戏点数不足，则系统会提示“非常抱歉，您的账户点数余额不足，购买失败，请您先进行充值!”，并引导用户再次进入充值界面及流程。

5.3.4 “第三季”手机网游何去何从？——从《神话之宠物情缘》的发展历程谈起

5.3.4.1 从《大话三国》到《神话之宠物情缘》：手机网游的演变史

自从2004年10月数字鱼移动娱乐正式发行国内第一款手机网游《大话三国》开始，以《大话三国》为代表的“第一季”手机网游在中国移动娱乐市场起航了。《大话三国》公测2个月时间用户便超过了5万人，并于2005年8月登录中国移动百宝箱，其峰值人数很快突破了2000人，并且连续很长时间在百宝箱排行第一。

初代的《大话三国》将更多的精力投入到如何满足早期用户“手机联网游戏”这一核心功能上，在画面风格、游戏商业模式、运营营销等诸多方面可以说基本都是空白。早期版本的机型适配对西门子支持很好，所以Siemens 6688i、Siemens 2128和Siemens 3118的用户是游戏里的中流砥柱，如图5-52所示是黑白版本的《大话三国》游戏截图。

图5-52　黑白版本的《大话三国》

进入彩色版本后，初期依然是在西门子平台上，如图5-53所示。但很快，《大话三国》就登录到了Nokia S40和S60的平台，如图5-54所示。

图5-53　西门子手机上的彩色《大话三国》

图5-54　Nokia S60手机上的彩色《大话三国》

随后，在玩家的需求飞速发展的时间里，伴随着与真实玩家的直接交流，《大话三国》的二代产品《大话三国Ⅱ》终于问世了，如图 5-55 所示。成熟之后的游戏画面终于让玩家依稀找到了 PC RPG 的感觉。

图 5-55 《大话三国Ⅱ》游戏截图

《大话三国Ⅱ》诞生之后，便有人声称手机网游的第二季产品诞生了。但显然，这个阶段的产品，无论从画面、功能、稳定性、可玩性以及游戏的商业营销模式等方面都没有本质的提升，而游戏内道具装备的移动增值代收费模式等都没有成型，所以，最多只能看成是手机网游 1.5 季的产品形态——由黑白进入彩色的转变而已。直到 2006 年 7 月，随着《神话之鬼怪三国》的横空出世，才可谓进入了真正意义上的手机网游第二季。这一时期，各家公司的手机网游产品层出不穷，精品迭现，中国移动也开始给予手机网游更多的支持与规范。而从产品本体角度来审视，《神话之鬼怪三国》已经和《大话三国》系列有脱胎换骨式的提升，甚至超过了"升级版"的概念。当然，其市场反响也更加热烈。从当年 9 月份公测开始，1 个月内注册用户就突破了 5 万人，直至今天，其再度升级版《神话之宠物情缘》依旧在市场上运行着，而注册用户早已突破了百万。在 2006 年的 11 月，随着《神话之鬼怪三国》游戏中武器发光等一系列新功能的添加与完善，也随着商业化运营手机游戏尝试的正式开始，手机网游才真正朝产业化的方向迈进了一大步。

虽然至今在中国移动百宝箱上，依然有着《神话之鬼怪三国》的手机网游，但那只是百宝箱相对滞后缓慢的申报机制的一个产物而已。在 2008 年 5 月 19 日，随着《鬼怪三国》的再度升级版《神话之宠物情缘》的火爆内测，该产品再度成为行业聚焦的热点。连续 5 年的长盛不衰、屡次升级，以及顶着中国第一款手机网游美誉的头衔，让《神话之宠物情缘》至今风光依旧。包括宠物系统在内的多种全新功能的开放，也让该手机网游没有辜负第二季手机网游代表性作品的行业地位，继续走在中国手机网游产品研发与商业实践的前沿。

5.3.4.2 题材文化与游戏功能的平衡

在从《大话三国》到《神话之宠物情缘》的一系列变化中，最值得关注的当数游戏的名称从"神话之鬼怪三国"变成"宠物情缘"——第一次把"三国"这个游戏的名次从网游中拿下，并用"宠物"取而代之。这个变化颇有意味，也反映了该作在游戏题材文化内涵与手机网游游戏新元素上的取舍与平衡。

2007 年被称为网络游戏行业的"三国年"。这是继 2005 年被称为"魔兽年"之后，又一次以游戏题材来为一个年度命名。在2007年，大陆地区发布或运营的三国题材的网络游戏竟然高达22款，而这里还没有把手机网游计算在内。其中一线作品包括腾讯的《QQ三国》、目标软件的《傲世Online》、日本光荣的《真三国无双BB》、《三国志Online》、完美时空的《赤壁》、天畅的《纵横天下》、韩国的《苍天》以及中韩合作的《一骑当千》等。盛大、九城、逍遥游、金山、华义、奥汀、Tom、光宇维思、台湾亘宇、深圳泰傲、吉米国际、松岗国际、中华网龙、游龙在线、智冠等数十家游戏公司也都在发布或运营不同名称的"三国"题材网络游戏。

让全行业震惊的是，如此大规模的三国题材泛滥，不但没有形成巨大的市场反感，反而在2008年迎来了新的高峰。随着网页游戏在2008年的风靡，三国题材再次在网页游戏市场大行其道。由于Webgame门槛较低，众多网页游戏企业大量盲目跟风三国题材，目前中国的网页游戏市场中，在策略类的网页游戏中，60%的游戏都是三国题材，甚至类似的系统模块换上几个武将形象，更改一下系统叫法就走上市场的也不在少数。主流的产品包括昆仑工作室的《三国风云》、网页一起上的《热血三国》、摩力游的《图腾三国》、盛大网络的《纵横天下》、九维互动的《武林三国》、《逐鹿三国》以及《三国之群雄崛起》等等。直至2009年，根据"2009 ChinaJoy中国网页游戏发展论坛"上艾瑞咨询的报告，三国题材的网页游戏仍然在整个网页游戏市场中占有15%的份额。

三国题材在游戏行业的经久不衰，在中国已经有近20年的历史。而对于手机网游《神话之鬼怪三国》来说，搭上"三国"题材的末班车，未战而已获得先机。虽然不是以三国正史为背景，但《鬼怪三国》独特的"玄幻三国"的游戏背景和设定，也颇有差异化的色彩，其为人熟悉的历史人物、国家、城市等也为其吸引手机游戏玩家提供了重要砝码。但2008年的升级，《鬼怪三国》最终选择放弃了"三国"字眼的名称，而替换上了"宠物情缘"的名称。虽然依旧是三国题材，但名称上的更改，不得不说是一种微妙的暗示，在游戏的题材文化和手机网游游戏性需求上，明显倾向于后者。

《神话之鬼怪三国》本身的内容并没有与三国题材紧密配合，还是引入韩国MMORPG的老方法，只是将"三国"作为一个虚幻的背景，而实际上还是延续着"战士"、"法师"等职业套路，没有进入历史的感受。在升级的过程中，一方面是重视"三国"题材本身的魅力与文化内涵，在对话的语言细节、游戏场景的设计细节、生活系统、技能系统上的细节方面，尽量让玩家有身在三国的感受，屏弃使用"战士"、"法师"这类虚幻职业，去寻找和创新一种新的角色扮演方式。而在游戏性上，也可以尝试SLG的战棋概念的引入，在游戏中引入军事战略与计谋等内容，让真实的"沙场"再现，这样才能表现攻城略地、你争我夺的三国风云。

而事实上，2008年的这次升级，并没有按照"三国"本体的方向演进，而是进一步弱化了三国的价值和意义，甚至名称上选"宠物"而舍"三国"，这个方向就更加趋同于目前手机网游用户最需求的游戏功能的方向，是同质化的方向和短期效应的方向，而不是差异化与长尾效应的方向。不妨参考一下艾瑞咨询《2008年中国手机游戏用户行为调研报告》，如图5-56所示。

从图5-56中不难看出，在2008年手机网游用户期望的游戏内部功能排行中，除了拍卖与交友的功能之外，宠物的需求已经到达第三位，超过一半的用户对此有强烈需求。这样，这次更名所显示出来的游戏方向性的变化，就十分容易理解了。而事实上，从《鬼怪三国》到《神话之宠物情缘》的升级，主要的变化也集中在游戏内部和外部功能的完善上，包括PK、结婚系统、公会系统、国战、转服、聊天、全服喊话等各种热门功能，但也和其他流行的手机网游越来越同质化，"三国"背景的差异特色丧失殆尽。相反，其他新兴的手机网游倒是更加重

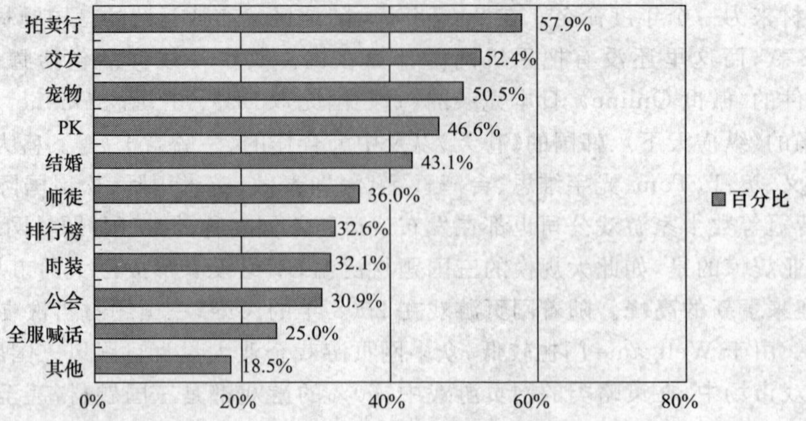

样本描述：N＝15 728；于 2008 年 10 月通过当乐网 WAP 网上调查获得

图 5-56 2008 年手机网游用户期望的游戏内部功能

视了"三国"的文化特色对用户的本质吸引，比如 2009 年掌上明珠力推的《明珠三国》，其概念之一就是中国化的三国文化，用以区别于日式文化的"三国志"系列。手机网游中的三国题材之争一直就没有停止过，从《大话三国》到《鬼怪三国》的时代，就有《异三国 Online》等作为竞争对手。可惜的是，在笔者的理解中，《神话之宠物情缘》放弃"三国"题材文化方向而单纯地进入游戏功能元素的同质化方向，更像是一次舍本逐末的突围。然而，无论是追随同质化还是创造可同质化复制的功能或元素，都只能造成大量的追随甚至淹没。唯一能长存的，应该是游戏背后的思想与精神共鸣，比如波澜壮阔的三国情怀。

5.3.4.3 用户属性与游戏类型的演变

手机网游的进化一天也没有停止过。从《大话三国》的初代产品，进化到《神话》系列的二代产品，第三季的手机网游究竟应该何去何从？《手机大航海》的大屏幕显示、细腻的画面、多智能平台移植以及游戏内部的诸多新颖功能与画面效果（比如令人惊叹的海岸线效果等等），是否就意味着又一次手机网游的革命了呢？纵观目前仍在研发或准备投入内测的新型手机网游，不难发现，其共有特点如下：

- 画面效果的飞跃。尺寸大小、存储容量、画面风格、绘制方式、细节程度、仿真程度、人物与建筑的比例，这些方面都得到本质提升，尤其对大屏幕手机，其效果更贴近了 PC 游戏的效果。
- 转职系统。只是更替了历史时间和历史背景的引擎模型，但玩家中途可以转换职业。职业类型不外乎武力类和法力类，只是名称和细分在不断地轮换或创新。
- 即时战斗过程中的动画效果提升。包括 UI 设计上的提升，以及技能本身的动画效果的提升。
- 平衡性的完善。比如玩家的血槽与气力的平衡关系，怪物变得更加智能化等等。
- 小地图系统。这是参考 PS2、PS3 动作类游戏的小地图呈现方式，比二代产品的小图实用和细腻很多。
- 细节功能的完善。比如对于死亡、复活、跳转、任务标志、隐身、小动物等各种游戏细节的人性化处理。

➢ 新系统的开放。比如全新的世界系统、竞技系统、公会系统和宠物系统，以及可能新增的副本系统，等等。

纵观上述新功能和特色，无一不是在设计、游戏性等方面的细节提升，而没有一点是游戏本质和世界观层面的提升。所以，这依旧只能是一个 2.5 季的产品演进，而不是真正意义上的第三季手机网游产品。真正的第三季手机网游产品，应该首先考虑到那个时期用户属性的本质变化以及游戏环境与需求的变化。

仍以艾瑞咨询的报告为依据，2008 年中国手机游戏用户的属性定位是：18～24 岁的男性用户为主，学生玩家高达 47.1%，其他职业排行依次为工人、服务行业人员、军人和个体户。月收入在 1000 元以下的高达 53.9%，而这部分用户中学生占据了 82.1%。超过 65% 的用户只有高中或高中以下学历。很显然，在 2008 年的市场局面中，手机游戏的玩家仍然和其他移动增值业务（比如彩铃等）一样，其主要用户群是低年龄、低收入、低学历的男性用户为主，流动人口、无业或无收入人员占据了绝大部分。为这样的主体用户服务，其游戏应如何开发，是第二季手机网游应该面对和正视的问题。

然而，如果认为第三季手机网游面对的用户属性依旧如此，可能就是一个巨大的错误了。不妨先关注一下 2008 年网页游戏用户属性的分析。根据艾瑞咨询的报告，网页游戏的用户性别构成中，男性也是占到了 92.3%，而女性之占有 7.7%，如图 5-57 所示。这个比例和手机游戏用户性别构成只相差了不到一个百分点。也就是说，在整个游戏产业中，手机游戏和网页游戏的用户性别构成是最接近的。从这一点也可以推测，其用户需求也是有相当大的共性的，其最大的共性就是都是利用不完整的时间（碎片时间或上班偷闲）进行强度不大的游戏。

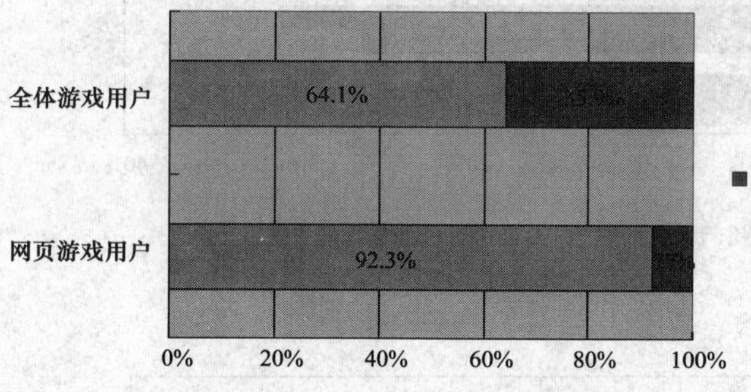

样本描述：N=13 142；于 2008 年 4 月通过 51wan 和猫扑调查获得

图 5-57　2008 年中国网页游戏用户性别构成

而网页游戏的用户年龄变成了 18～30 岁。学历方面，大学本科学历的用户为 33.1%，本科以上学历占 3.7%。收入方面，收入在 3 000 元以上的用户中，网页游戏用户比例为 19.6%。而工作属性中，有工作的用户占 62.3%。如图 5-58～图 5-61 所示。

这些数据充分说明了，网页游戏作为 2008 年—2009 年异军突起的游戏类型，其用户属性明显与众不同。高素质、高收入、稳定工作的白领成为了其主力消费者，而这样理性消费者的消费潜力显然成为网页游戏成为风险投资新宠的重要砝码。办公室白领一旦成为游戏的重要消费来源，可以说，游戏开发的方向就需要发生重要转型。而论述这些的目的，正是试图做出这样一个大胆的假设——在不久的将来，手机网游的用户属性将十分接近今天的网页游戏，也就是将早期的低收入、低素质、无业的人群提升或换代为更高文化、更高收入、更稳定工作的一群用户。

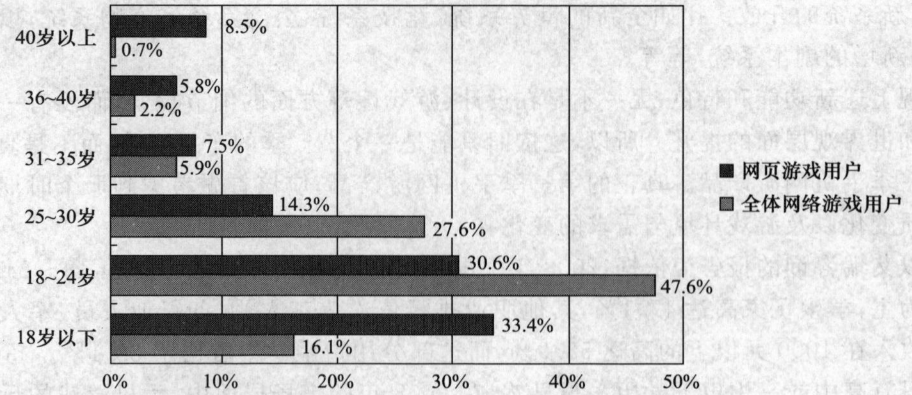

样本描述：N＝13 142；于 2008 年 4 月通过 51wan 和猫扑调查获得

图 5-58　网页游戏用户年龄分析

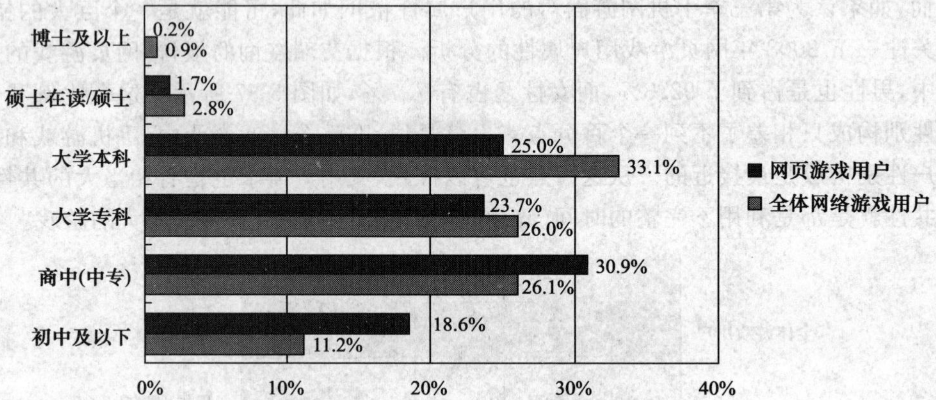

样本描述：N＝13 142；于 2008 年 4 月通过 51wan 和猫扑调查获得

图 5-59　网页游戏用户学历分析

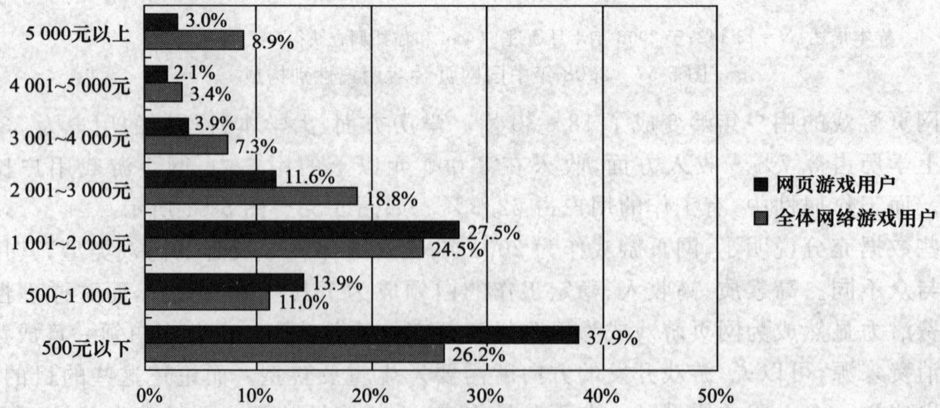

样本描述：N＝13 142；于 2008 年 4 月通过 51wan 和猫扑调查获得

图 5-60　网页游戏用户收入分析

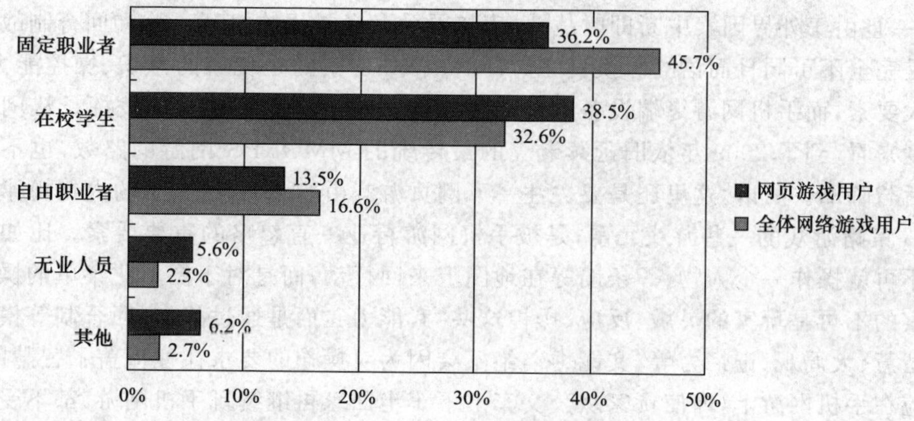

样本描述：N=13 142；于 2008 年 4 月通过 51wan 和猫扑调查获得

图 5-61　网页游戏用户职业分析

这种假设有两个依据。第一，网页游戏和手机网游在用户需求方面十分类似，都是没有完整大段的游戏时间，在相对不稳定或流动的空间中，进行碎片时间的消耗。而其用户性别构成也很相近。由此不难推断，这两种游戏形态很可能最终能形成相对接近的用户属性形态，也就是手机网游的用户属性会向今天的网页游戏的用户属性“升级进化”。第二，手机网游的未来产品，往往需要大屏幕的高端智能手机，很多产品已经在开发 iPhone 平台的版本，这里不仅仅有高端智能手机的价格门槛，更有复杂的操作系统等使用习惯的门槛，更重要的是，手机网游已经是一个“人民币游戏”，其日益完善丰富的收费体系，也是重要的因素之一。这些，都已经很难再为低收入、低学历、社会需求也较低的那一群用户服务了。相反，办公室白领以及收入、学历、文化等相对较高的用户，将很可能成为新一代手机网游产品最适合的消费者。而且这些理性和有财力的消费者，更加可靠和稳定。

如果这种假设能够成立的话，那么，今天的手机网游运营商就应该从世界观的层面而不是如前文所述的游戏细节表现层面来思考第三季手机网游的定位问题了。因为用户的属性变化了，需求升级了，那么，游戏应该从类型和玩法上提供新的满足能力，而不仅仅是细节上的完善提升。这里，网页游戏今天的产业格局具有相当强的参考价值。

如果是手机网游在今天是 MMORPG 一统天下，那么网页游戏则显然是 SLG 策略游戏一统天下。两者的用户属性目前仍差一个档次，所以，今天手机网游由 MMORPG 垄断并不为奇。手机上的 MMORPG，尤其是诸如《神话之宠物情缘》这类“即时战斗类”MMORPG，其问题早已经暴露无遗。移动玩家扮演的角色到一个指定位置，这样看似最基本的操作，在手机上完成起来就显得颇为吃力。《手机大航海》跟随 NPC 学习探宝的过程中，为了让帆船能准确停在一点，不知道要按“2、4、6、8”多少次，这种微操作上的不便，可能是手机游戏与生俱来的。而随着 iPhone 版本的推出，更难以想象用拇指操作 RPG 的耐玩度有多高。在 iPhone 的年度动作游戏大作《刺客信条》中，玩家操作的埃尔塔不知道会因为拇指操作的不便而从断壁残垣上摔下来多少次，甚至导致玩家彻底丧失信心。而“即时战斗”虽说是符合玩家战斗快感的需求，可仔细想来，也是双刃剑。手机网游的游戏环境毕竟是不稳定的，是随时可能被打断的，比如玩家乘车到站了，或者上课、上班的时候玩着玩着遇到事情了，而“即时战斗”是要求玩家在高度集中甚至“自闭”的环境中进行的游戏操作，最好是连续 10 小时不受打扰。这里还没有考虑今天网络环境慢导致的断线等问题。这样一来，玩家在很多情况下，一旦由于外界因素中断即时战斗，直接导致角色被怪物打死。这和回合制战斗游戏的逻辑是完全不可同日而语的。换言之，“即时战斗”考察的是玩家的意识、操控能力、准确性这三大要素，而手机网游终端设备的局限极大地影响了这三大要素的发挥。从网游发展史的角度来看，到了2009年依旧延续老套的最传统的MMORPG网游的路数，也不免有些过于滞后与陈旧。所以，这里还是要关注一下网页游戏由SLG一统天下的内在规律。

SLG策略游戏的一些游戏元素，是被手机网游行业一直忽略的重要要素。比如它的游戏过程不再就操作一个人物、一条船等在地图上来回行动，而是对于图形化菜单的操作。比如它考察的不再是玩家的灵敏、反应、操控这些“武能力”，而是通过战棋、回合制等模式考察玩家的智慧、大局观、记忆力等“文能力”，绝不会因为对操作的要求往往掩盖了智慧的光芒，假设对应在手机网游上，即使玩家从公交车上下车走回家再继续玩手机网游，都不受任何影响，而如果是在即时战斗的MMORPG游戏中，玩家早已经被怪物打死了。今天中国的网页游戏市场中，之所以被策略游戏垄断着，正是由玩家的属性和游戏过程需求决定的。办公室一族不像无业游民，其游戏过程往往是不连贯的，游戏时间是简短的和较少的，游戏环境是随时可能中断的，所以，回合制的策略游戏就成为不二的选择。紧随其后的经营类游戏和养成类游戏都有着类似的特点。即使在战斗中，对于回合制的MMORPG而言，角色获得行动权之后的出招准备时间内，玩家都不会受到伤害，而这个准备时间也通常较长，给玩家足够的时间思考，而没有操作时间上的压力。这些特点都是与网页游戏的用户诉求十分吻合的。而假如前文所作的大胆假设能够成立，那么，一旦第三季手机网游的用户属性像今天的网页游戏一样更新换代成较高素质的白领，那么，老套的MMORPG就无法再满足其特殊的游戏需求了，而大量策略游戏以及回合制战斗要素的引入，就成为必然。甚至，届时第三季的手机网游形态，也绝不是回合制MMORPG那样简单，而将成为策略游戏和角色扮演游戏的一种全新的混合体，以回合制战斗为主要战斗操控方式。这种游戏类型上可能的质变，并不影响前文所述的众多游戏细节的升级换代；相反，那些细节尤其是设计上的飞跃和系统上的丰富，正是构成这种新的手机网游类型的要素。要知道，一旦网游的类型与用户的属性相匹配，就将激发一次网游在资本市场上的巨大成就。而第三季手机网游的盛行，是否也应该建立在这种全新的游戏类型与用户属性的无缝接合上呢？

5.4 《手机大航海》：欧美题材手机网游典型案例剖析

5.4.1 《手机大航海》游戏概述

《手机大航海》是一部风格写实、操作逼真的航海类多人在线手机网络游戏，由数字鱼移动娱乐出品并发行，如图5-62所示。游戏以马可·波罗的《东方见闻录》拉开序章，再现了15世纪整个人类社会为了追求新的发现，为了得到更多财富而进行的一场浩大的海洋争夺战。

这是一款结合了角色扮演、模拟经营、冒险等多种游戏形式的航海游戏。游戏将在海上给玩家提供充足的冒险。不同的职业路线、多树型发展的技能、丰富的贸易系统、史诗的故事情节、供发展的家园系统、激烈的战场、逼真的效果、各种特效的加入，这些都给玩家带来

图 5-62　手机网游《手机大航海》

无比乐趣。

游戏开始时,玩家有 5 个可选国家,分别是西班牙、葡萄牙、土耳其、英国和中国。可选职业则包括军人、探险家或商人。游戏中的角色有 6 大属性,每个属性都有自己对应的经验,分别为指挥、毅力、智力、感知、研究、口才。在 5 个国家中选择职业时,初始属性也会不同,这是因为设计中要让每一个国家的职业都有各自的特点。

5.4.2 《手机大航海》游戏亮点

1. 技能多样性

游戏将为每一个职业设定各有特色的技能,现在一般的手机网络游戏中都会被设计,不过可以把技能设计得更为合理、更有特点,并且与游戏中其他功能相结合。

更加鲜明的职业技能,每个职业的技能将与各自职业特点相结合,军人的职业技能主要以战斗为主,探险家的职业技能主要以探索与航行为主,商人的职业技能主要以贸易为主,三大职业不同的游戏特点让玩家希望扮演每一个职业。

技能树的运用。越高级的技能需要的基础技能越多,技能发展的多样性就在这里体现,每一个职业根据玩家各自升级发展的技能不同,将出现更精通某一技能的职业,也就是三大职业都拥有自由的发展方向。

2. 欧式写实画风的画面

游戏中角色头像写实化:每一个职业都拥有特色头像,头像为写实化风格,让玩家在游戏中有更加真实的感觉。

游戏背景写实化：玩家可以在海上航行地图中看到岛屿、丘陵、山脉以及各大洲的地形特点。在城镇背景中可以看出各大洲城镇的民族特点与建筑风格，欧洲国家的建筑主要以欧式风格为主，城市里可以看见大教堂、城堡等，非洲国家的建筑主要以村落为主，亚洲国家建筑风格以皇宫、木制建筑为主，阿拉伯国家建筑风格为天主教堂、圆顶建筑为主。城镇背景也运用写实风格。

战斗地图中各种舰船的写实化：可以看出各种舰船不同的画面，越高级的舰船越大、越酷，并且可以清楚地看出船上的大炮与船帆以及旗帜，让玩家拥有一种成就感。

城镇中不同场景的写实化：酒馆、船厂、码头、宫殿内的场景都运用写实，并且可以根据写实画面清晰地判断出是什么地方。

3. 丰富的贸易系统

游戏中在各个城市都有可以购买的交易品，交易品的种类与价格由各城市的地理位置、繁荣指数以及玩家的购买情况决定。

城市越繁荣，交易品的种类越多。如果一个城市很贫穷，那么这个城市的交易品将会很便宜，不过玩家卖出的东西也会很便宜。

不同的地理位置有不同的交易品出现，非洲有象牙、黄金，亚洲有丝绸、陶器，欧洲有军火与工艺品；美洲有可可子等。把每个洲的特产卖到另一个洲都会获得丰厚的利润。

一个城市中的交易品价格会根据供求比率相应地增减。

游戏中各城市将会出现各种事件影响交易品的价格，不过事件都会有时间限制，玩家必须赶在事件结束前进行交易才能获取利润。

交易品与游戏中其他系统相结合，交易品中有各种材料，在玩家进行建造和生产时必须去交易所购买材料。

4. 任务系统

游戏中引入丰富的任务系统。任务系统是建立在丰富的游戏主线发展基础上的，这就是游戏最主要的特点，剧情带动游戏。

游戏中任务以探险、战斗、团队任务为辅，这些任务主要给玩家累积金钱和游戏经验，而用主线任务来带动游戏的发展，带动游戏中大型战斗的发生。

每个玩家在行会大厅都可以接到许多任务。在做普通任务时，玩家在达到特定声望值后会触发游戏主线任务，玩家将会去自己国家首都的官员处接受主线任务，完成后将可以提升自己的爵位。把主线任务与爵位任务结合是游戏的特点。

5. 家园系统

游戏中引入家园系统，玩家可以建造属于自己的城市。城市必须是中立城市才可以建造，不然只能够投资。

玩家公会可以攻占游戏地图中的中立城市和港口，会长可以在城市里投资金钱建造各种设置和防御系统，随着玩家的不断投资，城市图片将由原来的村庄最终变成庞大的城市。这可以让玩家拥有个人成就感，带动整个游戏玩家公会的积极性。

随着攻占的城市规模不断地提高，将出现新的舰船，这个在其他城市购买不到，自己公会的人在城里进行补给修理将会很便宜，这个方便也会刺激玩家公会攻占一条贸易航线中的中立港口，专门用来补给船只。其他公会玩家在被攻占的城市进行各种交易包括修理、补给，所得金钱将全部归城主所有。一个公会攻占的城市越多，这个公会越强大，不过也会由于其他公会的攻打应接不暇。

6. 游戏操作性

游戏将带给玩家真实的操作感,与游戏写实风格相呼应。玩家在航行中借由控制舵的转向来控制船的行驶,而不是一般游戏中上、下、左、右键控制船的行驶,这个设计将带给玩家一个贴近真实驾驶的感觉。玩家在界面中也需要根据风向调整船只的航向,所以说在海上航行全靠玩家的操作。

在战斗中我们将更加全面地把海战的真实感带给玩家,开船时与海上航行一样,需要操作舵的转向,而船的行驶感觉将会模拟现实中的感觉,当船头转向时不是突然变向,而是缓慢地变向,力求做到玩家在游戏中操作舰船时让玩家有真实感。

7. 即时战斗

游戏中采用即时战斗系统。

当发生战斗时将进入一个战斗场景,战斗场景中所有景物与舰船都被放大,玩家之间可以进行即时战斗。如果有一方想离开战场,只需要航行到逃离区域就可以退出,不过另一方可以继续追击。

战斗时两只船需要侧身面对对方才可以进行攻击,攻击命中率与大炮的命中距离、贯穿力有关。被消灭的玩家将回到最后一次登陆的海港。

战斗发生时,在大地图上也会出现一个战场标志,其他玩家通过触发战场标志也可以加入战斗。这样也与聊天、公会系统相结合,玩家舰队如果与其他公会战斗,可以呼叫其他人来支援。

普通战斗、公会战、攻城战都将限定进入战场的人数。公会战时当一个战场满了后,其他公会玩家可以继续打开另一个战场。因为攻城战时只有一座城,那么攻城的战场只有一个,当攻城战场人满时,没有进入攻城战场的玩家需要等待战场内同阵营玩家死亡一人时才能够进入。在外面等待攻城与守城的玩家可以进入另一个战场进行正常的战斗,不过与攻守城无关,强大的公会可以因此削减对方的人数。

5.4.3　游戏主要界面设定与地图设定

《手机大航海》城市主界面设定如图 5-63 所示。

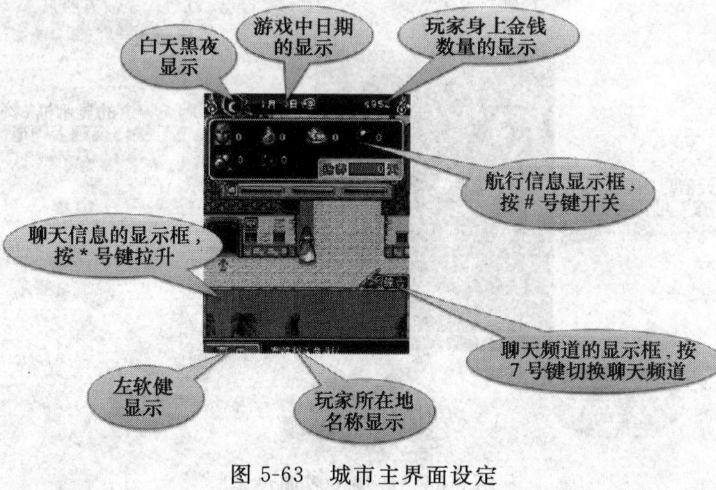

图 5-63　城市主界面设定

《手机大航海》中大海中主界面设定如图 5-64 所示。

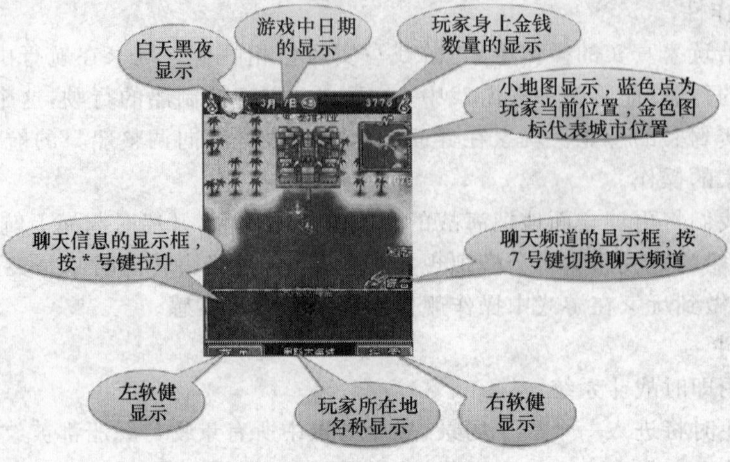

图 5-64　大海主界面设定

《手机大航海》中航行信息设定如图 5-65 所示。

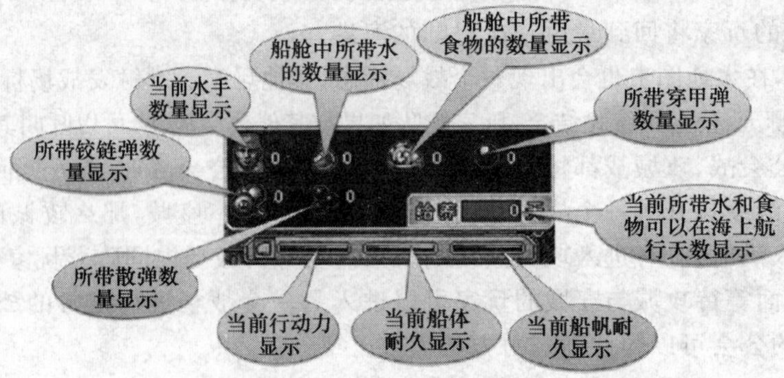

图 5-65　航行信息设定

《手机大航海》中战场主界面设定如图 5-66 所示。

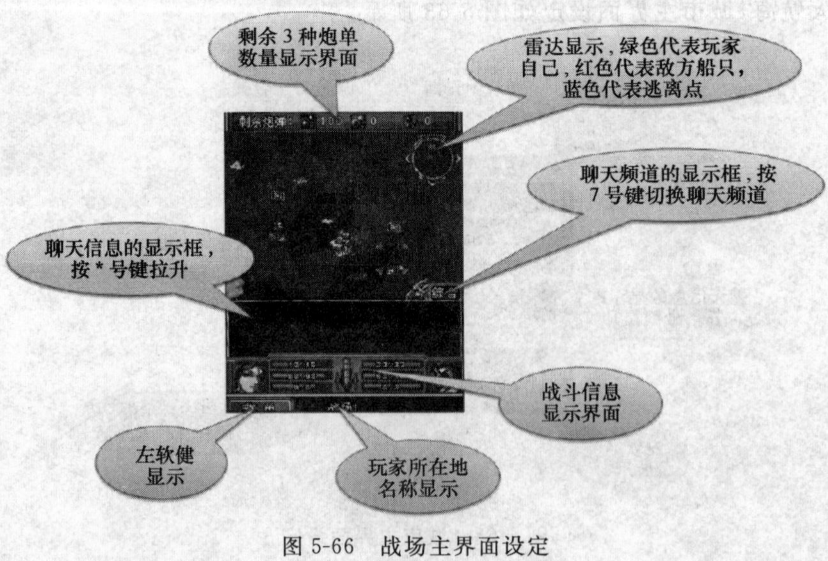

图 5-66　战场主界面设定

《手机大航海》中战斗信息界面设定如图 5-67 所示。

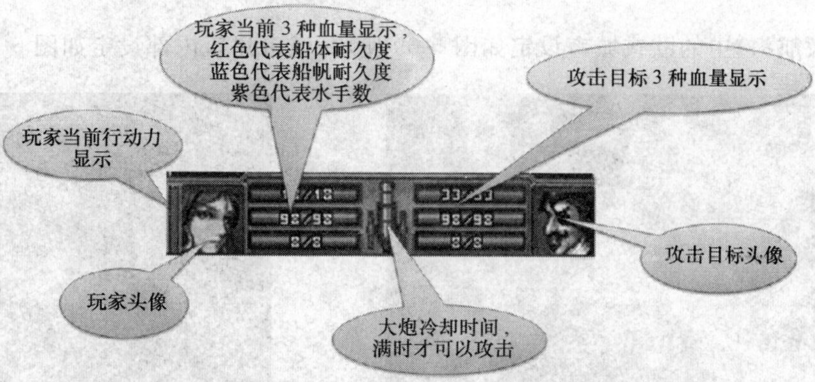

图 5-67　战斗信息界面设定

游戏中的地图是根据 1300—1600 年大航海时期真实的世界地图设定的，把真实世界地图简化成游戏中使用到的世界地图，如图 5-68 所示，白色的城市名称代表游戏中出现的各个港口。

图 5-68　游戏地图中的港口城市

5.4.4 城市地图设定

《手机大航海》中的欧式城市设定如图 5-69 所示，城市建筑内部设定如图 5-70 所示。

图 5-69 欧式城市设定

图 5-70 欧式城市建筑内部设定

《手机大航海》中的阿拉伯式城市设定如图 5-71 所示，城市建筑内部设定如图 5-72 所示。

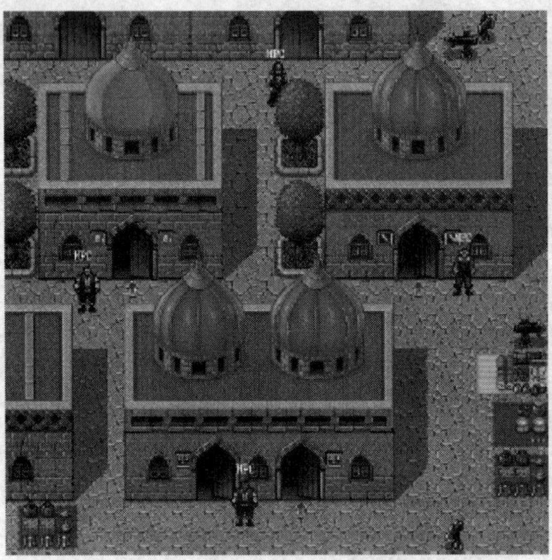
图 5-71 阿拉伯式城市设定

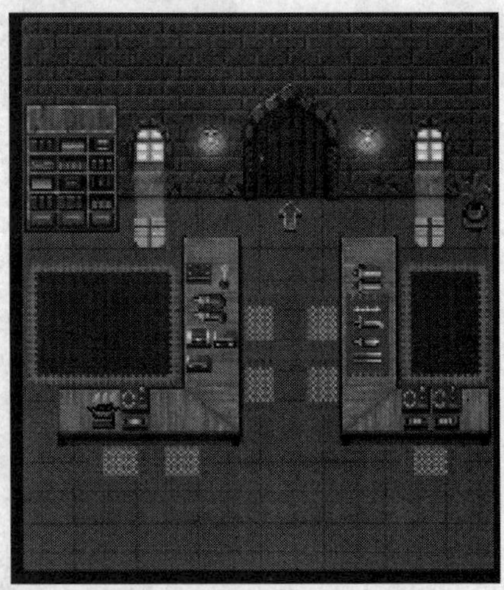
图 5-72 阿拉伯式城市建筑内部设定

《手机大航海》中的中国式城市设定如图 5-73 所示，城市建筑内部设定如图 5-74 所示。

《手机大航海》中的非洲式城市设定如图 5-75 所示，美洲式城市设定如图 5-76 所示。

5.4.5 游戏各国角色风格设定

《手机大航海》中，玩家可以选择多个国籍作为角色扮演，而游戏的角色设定，也根据各

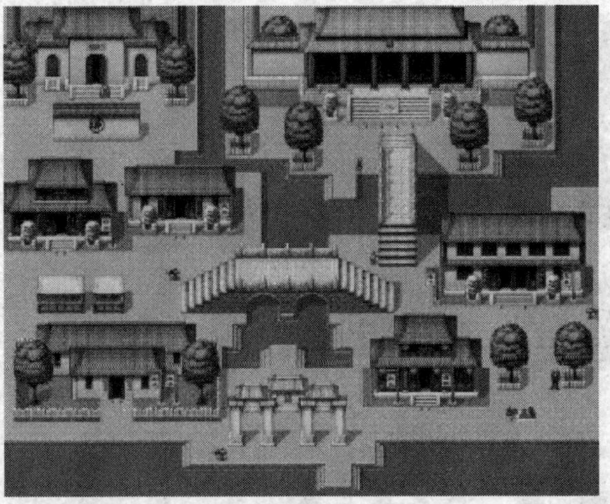

图 5-73　中国式城市设定

图 5-74　中国式城市建筑内部设定

图 5-75　非洲式城市设定

图 5-76　美洲式城市设定

国文化背景的不同而精心创作。

与西班牙同为最早的海上强国的葡萄牙本为西班牙一部分。虽然与西班牙同根同源，但是民族服装却大相径庭。其服装以白色圆领衬衣与背心搭配，头戴黑色毡帽，并习惯与在毡帽下再加戴一条头巾。作为海上强国之一，其外貌形象设计可以略为添加些玩世不恭的意味。

游戏中葡萄牙角色设定如图 5-77 所示。

虽然西班牙的历史充满了侵略与被侵略，但是服装始终保留了自己国家的民族风情。男子以干练的头巾包头作为较明显的特征，女子除了盘头外，围巾作为坎肩的使用也是特点之一。甚至可以借鉴男子的着装。作为一船之长，除了要表现其民族性外也要注重稳重的感觉。

游戏中西班牙角色设定如图 5-78 所示。

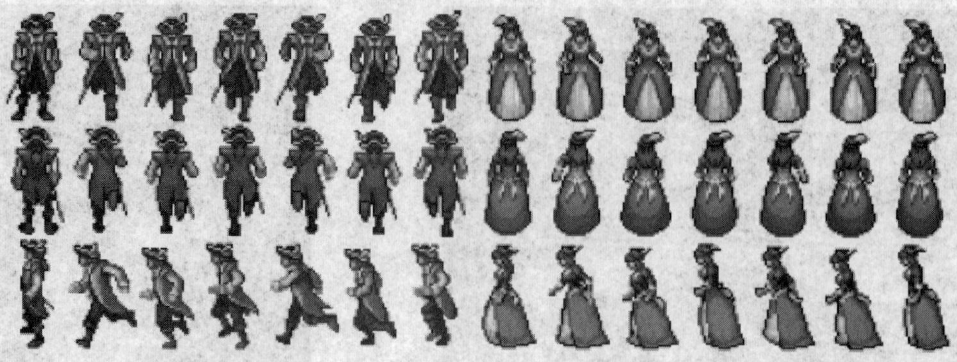

图 5-77 葡萄牙角色设定

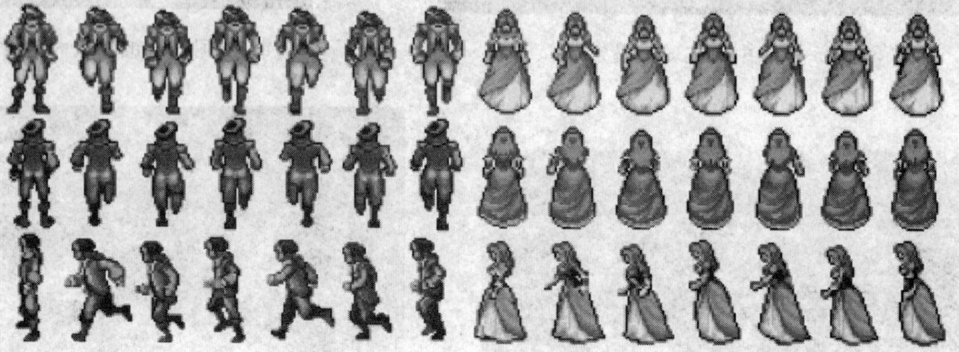

图 5-78 西班牙角色设定

稳重与内敛一向是英国给世人的印象，英国人即便在航行时也不愿意降低自己的形象。除了正装外，衬衣领口巨大的蕾丝花边是其很明显的特征。

游戏中英国角色设定如图 5-79 所示。

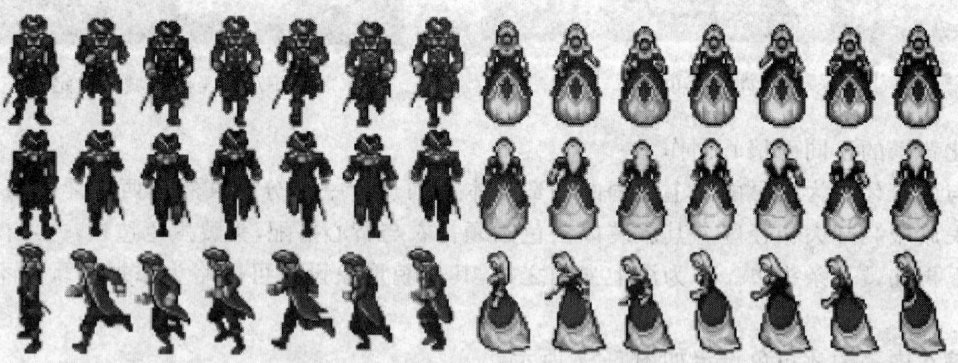

图 5-79 英国角色设定

西亚土耳其人口占多数的民族。另有部分分布在希腊、保加利亚、南斯拉夫、阿尔巴尼亚、塞浦路斯以及西欧等国家和地区。属欧罗巴人种地中海类型，混有蒙古人种成分。使用土耳其语，信奉伊斯兰教，故古代女子有带黑色面纱的习惯。男子则使用通用穆斯林服装。

游戏中土耳其角色设定如图 5-80 所示。

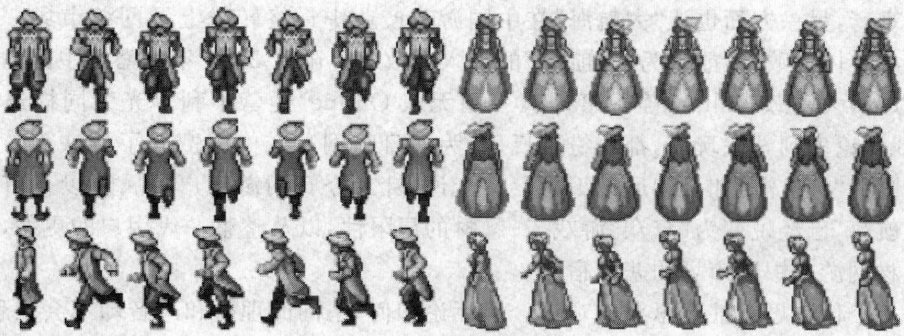

图 5-80 土耳其角色设定

游戏中国处于国力昌盛的明朝，其服装以汉服为主要服装。汉服的特征主要表现在其交领上。游戏中设定中国以商人为其优势职业，在服装上可以略显华丽，头部发髻需要表现但可以不添加装饰。

游戏中中国角色设定如图 5-81 所示。

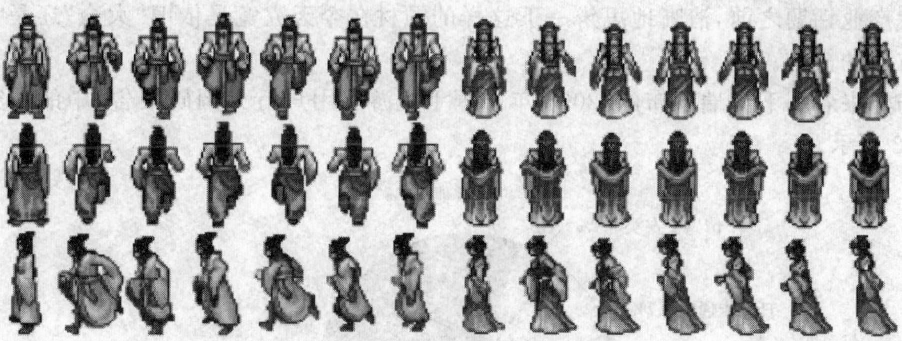

图 5-81 中国角色设定

5.4.6 《手机大航海》的游戏文化与游戏性

手机网游无论从文化、从艺术、从经济学、从社会学等各个方面，都有太多深奥的知识和内容值得研究和探讨。本节，将以《手机大航海》为案例，系统地从文化题材、精神内涵、经济学社会学价值、游戏性等各个方面，展开对网游文化的读解。

5.4.6.1 从"大航海"到"手机大航海"：游戏题材的"大众"与"窄众"

1978 年 7 月，在日本栃木县足利市，一家名叫 KOEI 的小公司诞生了。当时，谁也想不到，10 年、20 年、30 年以后，它会在那么多中国的青少年心中，掀起如此振奋和激动的波澜。光荣的辉煌起自《信长の野望》、《三国志》以及《太阁立志传》，但扛鼎之作，无疑是《大航海时代》系列。"大航海"系列的 MD、SFC、PS、PC、PSP 系列在中国的成功，在长达近十年的时间里，使得"大航海"的游戏品牌深入人心；以至于当《大航海 Online》这款曾经在 ChinaJoy 展台上风光无限的网游的代理商忽然灰飞烟灭的时候，无辜的大众竟然不敢相信自己的眼睛——怎么会？难道"大航海"也要老去了吗？

光荣近十年在 SLG(策略)游戏领域近乎放弃的战略，一方面导致"大航海"单机版本后续作品的难产，另一方面也让“大航海”在中国游戏产业中最终转战上了网游市场。但日系网游产品的集体溃败，没能因为“大航海”的加入而改变。随着2008年世嘉在中国的公司宣告破产，以及《大航海 Online》停服事件、《三国无双 Online》运营不利等光荣同样遇到的魔咒，从游戏评论家到游戏玩家，都纷纷要反思，为何日系网游在中国遭遇了滑铁卢？为何昔日风光无限的“大航海”如今却风光不再？有人说，针对今日网游用户的属性以及市场格局而言，“大航海”已经蜕变为“窄众”游戏了；题材的局限性，以及整整一代用户的更替，决定了大航海题材网游在中国市场的悲剧宿命。

这是一个值得思考甚至思辨的观点。但无论如何，不同的理解和声音却不会因恐惧“魔咒”而停止。进入2009年，在时下最前沿的手机网游市场上，一款堪称“大航海”完美回归的手机网游大作——《手机大航海》开始内测了。熟悉的“大航海”式的模拟经营、策略、海战、冒险，又融入了MMORPG的新元素，加上全新的家园系统、主线剧情，都让这款手机上的“大航海”网游充满了悬念与刺激。然而，这种产业的现象便与前文有人提出的“题材窄众”的观点发生了错位。如果市场和用户已经变化，那么，为何还会在手机网游这样新锐的市场领域里，再现《手机大航海》这样的游戏呢？于是，在深度观察从“大航海”到“手机大航海”这样的游戏产业话题之前，清晰地思辨一下这样的题材在今天究竟是依旧“大众”还是“窄众”，便成为首要的命题。

不妨先来看一下艾瑞发布的《2008年中国手机游戏用户行为调研报告》中的研究数据，如图5-82所示。

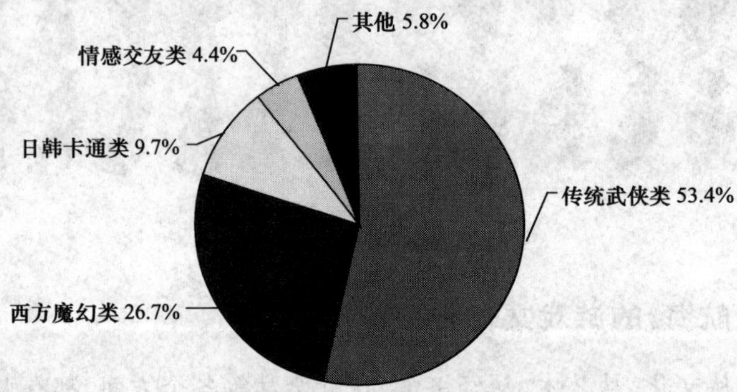

样本描述：N=24 684；于2008年10月通过当乐网WAP网上调查获得

图5-82　2008年中国手机网游用户最喜欢的网游题材

艾瑞的报告中显示，在手机网游题材的选择层面，53.4%的用户倾向于传统武侠类题材，26.7%的用户选择西方魔幻类题材。艾瑞咨询认为，中国手机游戏玩家更容易理解或接受以中国传统武侠背景为体裁的游戏类型，同时由于年轻玩家受欧美文化影响较大，因此其对西方魔幻类游戏也有一定的认可度。

虽然《手机大航海》并非标准的“西方魔幻类”游戏题材，但“大航海”的神秘主义色彩、冒险文化、遗迹文化以及魔幻倾向十足的海盗文化，都让该作当之无愧进入“西方魔幻类”网游题材的分类。从数据上看，至少在手机网游这个领域，《手机大航海》的“大航海”题材不但不是窄众的，反而是大大的热门；甚至因为传统武侠题材已经有太多的同质化竞争，而更反衬出“大航海”题材的市场硬度和基础。

然而艾瑞咨询的分析，却颇显得孱弱了些。中国手机玩家热衷于大航海，难道仅仅就是因为受到欧美文化的影响了吗？笔者以为，究其根源，应该追溯到弗洛伊德所说的“渴望伟大”或是杜威提出的“希望被重视”这样的母题层面。渴望伟大并希望被重视，是人类的本性和原始冲动。然而，社会的残酷性让绝大多数人无法在现实生活中满足这种本能的需求。于是，在游戏的虚拟体验中，去实现冰冷的社会中无法实现的理想，就成为人生的一个必不可少的组成部分。而什么样的时代，才能提供给人实现“渴望伟大”的最佳虚拟环境呢？从社会学意义上看，“伟大”和“崇高”诞生于特殊的年代，也就是越伟大的时代越能诞生伟大的人，正所谓“时势造英雄”。回顾人类进化史，最伟大和英雄辈出的年代，只有两个：一个是雅斯贝尔斯所谓的“轴心时代”，也就是公元前600年至公元前300年间，这是人类进化史上的“童年”，也是最具想象力、成长最快和最纯洁的一个时代，是人类文明的“轴心时代”。“轴心时代”发生的地区大概是在北纬30度上下。这段时期是人类文明精神的重大突破时期。在轴心时代里，各个文明都出现了伟大的精神导师——古希腊有苏格拉底、柏拉图、亚里士多德，以色列有犹太教的先知们，古印度有释迦牟尼，中国有孔子、老子……他们提出的思想原则塑造了不同的文化传统，也一直影响着人类的生活。而且更重要的是，虽然中国、印度、中东和希腊之间有千山万水的阻隔，但它们在轴心时代的文化却有很多相通的地方。

但显然，轴心时代并不十分适合作为游戏的背景而设置。不仅仅是因为公元前的历史过于蛮荒，更因为轴心时代更多的是思想的碰撞，而缺乏多元化的社会性的因子。于是，第二个人类进化历史上重要的年代，便成为了世界级游戏大作设定背景时的最佳选择之一。这个时代就是文艺复兴。

恩格斯在评价欧洲文艺复兴这个伟大的历史时代说过这样一段著名的话：“这是一次人类从来没有经历过的最伟大的进步的变革，是一个需要巨人而且产生了巨人——在思维能力、热情和性格方面，在多才多艺和学识渊博方面的巨人的时代。”换言之，这个时代全部是伟大、全部是创新、全部是机遇。而在精神、文明、艺术上被冠以“文艺复兴”的这个时代，也就是14～16世纪，在社会学和地理学的领域，有另一种称谓——“大航海时代”。这个可遇而不可求的伟大的时代，对于今天的人们来说，只有到虚拟的游戏世界中，去追求那种永恒的母题去了。“渴望伟大”，也因此寻找到了最适合的游戏背景。从这个意义上讲，无论是《大航海时代》系列还是《手机大航海》，都无不恰到好处地切中了人类进化史与游戏产业的文化交集，其题材的永恒性与大众性，已然构成了一种绝对。玩家在“大航海”与“文艺复兴思潮”的双重伟大中实现自我诉求，评论其“题材窄众”的学者难道能找出历史上另一个替代的年代来吗？

麦克卢汉在《认识媒介》中曾经说过，游戏给各种具体的紧张情绪提供发泄的机会。换言之，游戏尤其是网游，可以是玩家对社会不和谐元素的一种排斥的手段，同时也是在虚拟体验中还原对美好与崇高的价值的认同。这里不妨举一个有趣的例子。在大航海的年代里，也就是欧洲的16世纪之前的中世纪，沐浴作为社交活动而长盛不衰。在浴盆中待客，不管是正在洗浴还是入浴、出浴都不算失礼。在16世纪之前的绘画中，经常看到贵妇人正在沐浴的场景，切不可对这种事情有其他想法；那只不过是借此展示裸体美而已。德·日尼夫人在罗马召见国王派到教皇身边的大使伯尔尼主教时，她一只脚已经迈进澡盆。这种时刻去见一位夫人，不仅这位上了岁数的主教觉得很坦然，而且身边还有他年青的侄子陪伴着。而今天呢？裸露成为一种吸引眼球的恶意炒作，凸点成为各大网站的头条，艳照门成为罪恶的代名词、继而掩盖着绝大多数网民自己心中的恶之花，女性裸露的身体已然成为了一种邪恶的诱惑与罪恶。这种从崇高到低速的蜕变，恰巧是人类文明在道德上蜕变的一种映射。而当人们怀念那种纯洁与高尚的时候，何不去“大航海”或“手机大航海”的游戏世界中去重温呢？毕竟，从那个年代之后，古典主义绘画盛行时期，想要在大胆的油画中欣赏淑女裸露的乳房已经是不行了。澡盆里放上一品脱牛奶或香精，使水变混，与其说是欲盖弥彰，不如看作人类心灵和道德宽容度的蜕化。当今社会的中国国民，为了从心灵上抵抗社会道德的蜕变，把“国学热”推上了史无前例的高度。一个微妙的细节是，国学鼻祖孔子的画像，正是被挂在文艺复兴时代的领袖人物伏尔泰的卧室里。欧洲那个充满伟大精神的时代，从某种意义上也在学习中国的国学。有趣的是，上文提及的关于女性身体可否裸露的辩论，也在伏尔泰的代表作《杰出的爱弥儿》中有所体现。夏特莱夫人在男仆面前脱衣服就没有丝毫不好意思的感觉，这个男性仆人叫隆尚。小说里写道：“夏特莱夫人让我把火上的水壶拿来，给浴盆里加些热水，因为盆里水有点凉了。我走近一看，她身上一丝不挂，而且盆里的水清彻透明，没放什么香精之类的东西。夫人把双腿分开，以便倒水时别烫着她……”那个时代的世界观与精神世界，是今天的国人很难去“奢望”甚至理解的，然而，热捧国学的寻根热，本质上切合的不也正是西方文艺复兴，也就是大航海时代的精神本源吗？一种人性本身的崇高、无邪与伟大。

这样的论述，或许已经说明了两点。第一，“大航海”绝对是一个最大众、最热门，甚至可能是永恒的游戏母题，在手机网游领域也不例外。因为那个时代是符合游戏玩家渴望伟大的虚拟体验需求的。第二，无论是日本的《大航海时代》系列还是中国的手机网游《手机大航海》，东方的游戏却依旧使用西方历史为主导的航海背景，而东方航海的世界观与历史却很少被吸纳。后者的现象又有什么样的文化原因呢？

在中国几千年的封建文化里，压抑是长期的主旋律。女扮男装的人闯荡社会，在戏曲或小说里，总是死亡的唯一结局，哪怕是梁山伯与祝英台式的讴歌，也难免悲剧的宿命。而《大航海时代 4》的剧情里，虽然历史年代相当，女扮男装的阿尔加迪斯却得到了比男性更高的礼遇与保护。从这个小插曲就能对比出，同样的大航海题材，游戏的创造者一旦试图从中国的封建历史中寻找可供改编的虚拟体验，就陷入两难处境——要么戏说历史并遭遇玩家炮轰，要么沿用真实却难逃压抑灰色的封建禁锢。这也是为什么中国古代题材的游戏，几乎清一色选择“武侠”这一封建社会唯一的自由环境的原因。在对于大海的理解上，中国人似乎历来都没有把大海的自由流浪、彪悍野蛮的一面呈现出来，而更愿意讲述“精卫填海”或《山海经》里的神话寓言，“野渡无人舟自横”的意境或是“海上升明月”的恬静怡然，再有就是“刻舟求剑”和《琵琶行》式的教育功用。即使到了近代，冰心出国航行途中，充分感受了大海的伟大，写出的依旧是《寄小读者》这样的散文，描述的是大海母亲般的广阔与温暖。这种民族传统的世界观，如果移植到游戏当中，那恐怕也就不再成为游戏了吧。

而在西方人的理解中，大海是生命的源头。浩瀚的海洋有着陆地山川所无法比拟的深邃与伟岸，更能够将源自生命本源的汹涌与宁静结合在一起，释放人类情感的极限感动。记忆中的西方作品中，大海呈现为鲁滨逊的孤岛生涯以及老人与海的三天三夜的精彩。“狂风席卷着近乎锋利的海浪向他拍打过来，但他没有倒下，而是如岩石般岿然不动”，海明威 60 年前这样写道。海洋的缥缈与对人类而言过多的未被完全认知的成分，都增添了航海题材游戏的理想主义与浪漫情怀。所以或航海经商或游历世界，或漂洋过海或四处冒险，这种背景所组成的游戏往往对于向往自由和无拘无束的玩家们有着天然的吸引力。与其说航海游戏是在依靠海洋上的奇异冒险及经商成分而吸引玩家，倒不如说是那种无拘无束、自由奔放的精神在感召着同样年轻而热情的人们。海盗题材的游戏更是如此。风行一时的《海狗》以及《加勒比海盗》两款游戏，在几经渲染后，那一份骠悍、近乎本色的野蛮，以及更加无拘无束的生活方式，将都市中的现代人带到了童话一般的梦幻境地。虽然这种童话显然和意境柔和的精灵仙女不是同一范畴，但是其更加符合男性的审美偏好与理想追求。而这也正是大航海玩家所喊出的口号——征服女人之后，男人应该征服的是大海。

至此，笔者已经阐释清楚了为何"大航海"以及"手机大航海"都属于大众型的乃至永恒的游戏题材，以及西方大航海时代成为其必然的虚拟背景的原因。但游戏用户经历了从 70 后、80 后到 90 后的演变之后，尤其是游戏平台从单机变成网游直至《手机大航海》的手机网游，简单的移植或回归显然是不够的。同样参考前文提及的艾瑞的报告，如图 5-83 所示，中国当今手机游戏玩家的年龄集中在 18～24 岁，是标准的 90 后；而玩家职业集中在学生、军人、服务人员以及工厂工人，如图 5-84 所示。

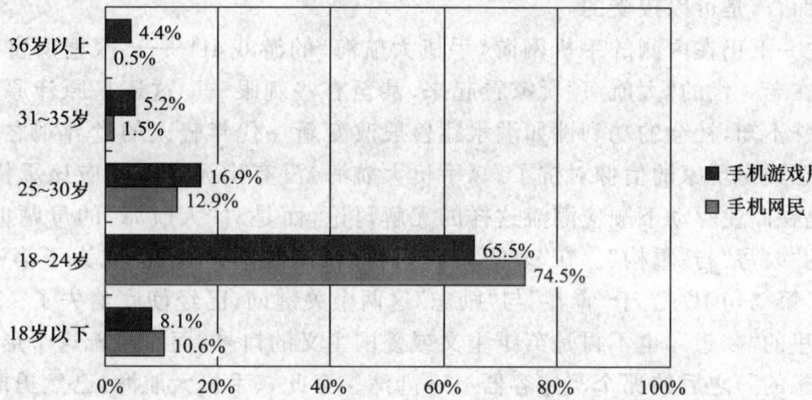

样本描述：N=31 207，手机游戏用户样本于 2008 年 11 月通过在当乐网 WAP 调研获得

N=12 410，手机网民样本于 2008 年 3 月通过在 9 家主流手机 WAP 网站上联机调研获得

图 5-83　手机游戏用户年龄分布

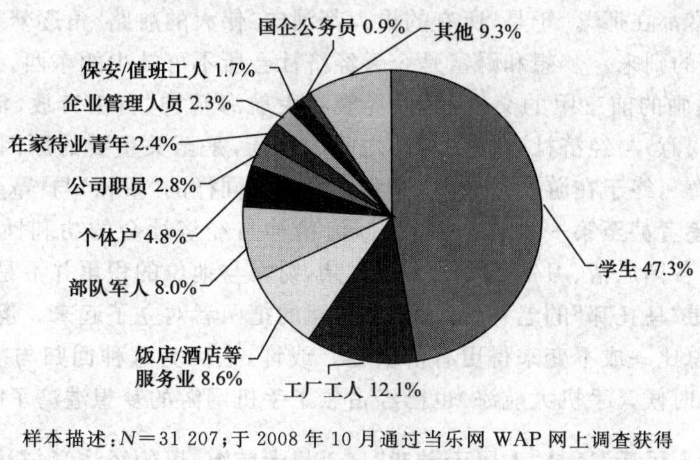

样本描述：N=31 207；于 2008 年 10 月通过当乐网 WAP 网上调查获得

图 5-84　手机游戏用户职业状况

很难奢望今天的这批年轻玩家像十几年前玩《大航海时代》的那批玩家那样，把青春、梦想和励志放在远远高于物质回报和财富权利的地位上。当年的大航海玩家尤在，但他们已

不再年轻，也大多成为了社会中坚或中产阶级。追忆或怀旧的冲动，永远不能当成消费的主力。而针对今天的90后的手机玩家，"大航海时代"的母题式的价值观，是应该恒定不变还是顺应潮流？这里，《手机大航海》给予了一个十分微妙但却充满智慧的答案。

不妨对比一下《大航海时代4》与《手机大航海》。前者从第一张画面开始，就毫不遮掩地向玩家推崇着一种青涩而非世故的、青春而非成熟的社会观。励志、梦想的需求超过了财富和权利的欲望，英雄、舞台、理想成为了讨论最多的话题，而赚钱只不过是实现梦想的手段、而不是目的。这种表达，甚至影响到了"大航海"系列游戏的美术设计——玩家看到的画风，是笔触效果明显的而非单线平涂的，铅笔的阴影和铅笔的草稿框也成为一种普遍。至于音乐，更是如此。励志和清新悠扬，成为了游戏的主旋律。"大航海"游戏的最大价值，在于对于玩家地理知识的教育与普及；这是唯一一款需要让玩家拿着铅笔与笔记本(记录地理信息与城市特产)进行游戏的作品，也是唯一一款让家长津津乐道的作品。所以，在《大航海时代》系列作品中，理想的成分远大于真实的成分，社会功利性的元素被极大地掩盖与忽视了。而这在70后而言，是可以接受的。

再来关注一下仍在内测的手机网游《手机大航海》的游戏ID——"探索财富之迷，占领梦想港湾"。在老一代的"大航海"玩家看起来，甚至有些刺眼——这还是原汁原味的"大航海"精神吗？殊不知，社会的功利性如洪水猛兽般改变新一代年轻人的世界观之时，过度的守旧与理想，已经与玩家的信仰对抗了。《手机大航海》没有拘泥于游戏应该承担艺术和社会的责任还是在商业驱动下顺应潮流这样的无解讨论，而是对"大航海"的母题世界观进行了某种程度的"改写"与"重构"。在"梦想"与"财富"两者之间，"财富"成为了第一句ID，而"梦想"成为了第二句ID；至于"青春"与"励志"这两个关键词，已经彻底消失了。而《手机大航海》世界观里的"梦想"，也不再是英雄主义或爱国主义的口号，而对应着这个形容词(准确说应该是"梦想的")之后的那个实体容器——港湾。至此，《手机大航海》已然勇敢地迈出了革命性的一步。战争、财富、地产，这些功利性强的元素，不再被精神的外衣所包裹，而直接来到了前台。这让我们想起了同时代另一部日本漫画力作《海贼王》中的核心一句话。那是拥有财富、名声甚至整个世界的海贼王罗杰临刑前的一句话，——"想要我的财富吗，去找吧，我所有的财富都在那"。于是，所有的男人都涌向"伟大的航路"角逐梦想，于是世界开始迎接大航海时代的到来。梦想和财富是今天经济社会所不可缺少的东西。《海贼王》能长年稳居全球热门漫画的前三甲的交椅，其世界观在大航海精神(自由奔放、渴望冒险、四海为家、遨游天下的快意)与经济社会的功利性之间的平衡，是至关重要的原因。而今天的手机网游《手机大航海》，终于在游戏领域内，让我们看到了同样的"重构"与"革新"。在这款手机网游的力作中，笔者甚至第一次体会到，大航海精神与经济社会的功利性，其实并不矛盾。在惊艳于航行中各国风情、习俗、建筑、文化之余，财富与地位的积累并不是相左的元素。回想起来，似乎是更"乌托邦"的老一代玩家们，刻意的把两者对立了起来。但重构与变革中的游戏母题，似乎总比一成不变来得更有价值吧。或许，正因为这种回归与变革并举，当玩家实现财富梦想的时候，《手机大航海》也已经占领了手机网游的梦想港湾了吧！

5.4.6.2 "游戏人民币"还是"人民币游戏"：《手机大航海》里的经济学与社会学

5.4.6.2.1 导读："接力棒"与"替罪羊"

曾几何时，在儿时的记忆中，金庸古龙、香港歌坛四大天王、斯诺克台球……一连串的不符合当时中国社会主流世界观的流行事物，被刻板的钉死在“精神鸦片”的十字架上。20 年过去了，而今，金庸成为了公认的文学大师、大学校长、作协领导，刘德华成为了大众偶像、社会公益使者，丁俊晖成为了金牌获得者、民族英雄……貌似一切都转变得很快，虽然快速的背后渗透着无情与反讽。

进入 21 世纪，一个“精神鸦片”的“接力选手”逐渐浮出水面，这就是被认为严重荼毒青少年的网络游戏。今天，网络游戏以及手机网游在一部分国人的眼中，已经正式接过了武侠小说、斯诺克台球以及港台歌曲的接力棒，成为他们眼中的“过街老鼠”，亦或说一只新的“替罪羊”。

在笔者看来，这种可以被看成是“诋毁”的偏见，是自相矛盾的。因为即便是今天，在娱乐圈中传出如此之多的潜规则、吸毒等负面新闻的时代，无数人依然撞得头破血流也要钻进娱乐圈，其原因，只是源于那冰山一角、极少数成功艺人的榜样召唤，而这，又何止是“精神鸦片”的犯罪定义了呢？但由于有了顶尖演员起到的“收入示范”作用，所以社会对演艺这一职业并无像对网络游戏一样抵制。这也好比一个丁俊晖使得社会对台球运动的抵制都大大降低一样。沿袭这个思路，几年前杨丽娟不理智的疯狂追星事件造成其父跳海自杀，舆论把愤怒的矛头一边倒地指向杨丽娟；在这件事情里几乎所有的人都认为，刘德华是无辜的。然而，如果刘德华换作《魔兽世界》，杨丽娟是因疯狂迷恋网游而导致的恶性后果，舆论会如何评判呢？恐怕一夜之间，将诞生无数打着正义旗号的起诉者吧。对比网游与娱乐圈不难看出，仍处于被公众接受过程中的网游，今天受到的待遇，乃是一种偏见与误读。头脑发热的附庸风雅，去追捧这类偏见与误读，恐怕是不值当的吧，尤其是当撰文的评论者甚至分不清《魔兽世界》和《魔兽争霸》哪个是网游的时候……

一直以来，中国的教育存在着教育内容空洞、教育方式落后、严重忽视青少年德育教育等诸多问题。其实，诸如心理素质差、价值观扭曲等众多青少年问题，大多是家庭教育、学校教育和社会教育不科学造成的。不能因为教育本身不成功，就蒙住眼睛把本该由家长、学校和社会来负的责任推脱到外因身上。而不幸的是，网游成为了一个时代的替罪羊。但只有没有自信的民族，才总需要寻找一个替罪羊来掩耳盗铃。有什么理由让武侠小说、斯诺克、港台歌曲的接力棒，继续无止尽地交接到下一个替罪羊的手中呢？所以，客观公允的思考一下网络游戏以及手机网游中的社会学与经济学的问题，理解网游世界的真实逻辑，是十分必要的。本文便将以新近内测并引起行业极高关注的手机网游《手机大航海》为例，浅谈一下网游中的社会学与经济学。

5.4.6.2.2　手机网游中的经济学

近日，文化部、商务部联合印发《关于加强网络游戏虚拟货币管理工作的通知》，其中有条规定——“禁止网络游戏虚拟货币交易服务企业向未成年人提供服务”。至此，有关于当前部委希望逐渐叫停虚拟交易的社会声音接连不断。从几年前的“防沉迷系统”到今天的虚拟交易征税、细化规范未成年人不得进行虚拟货币交易，国家对于网游的监管一方面源于社会批判声音的尖锐，但同时更源于管理者对于行业的深度认识。在 2007 年十四部委联合颁布的《关于进一步加强网吧及网络游戏管理工作的通知》中规定，中国人民银行要加强对网络游戏中的虚拟货币的规范和管理，防范虚拟货币冲击现实经济金融秩序。要严格限制网络游戏经营单位发行虚拟货币的总量以及单个网络游戏消费者的购买额；严格区分虚拟交易和电子商务的实物交易，网络游戏经营单位发行的虚拟货币不能用于购买实物产品，只能用于购买自身提供的网络游戏等虚拟产品和服务；消费者如需将虚拟货币赎回为法定货币，其金额不得超过原购买金额；严禁倒卖虚拟货币。违反以上规定的，由中国人民银行按照《中华人民共和国中国人民银行法》第 32 条、第 46 条的规定予以处罚。

这里约束的核心，是试图通过法律手段遏制虚拟货币的增值套现行为。在评判其得失之前，先以上文提及的《手机大航海》为例，理解一下手机网游中的虚拟的经济体系是如何建构的。《手机大航海》整个服务器的玩家组成了一个行业——练级行业。其中，单个玩家练级就是个体生产，组队是作坊式生产，而公会则是较高级的公司形式。玩家打不同的海盗(对应着其他古代武侠题材的手机网游就是"打怪")则视为提供不同质量的产品(或服务)。玩家打海盗或打怪得到的物资和金钱是收入。玩家打海盗或打怪时的各种消耗是成本。有些消耗品直接在打海盗或打怪中获得，属于可自己提供的生产要素；另一些消耗品、技能学习、装备维修需要用金钱与系统交换，属于需要购买的生产要素。系统提供了要素供应市场。玩家生产多于消耗的那部分物资和金钱是利润，成为积累的来源。积累可以转化为自身生产能力(装备和技能)，购买非生产用的消费品(《手机大航海》中可以自建的"家园系统"——属于自己的海港城市)，剩余的积累则进行玩家之间的内部交换或者作为储备。而游戏经济调节的一个重要目标是控制储备的增长，方法通常是降低生产利润和提供足够的非生产性消费。

在《手机大航海》里，玩家打海盗升级的过程，可以看作是劳动者群体向练级行业提供劳务，获取经验值、货币、装备和其他物资作为收入，同时也可以提升自己的劳动技能和等级，而等待被消灭的全部海盗就对应着市场对劳动力的需求。大部分的网络游戏中，一个地图里怪物的数量是预先设计好的，在怪物被杀后刷新周期也是设计好的。

《手机大航海》的手机网游中设置了一个"生产制造系统"，也就是需要玩家自己找到或购买到各种材料，购买书籍并学习生产制造技能，在以上两者满足的前提下，生产制造出某种物品。但由于制造过程基本上都是瞬时完成的，不耗费时间，所以不属于正式的生产。

至于《手机大航海》中的生产效率，除了由玩家自身的等级和技能水平决定外，通常还会跟生产的组织形式有关。玩家往往喜欢组队去行动，无论是打海盗还是国战，这样做通常是因为几个玩家的配合拥有更高的战斗力，可以挑战更高级的怪物，获得更丰厚的收入。同时，某些任务在多人参与时不会相互冲突，所有人都可以同时完成。这些都是练级的规模效应。游戏运营者乐于提供这种具有规模效应的设计，因为这样可以增进玩家之间的交流和配合，丰富游戏的玩点，让玩家在多人互动中获得乐趣。《手机大航海》中规模效应的另一个应用是在商业贸易中。让玩家集合资源进行贸易，增加贸易的规模和收入。丰富的贸易模式不但为玩家带来新的玩点，而且可以借助贸易来平衡资源消耗。

最后，如果把玩家投入练级生产的时间看作是劳动力的话，那么购买装备、补给物品、学习技能等就是非劳动的生产要素投入。生产要素的投入属于生产成本。设计合理的生产成本，能够控制生产利润水平，是降低积累的重要方式。从系统层面来说，这些生产要素的来源有两个。一个是练级生产中直接获得，比如打海盗或打怪掉落的装备、补给物品。另一个是与系统通过货币进行交换，比如高级装备、恢复物品、学习技能，都需要花钱。后者则组成系统提供的生产要素市场。在《手机大航海》中，生产要素将以固定的价格向玩家提供。而在现实中，若有行业可以获得经济利润会导致资本涌入，产品供应增加而产品价格降低，直到经济利润为零，行业达到长期均衡。虚拟网游世界与现实世界的这种经济平衡差异，恐怕是游戏运营商在未来的正式运用中需要重点考察与修正的问题；比如在手机网游中改变要素供应市场价格固定的情况，让要素供应可以根据玩家的需求产生变化，等等。

从以上详尽的分析中不难看出，以《手机大航海》为代表的新一代手机网游，早已经形成了网游虚拟世界中完善的经济体系。游戏的运营者，实际上就是这个虚拟社会的政府。这种网游，不妨称之为“社会生活型网络游戏”。在这样的“社会生活”中，又由于诞生了一批有消费能力、却无过多时间和精力泡在游戏里的中高端用户，所以，必然会诞生为这批中高端用户提供服务的“职业玩家”，换言之，就是代练级的专业工作者。而这种服务类的交易，必然涉及虚拟价值(包括虚拟货币、点数、装备，甚至账号)与现实价值(人民币或者其他实体物品)的交易。这种职业的诞生，是继游戏的表演型竞技选手之后的又一新型游戏职业，不但可以解决大量劳动力就业的社会问题，更合乎经济学基本原理的良性就业模式。除非网游拒绝中高端用户而强迫所有玩家必须亲自练级，否则，上述的跨越真实与虚拟世界的两种属性的货币交易，就必然会发生。而这，也正是前文提及的《关于进一步加强网吧及网络游戏管理工作的通知》法规中几乎无法正面解释或解决的难题——按照上述的经济诉求，如何界定“倒卖虚拟货币”？如果《手机大航海》的资深玩家打造的顶级游戏装备，在淘宝网上出售给有钱但没时间的玩家，那么，“消费者如需将虚拟货币赎回为法定货币，其金额不得超过原购买金额”的条款如何执行？打造装备的玩家海量的劳动力价值如果需要实现增值的兑现，又怎能使虚拟货币“其金额不得超过原购买金额”呢？

对比一下国外的研究成果，或许能让这个问题更清晰些。经济学家 Edward 在对网游《EverQuest》(《无尽任务》)跟踪了 616 项拍卖之后研究发现，平均下来《EverQuest》的白金片(虚拟货币)价值大约为 1 便士，高于日元和里拉。《EverQuest》的玩家通过寻宝除怪，平均每小时能挣 319 金子，约等于 3.42 美金，高过绝大多数国家的最低工资！如果把所有玩家一年内创造的财富看作这个虚拟国度的国民生产总值，那么《EverQuest》的人均产值为 2266 美元，超过印度、中国，而与俄罗斯相当，在全球排名第 77 位。

显然，不可逆的市场状况，已然把网游中的虚拟货币、网游代练级的职业定义清楚了。而事实上，在欧美，早在单机版游戏时代，玩游戏成为一种职业就已经成为常态——那时职业玩家是给其他普通玩家提供过关咨询等服务的，收费不菲。而今，国人对于网游代练职业的有色眼镜，同样是“双重标准”的体现。认为这种为别人打造装备的服务很卑贱的人，往往并不认为空姐这种纯服务业很低下。同样，认为这种严重网瘾的职业很受伤的人，往往并不因为刘翔、姚明的职业病(脚、膝盖的伤)而否定体育运动员这种职业的存在必要。还有人认为这种职业导致盗号、盗装备泛滥，然而这就像诈骗永远伴随着贸易而存在一样，需要的是加强立法，对玩家合法权益的保护，和对违法犯罪行为的严厉打击，而不是因噎废食。最后，在 PC 网络游戏的行业里，有不少游戏运营公司也极抵触这种职业，认为这是一种竞争关系。其实，他们把自己虚拟政府的角色降格了。游戏公司作为这一虚拟世界的缔造者，能卖给玩家的东西何止千千万万，又何必要事事独吞呢？所以明智如《手机大航海》的游戏运营者，自然而然就会保护甚至鼓励这种交易，并大力宣传玩游戏也可能成为一种职业的概念，则社会对游戏产业的抵制自然就会逐渐消失。

这样一来，问题的关键就变成，手机网游的运营者应如何进行这种“保护”呢？在什么样的经济环境中，虚拟物品的交易才能实现真正的良性交易？是按照亚当斯密斯的自由市场理论，还是卡尔马克思的社会主义主张？比如，在《手机大航海》的游戏世界中，所有人都从一无所有开始。新手们从最低级的杀海盗、学习基本技能起步，慢慢积累财富，就像现实生活中青少年从麦当劳打零工攒钱。在《手机大航海》里，每个玩家可选择一个职业并从事生产和贸易。在开始的新手上路阶段，玩家只通过做自己的那份工而领取报酬。《手机大航海》创造了一个机器人角色(NPC)的官员法格迪斯，他会根据玩家完成任务的情况支付玩家们费用。这时运营者其实就像前苏联的计划委员会主席，按照自己的算法打造市场而不考虑供求关系。随着玩家进入游戏的深度越深，自由市场大大促进了贸易，但是也带了不公。高级别的超级玩家拥有绝大多数的财富，而绝大多数的普通玩家则相当贫困，既没有钱，也缺少技能和武器。他们能生产和交易的，也只是最简单的初级产品。如果这个时候运营者需要"保护交易"，他们需要做什么呢？是在菜鸟们经常活动的区域故意遗失物品，就像福利社会的慈善活动？还是设计程序购买供过于求的商品，就像对农产品提供补贴？还是对财产上限封顶、搞平均主义？但无论如何，在手机网游的经济世界里，自由派所憧憬的完全平等和保守派坚持的小政府其实可以共同存在。其本质的规律仍然是亚当斯密斯的逻辑：供求关系决定一切。只要有人愿意买，有人愿意卖，就有交易发生。通过对 3 500 名玩家的调查，经济学家 Edward 发现，网游《EverQuest》中的游戏玩家人均拥有价值 3 000 美金的虚拟货币。想一想美国人均收入不过 3 万 7 千美金，这些人可是在游戏里存了一笔数目不小的积蓄。

而"玩手机网游挣大钱"的概念在中国，对全国青少年，尤其是农村青少年，具有"致命"吸引力。《传奇》在 2003 年的风靡也是与当时疯传"玩游戏赚大钱"密切相关。这恰好说明了网络游戏生活化之后所提供的巨大低端人口的就业机遇。如图 5-85 所示，艾瑞网发布的《2008 年中国手机游戏用户行为调研报告》中显示，手机游戏玩家月收入在 1 000 元以下的为 53.9%，1 000～2 000 元的为 31.4%，这两类用户成为游戏玩家的主体。

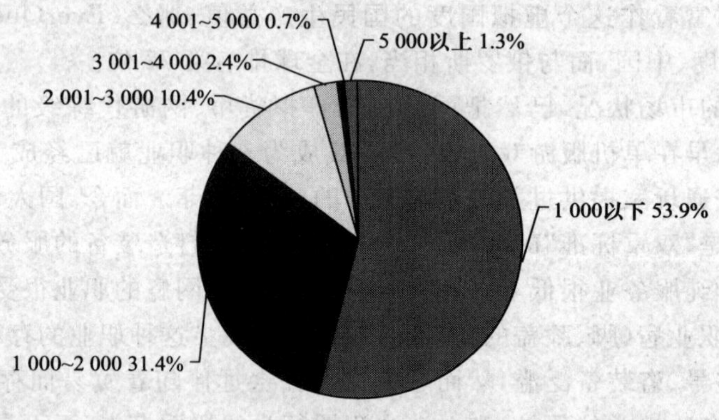

样本描述：N=31 207；于 2008 年 10 月通过当乐网 WAP 网上调查获得

图 5-85　手机游戏用户月收入情况

再反观网络游戏中的虚拟物品交易，《17173 第七届中国网络游戏市场调查报告(2007 年)》显示 85%的玩家都进行过虚拟物品交易，交易金额最保守估计超过 413 亿元人民币。几千万玩家每天都在进行着虚拟物品的交易，这对上述低收入人群有着多大的吸引力就不言而喻了。正如一位玩家在留言中所说的那样直接，"为了网游的乐趣而游戏，和为了挣钱而游戏，你会选择哪个？如果你选择前者，无疑你只是一个刚刚走进学校的学生……"而这从艾瑞网的产业报告数据中，也可以很明显地得出结论，如下图 5-86 所示，在各项手机网游用户期待的游戏内部功能排行来看，"拍卖行"排在了第一位，足以证明真实货币的诱惑和鼓励，远高于包括社区交友在内的其他游戏需求。从这个意义上讲，今天的网络游戏以及手机网游，如果期待产业的成熟，就不但不应该约束和担心虚拟货币交易的跨领域蔓延，反而应该接受并正确引导这种行为到一个产业高度。政府监管部门应该合理引导和客观对待，而游戏运营企业应该更好的承担起社会责任以及虚拟政府的话语高度，而不是一味地只顾眼前利益、玩弄玩家并榨取利润。鼓励网游中的自由交易，如同《手机大航海》一样，把“游戏游戏”和“游戏人民币”进行合理的平衡与无缝的对接，这恐怕才是网游世界的经济实现良性循环的正确途径吧。

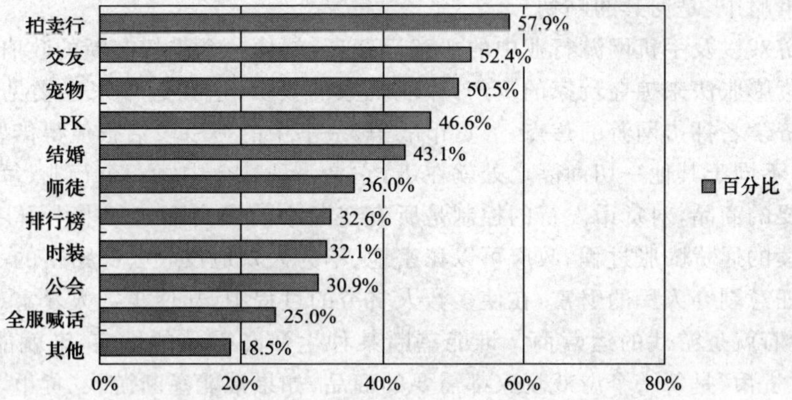

样本描述：N=15 728；于 2008 年 10 月通过当乐网 WAP 网上调查获得

图 5-86　手机网游用户期待的游戏内部功能

5.4.6.2.3　手机网游中的社会学

《南方周末》曾经有一篇名为《系统》的网游评论，传言曾被史玉柱在网络上对该文进行“秒杀”。这条新闻真实与否并不重要，重要的是，从中至少可以参透该文所论述的核心观点对于网游运营症结的触动之深。一言以蔽之，该文告诫读者，以《征途》为代表的韩式网络游戏是“人民币游戏”。

本节不对 PC 网游进行评述或读解，而依旧聚焦于手机网游，结合前文提及的《手机大航海》的典型产品，浅谈一下手机网游中的社会学问题，并从笔者的角度尝试解释一下“人民币游戏”究竟是否就是“害群之马”而导致青少年玩物丧志。

首先来看一下当下流行的手机网游的普遍现状。手机网游给玩家带来的核心体验是虚拟财富和成就感，而这种“虚拟”价值并不因其没有实物载体而“虚幻”。如名牌服装的品牌价值并不凝结在物理材料的成本中一样，如果单纯考虑这些虚拟价值的投入成本及产出，就会发现其边际收益高得惊人；但反观现实社会中的其他很多实体存在的价值，比如钻石珠宝或名牌包，又有多少是真实物理价值与价格完全对应的呢？再深入一点理解，构成黄金的单个质子和电子也跟铁的一样，但金刚石和黄金由于构成元素特定的排列方式或数量构成方面的原因，就产生了完全不同的属性和价值。同样的，虚拟物品确实只是一串数字编码，但这串数字通过特定游戏程序和计算机屏幕在每个玩家的脑海中形成了明确的映像，这个映像对游戏生活产生了帮助，因此就是有价值的，而价值的大小就取决于虚拟物品对玩家游戏生活的帮助大小。所以，我们完全可以理解为，手机网游中的虚拟价值，事实上是真实存在的，而不是虚构的。而这种虚拟价值，当以财富、名誉、地位等表象体现出来的时候，它就对玩家产生了源于人性本质层面的诱惑，尤其是对于在真实社会中无法实现这些追求的人们以及逃避遁世而进入网游的人们。而当网络游戏以及手机网游的运营者试图将玩家追求虚拟价值的可能最大化，也就是运营者的商业利益最大化的时候，他们必然要策动或发起一些行为，从以往的经验来看，最多的莫过于"制造战争、制造仇恨并推波助澜"。"国战"一直是网游运营中最常见的词汇。著名的经济学论著《货币战争》里指出，"战争使物资消耗达到燃烧般的速度，战争使交战国砸锅卖铁也要坚持，战争使不惜一切代价的政府不计条件地向银行贷款，难怪战争始终是银行家的最爱。他们策划战争，他们资助战争，他们挑动战争，国际银行家们华丽的大厦，从来就是建立在死亡枕籍的废墟之上。"这一段精辟的论述，用在手机网游的运营策略中，是何其的贴切！

而网络游戏以及手机网游行业中的恶意运营者，就像一个霸权垄断的政府一样，甚至使用主动的通货膨胀法来掠夺玩家的资产，榨取玩家的投资，这在近年来也屡见不鲜，成为社会学者和经济学者抨击网游的焦点。《货币战争》一书中的另一段话很值得借鉴，"货币是一种商品，而它不同于其他一切商品之处就在于，它是一种社会中每一个行业、每一个机构、每一个人都需要的商品，对货币发行的控制是所有垄断中的最高形式！"书中引用凯恩斯的话说："通过连续的通货膨胀过程，政府可以秘密地、不为人知地没收公民财富的一部分。用这种办法可以任意剥夺人民的财富，在使多数人贫穷的过程中，却使少数人暴富。"而网游的世界里，这个政府就是游戏的运营商。谁能垄断某种生活必需品的供应，谁就能实现超级利润。而游戏"货币"是每一个游戏玩家都需要的商品，如果谁能垄断游戏"货币"的发行，谁就拥有无法限量的赚取超级利润的手段。比如手机网游中的一件装备，可以用不同等级的材料打造；打造出来的装备，还可以再砸十几个星，每多一个星意味着道具属性的增强。对于游戏公司来说只是改个数字而已，对于玩家来说，则是不断的游戏"财产"贬值和无尽的金钱投入。从这个意义上看，近年来的不少网络游戏及手机网游，以《征途》为代表，确实难逃利用游戏世界政府和上帝的角色挖掘巨大的陷阱，利用一切手段掠夺玩家们的财产，控制他们的心智的责难。《南方周末》的《系统》一文的社会谴责，核心处提及了一个"系统"的概念。是"系统"在控制着一切，操纵着一切，它正在施行一种充满诱惑力的统治。这个"系统"隐匿无踪，却无处不在。它是一位虚拟却真实的垄断者。"如果没有我的允许，这个国家的一片叶子也不能动。"这是智利前独裁者皮诺切特的声音，悄然回响在网络游戏的虚拟世界之中。

如何理解该文所谓的"系统"呢？这种网游中的隐藏统治力，是更类似电影《终结者》系列中的"天网"的概念——消灭一切人类的反抗，还是更类似电影《黑客帝国》系列中的"Matrix"的概念——对人类的精心饲养、然后获得源源不断的能源（电池）呢？笔者理解更倾向于后者。网游中的所谓"系统"的核心模式，正是让即使了解真相也不愿意离开虚拟世界的玩家，宁愿被继续当电池利用，并生活的很快乐。精心种植之后的"剪毛"，其利润的丰厚程度难以估量。而一旦有用户忍无可忍，他唯一面对的就是两手空空而去，因为他面对的是一个垄断式的虚拟政府；就比如某一天，玩家忽然发现，他们从"系统"获得的装备和虚拟货币，不能交易或交换，因为游戏运营者的某种"政策禁令"；甚至某一天，玩家背包里的虚拟装备忽然不见了——随意删除玩家虚拟物品的权利完全在于"系统"，一个庞大的终极卖家。

庆幸的是，类似这种"短视"模式、杀鸡取卵的网游运营，并非普遍。尤其是在手机网游的产业中，多数运营企业较之 PC 网游运营商要合理许多。仍以《手机大航海》手机网游为例，从产品架构上，就不难看出游戏运营者的建构"良性政府"的决心。取材自"大航海"，类似光荣的《大航海时代》系列，模拟经营（城市之间的往来贸易）成为了该网游中的重要元素，一改单纯的打怪升级的劳动力模式。而丰富的生产制造系统、行会系统、公会组织结构、海上贸易、海战、港口经营、物种开发、探险冒险……把原先形式单调、劳动效率低下的MMORPG升级成了集角色扮演、策略、冒险、模拟经营、模拟驾驶"五位一体"的综合网络游戏,相对弱化了"系统"的垄断控制,而强化丰富了玩家之间的交流与市场经济。这种良性的努力,无疑是对行业和玩家负责的。水能覆舟,亦能载舟。诸如《手机大航海》这样的手机网游运营者,把网络游戏当作一个完整的社会生活方式去看待和经营,有着高度的责任感和使命感的时候,就必须在一定程度和范围内承认虚拟物品的财产属性,像对真实财产一样加强对玩家们虚拟物品的保护力度,不主动使用通货膨胀等经济手段掠夺玩家的财富,而是尽量提供玩家虚拟物品交易的便利。同时,明确自己作为游戏世界政府的角色,不把自己定位于霸道的政府甚至上帝来对玩家吆来喝去、予取予夺,而要把自身定位成一个良性的政府、优秀的管理者,通过服务于广大玩家、通过让玩家们满意来获得收入。

在这样的运营状态中的手机网游,即使仍然是"人民币游戏",那又有何可畏惧呢?在没有出现网游的年代,青少年疯狂搜集各种飞机模型、搜集变形金刚玩具的爱好,难道不也是"人民币游戏"吗?倒退20年,那时的城乡孩子不跳橡皮筋、不跳格子、不叠香烟盒,简直不可思议。而今天,这些游戏成了老古董。取而代之的是网游。不会玩网游的孩子成为不可思议的孩子。事实上,他们与以前的孩子并没有什么差别,他们在玩网络游戏时的注意力集中程度并不亚于他们的父辈玩玩具游戏时的情况。只是当胡同文化和大院文化被林立的高楼取代的时候,荷尔蒙分泌过剩的青少年们很难再有如父辈般丰富的群体生活方式;于是,网络游戏在某种程度上,成为了他们的"成人礼"。

成长的过程是需要付出代价的,无论是挫折还是扭曲,正是这些才能让人长大。网络游戏通常需要青少年们"扮演自己的角色,书写自己的历史"。青少年可以通过游戏中的"角色预演"、"角色换位"等来正确理解角色,解决角色冲突,以利于今后顺利实现社会和家庭中的角色扮演。他们在游戏里体验到各种人生角色的酸甜苦辣,这种体验是道德教育的良好基础。

网络游戏要求耐性和机警,因此耐心和仔细就会越来越受到青少年的重视。网络游戏可以增强互相帮助、协调行动的能力,它使人们感到彼此不是孤立的。扩大青少年社会化范围是青少年从一个非独立的社会人成长为一个能适应社会各种要求的社会人的重要时期。网络游戏让不同地区、不同年龄、不同民族和信仰的人可以没有任何障碍、任何歧视地进行自由、平等的交往与合作,也可以相互对抗。在网络游戏中,青少年可以自由的、不受权威约束而对游戏生活中的事物进行独立的判断;为了在游戏中取得胜利,或者达到某一个目标,青少年可以激发自己的潜能,发挥自己的个性,提高自己独立自主的意识和能力。网络游戏让玩家体验的不仅仅是胜负,更重要的是一种协同作战的团体概念,网络游戏需要多人共同完成任务,协同作战,互相配合,既注重个人智慧的发挥,也需要很强的集体意识,为青少年培养在将来工作中需要的团队合作精神提供了帮助。此外,网络游戏可以增强分析和实际操作能力,在虚拟空间里,人们不需要地理位置的移动就能开阔视野,因此网络游戏是投入相对较少而使人感觉到涉及面很宽的智力运动。网络游戏还锻炼了青少年手和脑的配合能力和反应能力,它对手的速度和判断准确性要求很高。

面对这样一种健康的数字教育和数字娱乐,只要有"良性政府"的游戏运营者在合理而非垄断的管理着这个虚拟社会,让青少年在其中去体验什么是爱、什么是恨、什么是哥们、什么是残酷、什么是失败、什么是奋发努力，即使投入了真金白银的人民币，即使偶尔沉迷其中，恐怕也绝不是“害群之马”或“玩物丧志”了吧？恰恰相反，在一款小小的手机里完成孩子们的成人礼，或许正是今天手机网游给社会带来了一个经济收益以外的最大惊喜吧。

5.4.6.3 “生命体”的进化:《大航海时代4》与《手机大航海》游戏性比较

电子游戏从诞生之日起，便如同几十亿年前在地球上诞生的第一个“生命体”一样，不断地进化发展着。其门类也在新技术、文化潮流、玩家群体所带来的选择压力下，走过萌芽、爆发、繁盛、衰落、消亡的过程，并在这些过程中孕育着游戏门类的融合与新生。

Online在线游戏，在中国大陆市场，获得了前所未有的成功与青睐。和单机游戏简单形成一个“游戏玩家群落”和“游戏发行行业”不同，以MMORPG为代表的网游在近十年的时间里迅速形成了一个远超过电影、音乐等其他娱乐行业的庞大产业。这道奇异的风景线甚至在近两年又有惊人之举——如《变形金刚2》中长胡子的“天火”一样古老(诞生于20世纪90年代初期的DOS时代)，本应该陈列在游戏博物馆里的网页游戏(Web Game)，作为一种Online的游戏形态，竟然也死灰复燃，犹如朽木发出新芽，甚至得到投资界的巨大关注。这不得不再次引起行业的思考——缘何网游对中国游戏玩家有如此之大的吸引力？本文，便拟以单机游戏历史上最成功的案例之一——《大航海时代4》以及新近内测并引起行业高度好评的手机网游《手机大航海》为例，在同样题材的游戏渊源背景下，寻求两者“游戏性”的差异并思考网游吸引力的核心价值。

5.4.6.3.1 单机RPG游戏的“阿喀琉斯之踵”

在中国，RPG角色扮演游戏，一直是各种游戏平台中稳居排行榜首位的游戏类型。而它也恰好是MMORPG网游(Massive Multiplayer Online Role Playing Game，大型多人在线角色扮演游戏)的基础。不妨首先来看一下艾瑞网《2008年中国手机游戏用户行为调查报告》中的一些关键数据。

如图5-87所示，在2008年用户最喜爱的手机游戏的单机游戏类型中，角色扮演类游戏以42.8%的比例位居第一。从用户需求层面看，角色扮演类游戏的设置与手机游戏玩家利用零碎时间体验的需求相匹配；而从用户体验层面看，角色扮演类游戏给用户带来的“保鲜期”远高于动作游戏和益智休闲类游戏；同时，游戏运营商对角色扮演类游戏的大力推广也成为该类游戏备受关注的重要因素。

如图5-88所示，与单机游戏相似，手机网游玩家中有78.0%的用户会选择角色扮演类游戏。玩家玩网游的深层目的在于进行人机(游戏剧情)和人人(互动)的实时交互，而角色扮演类游戏恰恰满足了用户通过游戏中虚拟人物实现精神层面交流的需求。

无独有偶的是，在艾瑞网发布的《2008年中国网页游戏行业研究报告》中的数据显示，作为热门新宠的在线游戏类型——网页游戏，从其游戏类型分布来看，策略类、角色扮演、模拟经营三类占到总数的89.2%。而这与网页游戏的呈现方式有关。从以往游戏研发的经验来看，策略、角色扮演和模拟类游戏是最适合网页游戏的，相反，动作、竞速、FPS等类型的游戏则不太适合制作成网页游戏，如图5-89所示。

综上的两份产业报告的数据分析，再次把“玩家为什么要玩RPG角色扮演游戏”的问题提上了桌面。如果说体育类、动作类、棋牌类等游戏是对现有的“某项人类活动”的再现与模

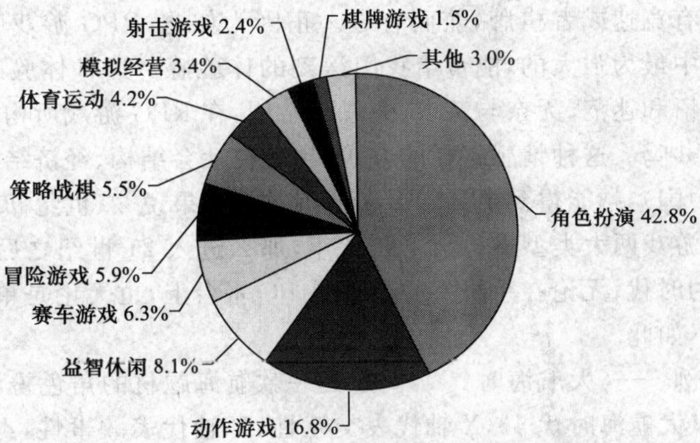

样本描述：N＝31 207；于 2008 年 10 月通过当乐网 WAP 网上调查获得

图 5-87　手机游戏用户最喜欢的单机游戏类型

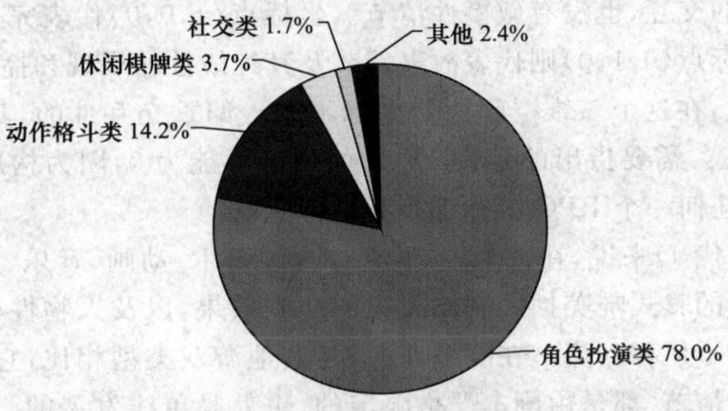

样本描述：N＝24 684；于 2008 年 10 月通过当乐网 WAP 网上调查获得

图 5-88　手机网游用户最喜欢的网游类型

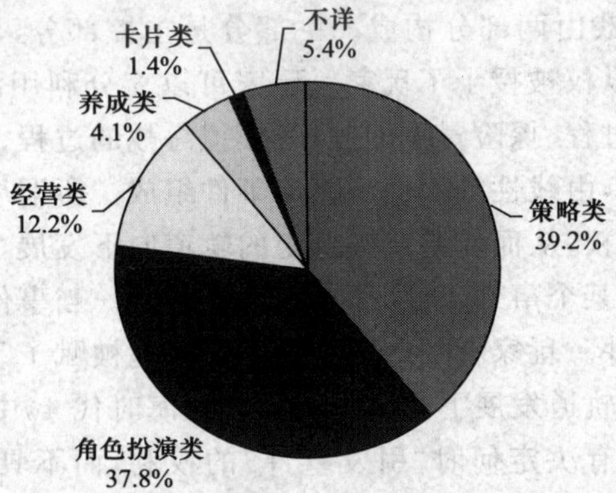

注：截止 2008 年 4 月中国有证可查的网页游戏总共为 74 款。

数量通过网上搜索采集获得，可能存在缺失，最终结果仅供参考。

图 5-89　2008 年中国网页游戏类型分布

拟的话，那么 RPG 角色扮演游戏体现的则是对“整个人生”的再现与模拟。换言之，在对“某项人类活动”进行模拟的游戏类型中，玩家只能体会单一的模拟乐趣，比如动作快感或射击快感。而在对“整个人生”进行模拟的 RPG 游戏中，玩家既可以有动作、射击，又可以有策略、经营，甚至可以有竞速或者棋牌，兼而有之。正因为如此，RPG 游戏所构造的情感世界是所有类型的游戏中最为强大的，能带给我们深刻的体验感。这种体验感来源于每个人内心深处对人生的感悟和迷茫、无奈与苛求、失意与希望，在 RPG 游戏所构造的虚拟的人生的情感世界中得到了共鸣。这种情感寄托的方式，越是在社会结构、经济结构发生高速变化的社会（比如今日之中国），越能得到更高和更多的诉求。如果说 20 世纪 90 年代的整个十年，是射击游戏和动作游戏两大类型横行天下的十年，那么进入 21 世纪之后，中国的游戏行业进入了 RPG 游戏的时代；无论在手机平台上还是 PC 平台上，也无论是单机游戏、网页游戏还是网络游戏，莫不如此。

回到本文的案例——《大航海时代 4》。这是一款航海题材的角色扮演游戏。如果用一个三维坐标来定位《大航海时代 4》，X 轴代表交互性，Y 轴代表故事性，Z 轴代表艺术性，那么，其实任何一款 RPG 角色扮演游戏都可以置身于该坐标轴中。倘若我们把每个坐标轴的最大坐标值定为 1，那么坐标点（0，0，1）代表纯粹的艺术作品，如视觉艺术、音乐作品等，这类作品没有游戏式的交互，也没有叙事性情节。坐标点（1，0，0）代表完全的操作性活动，如体育运动等。而坐标点（0，1，0）则代表故事情节及其纯线性的展现和播放，如电影等。而不同类型的 RPG 游戏，在这个三维空间所处坐标不同。偏重交互性的，其 X 值较大；偏重故事性的，其 Y 值较大。需要指出的是，X、Y、Z 的值都不能为 0，因为构成 RPG 的三大特性或者说三大要素对任何一个 RPG 游戏都是必不可少的。

对于《大航海时代 4》来说，在艺术性上，它综合了美术、动画、音乐、文学、戏剧等多种艺术形式，而且用典型的日式唯美插画制作而成的动画效果，以及人物性格典型化塑造、故事情节的曲折纠葛，无不堪称一流。在故事性上，与其他游戏类型相比，它和电影的关系更为密切。因为它们的“情节”都是由剧本严格限定的，也就是单线发展的。但与被动欣赏的电影不同的是，《大航海时代 4》给玩家提供了“虚假的主动性”。这种“虚假的主动性”和“被动的故事设定情节”相结合，构成了 RPG 游戏的交互性。

《大航海时代 4》的游戏由两部分构成。一部分是主控部分，也就是交互部分。当主控部分起作用时，游戏的操纵权被授予了玩家。玩家可以充分利用游戏所赋予的交互手段进行操作，比如模拟经营的过程、探险冒险的过程、模拟海战的过程、策略斗争的过程等。另一部分是设定的被动的剧情，由线性排列的一连串事件组成。所谓事件，就是在一定时间内从玩家手中剥夺游戏的操纵权，从而使游戏按设定的轨道向下发展，在《大航海时代 4》中是显示一段剧情动画。一引发某个事件，玩家操纵权就被剥夺。当事件完成后，操纵权又被赋与玩家，用来引发下一个事件。玩家就是这样不停地交替地被赋予和剥夺游戏操纵权，游戏主线情节也就这样按设定的轨道发展下去。所以，《大航海时代 4》中的玩家，只是虚假地拥有主动性。玩家实际上只拥有决定何时“引发事件”的权利，而不具有任何“决定事件发展顺序”或“事件本身”的权利。而游戏攻略的作用也正在于，帮助玩家很快找到引发事件的点，以防止初级玩家淹没于 RPG 游戏中各种信息的海洋中，不知哪个信息是决定事件发展的关键。

《大航海时代 4》的 PSP 版有 3 个普通角色和 1 个隐藏角色可供选择，而 PC 上的汉化版又增添了 4 个新人。显然，这种多角色的预设，正是试图弥补在单一角色扮演的情节模式中用户只是虚假的拥有主动性的缺陷。然而这种单机 RPG 游戏与生俱来的弱点，却依然给游戏对玩家的黏性、也就是游戏寿命、更深一步讲是 PC 单机游戏的商业模式上，带来了巨大的禁锢。从心理上分析，玩家在费很长时间、很大精力通关游戏后，一般不会为了几个无关紧要的支路情节再重玩一遍。一般来说，第二次玩同一角色扮演的 RPG 游戏时，只有当游戏的 2/3 主线有新内容时才能被玩家接受。

显然，玩家不仅拥有决定事件发生时刻的权利，同时也拥有了决定发生什么事件的权利，这是玩家和游戏设计者共同的希望。但对于单机 RPG 游戏而言，这就意味着数据的冗余度太大，以至于完全不能按理想的树状结构去设计一个游戏。比如《大航海时代 4》中的任何一个角色，倘若只保留其 10 级的游戏事件结构，形成完全二叉树(每一个事件点上玩家面临两个选择项)，玩家在一次游戏中只可能经历 10 个事件。但游戏设计者为了实现二叉选择这一功能，将不得不准备 2^{45} 个事件的有关数据！而事实上，《大航海时代 4》游戏中的每个主角，仅仅收获七大洲的霸者之争就已经需要不少于 7 个游戏事件的结构了，还有经营、冒险的游戏体验没有算进去。这样，再把 2^{45} 乘以游戏中可以选择的角色(PSP 版是 4 个，PC 版是 8 个)，简直就是一个天文数字！可见，在单机 RPG 游戏中去实现树状或网状的多线程 RPG 游戏体验，试图把玩家解放成能够“决定发生什么事件的权利”的状态，是几乎不可实现的难题。

而一旦玩家在游戏体验中，面临的是一个“一次过”的目标，通关作为其最高任务存在，那么，其游戏过程就十分类似看一场电影，看到结局的时候，娱乐体验的结局也到了。这种商业模式中，玩家没有再次或多次体验的机会，即便是内容丰富如“大航海”系列这样的 RPG 游戏，对于玩家而言依然只能是十几天的不眠之夜，然后就可以在互联网上找到玩家炫耀的完美存档了。而这种商业模式也直接决定了单机 RPG 游戏的发行模式——类似电影及音像产品的出版模式。近年来批评日本光荣公司的声音越来越激烈，观点无一不是指责其把一个完整游戏拆解成若干版(本传＋资料片＋外传)，同时多平台发布甚至逆向移植(先出版 PS3 的，再逆移植到 PS2)的行径。然而究其根源，并不是光荣变成了“暗荣”，而是单机游戏本身的“阿喀琉斯之踵”决定了这种产品必然需要通过出版量和版税金获得收入。而单机 RPG 游戏这种“人机交互”的本质属性，使得战胜“玩家只拥有决定何时‘引发事件’的权利，而不具有任何‘决定事件发展顺序’或‘事件本身’的权利”的“阿喀琉斯之踵”成为了不可完成的任务。这个矛盾，就是“对人生选择的模拟”和“海量数据冗余”之间的矛盾。而经典的《大航海时代》系列推出到第 4 代之后，也终于停下了脚步，让广大的大航海玩家陷入了无奈却又可能是无限的等待。

5.4.6.3.2 MMORPG 游戏：“生命体”的进化

自从 MMORPG 这种“大型多人在线角色扮演游戏”诞生之后，一种游戏产业新的“生命体”就此诞生了。这种“生命体”不仅仅是游戏类型的更替，而更是一种 RPG 单机游戏根本矛盾的解决方案——在网游世界里，由于“人人实时交互”代替了“人机交互”，使得“对人生选择的模拟”和“海量数据冗余”之间的矛盾得以完美解决，用户在 MMORPG 里，终于可以具有“决定事件发展顺序”或“事件本身”的权利，而不像单机 RPG 那样只虚假的拥有主动性。

这种新的“生命体”的受欢迎程度也自然是不言而喻的，在手机游戏领域也不例外。艾瑞网发布的《2008 年中国手机游戏用户行为调研报告》中，专门研究了手机单机游戏用户对手机网游的接受程度，如下图 5-90 所示。

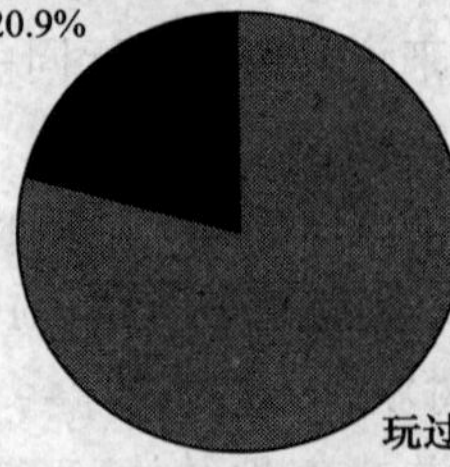

样本描述：$N=31\ 207$；于 2008 年 10 月通过当乐网 WAP 网上调查获得

图 5-90　中国手机游戏用户对手机网游的接受情况

在接受调研的玩家中，有高达 79.1%的用户表示玩过手机网游。虽然资费、网络条件及终端等因素影响了手机网游的用户门槛，致使目前单机游戏玩家数量大于手机网游玩家数量，但玩家对多人互动参与的积极性较高，绝大多数单机玩家均积极尝试体验手机网游。

究其原因，手机单机游戏的玩家、尤其是 RPG 游戏的海量用户，不满足于仅仅"交互的欣赏一部 RPG 的'伪电影'"，不满足于触发游戏最终结局后的"一次过"，而希望把人生中更真实的、无穷可能的时空逻辑扮演到虚拟的游戏中。人生中每一天每一小时每一分钟每一秒的可能性都是无穷的，在每一天每一小时每一分钟每一秒做出的选择导致的一连串因果相循的后果可能性也是无穷的。而这种逻辑只有在玩家与真人发生交互的过程中才可能被还原，而不是玩家与 NPC 或单击 RPG 游戏的游戏逻辑发生交互。而这只有在 MMORPG 这种"进化体"中才能得以实现。

还以《大航海时代 4》和手机网游《手机大航海》来比较。同样是大航海的题材和玩家，玩家在有了画面和操作体验臻于完美的"大航海"之后，为什么还需要手机网游《手机大航海》呢？因为在《手机大航海》的初期的游戏体验中，事件不仅是触发后的一段叙事段落，更重要的是一个选择点，它决定了事件流的导向。这样玩家不仅拥有决定事件发生时刻的权利，同时也拥有了决定发生什么事件的权利，尽管选择的范围也是被游戏设计者设定的。比如玩家自己决定在某个城市建立"家园系统"，就会遇到上述的体验过程。而到了游戏的中后期，则玩家可以进入所谓的网状游戏结构进行体验。这种 MMORPG 的网状游戏结构提供了在游戏事件中"任意漫游"的可能——无分级的概念，无因果的约束，任何事件都可能被触发。这种数据无穷大的游戏性，显然是单机 RPG 游戏不敢奢望的。

而《手机大航海》的网游理念更新，姑且可以称为 MMORPG 2.0 吧。如果说在《大航海时代 4》里，玩家进入由游戏开发商已经既定的游戏背景，踏上冒险旅程，那么，在《手机大航海》里，玩家进入的是一个由游戏开发商搭建的"框架"，成为从自己的角度出发的唯一一个游戏中的主人公，并开创一个新的游戏背景，打造一个全新世界，玩家可以通过特定的任务自主游戏的历史变迁。

如果说普通的 MMORPG 网游强调游戏是单机版无法达到的玩家之间的互动。那么，《手机大航海》强调的是在互动之上，如何另玩家成就普通网游中无法感受到的"王者之风"，实现财富和权利的梦想。

如果说普通的 MMORPG 网游的过程，是玩家扮演的角色和其他玩家控制的角色在网络虚拟空间中实时互动；而 NPC 则往往是在游戏中提供特殊服务的人物。那么，《手机大航海》则恰恰相反，是由玩家扮演的角色与而 NPC 在网络虚拟空间中实时互动，并向这些

NPC 以及其他玩家提供特殊服务。换言之，玩家要通过完成 NPC 交代的任务而获得虚拟货币或虚拟物品，这里推崇的是一种劳动力经济。过于强调玩家之间交流的网游，会因其游戏性、经济性的弱化而与网络富媒体社区的界限混淆。

如果说普通的 MMORPG 网游中，玩家不得不通过“打怪—得到经验值—升级—打怪”的方式来进行枯燥的角色等级的提升；那么《手机大航海》则为玩家准备了完整详尽的任务升级系统以及贸易升级系统。同样，如果说普通的 MMORPG 网游中，为了延续游戏的生命，游戏运营商会不得不开放新地图和新怪物来增加游戏的新鲜度；那么《手机大航海》的玩家则可以成为哥伦布，去探索已经存在的新的世界地图——而这块地图，将只会对发现者开放。

不难发现，《手机大航海》给手机网游行业带来的惊喜，不仅仅是设计和视觉层面的巨大差异，更是游戏性上的本质提升，而其背后则是游戏理念和世界观的进化。对于数量庞大的中国的“大航海”玩家而言，在经历了《大航海时代》系列单机版游戏的缺失以及《大航海 Online》PC 网游的折戟沉沙之后，或许这款手机上的全新网游精品，能带给玩家全然不同的“进化体验”吧。

5.4.6.4　《手机大航海》中的游戏类型融合

“冒险游戏死了，他的变异的后代们却生生不息。”著名的游戏理论《game genre lifecycle》一文中有如是一句话，发人深省。

创新是一个行业发展的重要的动力源泉，游戏业也不例外。游戏开发者、游戏玩家、游戏媒体都在年复一年的念叨着创新，然而不要说像动作游戏、角色扮演游戏、策略游戏这样、大的门类已经很久没有新的成员加入，即便是在细节的层次上完全创新的游戏门类也不那么多见。在游戏业整体跨过了早期的“爆发式”成长阶段之后，全新游戏门类的引入已经不再是游戏多样化发展的主要动力，“融合”形式的创新开始取代完全从无到有的创新，在推动游戏门类变迁上起着越来越重要的作用。而具体到手机游戏的平台上，如果把成型于 2003 年的中国移动百宝箱业务看成是手机游戏开始正式运营的标志，那么，这个时间，从整个游戏产业的进化历程来看，已经是各个游戏类型分别进入或成熟、或衰落、或残存的时期。从游戏生命周期角度看，手机游戏从一出生，就几乎失去了参与游戏产业类型革命的机会。因为出现得晚，从游戏本体进化变迁的角度看，手机游戏很容易的被游戏产业边缘化。也因此，手机游戏、手机网游中的游戏类型融合，就成为了手机游戏能否在整个游戏产业立足的关键元素。

本文将以引起行业高度关注的新锐手机网游《手机大航海》为个案，浅谈一下关于游戏类型融合的问题。

不妨先来关注一下手机网游《手机大航海》中，都有哪些传统游戏类型，以及它们之间是如何进行融合的。作为一款大型多人在线的手机网游，MMORPG 显然是外延最大的一个游戏类型的定位。角色扮演也是贯穿整个游戏过程的最主要的游戏形式。但《手机大航海》不同于早期的单一 RPG 游戏——后者是核心模式是，当玩家按下一个键发动角色的行为的时候，这个行为的效果只和角色自己的能力属性相关，而和玩家按键的时机、力度、方法等等都无关。显然，《手机大航海》里的玩家在海上驾着船，如果按键的时机和方法掌握不好，不但无法攻击海盗，反而会让自己或海盗跑到有效范围之外；寻宝也是如此。然而，《手机大航海》也不是单纯的 ARPG 或 SRPG 的“类型嫁接”，动作角色扮演的成分只出现在海战当中，而策略角色扮演的成分只出现在陆地的任务完成以及贸易当中。单一的 RPG、ARPG、SR-PG 都只是《手机大航海》中的"RPG 角色扮演"的一个组成部分,而不是全部。而《手机大航海》中,其实还融合了策略游戏(SLG)、模拟经营游戏(SIM)、模拟驾驶游戏(SIM)、射击游戏(FTG)以及冒险游戏(AVG)的多种元素,如下图 5-91 所示。这里,研究一下这么多的游戏类型和元素是如何有机的嫁接在一起的以及用户是否需要如何多的游戏类型的融合,就成为理解该作的关键。

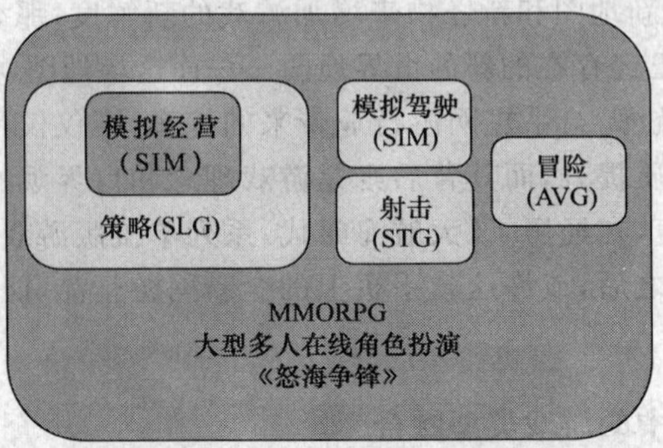

图 5-91 《手机大航海》的游戏类型融合

至少有两种显而易见的方法可以被用来做游戏门类的融合。第一种方法是做简单的叠加,也就是把分属不同门类的游戏机制分成不同的层次套在一个游戏里。比如日本光荣出品的 PS2、PS3 平台上的《三国无双・帝国》系列、《战国无双・帝国》系列,以及多平台的著名体育策略游戏《足球经理人》。前两者是宏观上的策略游戏机制和微观上的动作游戏机制的结合,后者是宏观的策略游戏机制和微观的体育游戏机制的嵌套。这样的游戏门类虽然被放在了一个游戏当中,但其实之间互不干扰,处在不同的层面上,融合只是表面的。比如在《真三国无双 4・帝国》中,玩家扮演的武将在具体的攻城战或防守战中,是完整的动作游戏体验,游戏过程中没有策略游戏的元素;而一旦战斗结束,则进入类似《三国志》模式的策略游戏阶段,进行城市建设、生产、人事调动等,又完全没有动作游戏的元素。两种游戏类型被完整的割裂在两个游戏环节当中。

另一种融合方式则要重要的多,它试图将不同的游戏门类的主要机制糅合在一起,在同一时间同一场景内去影响玩家的行为,由此产生了新的乐趣。比如,所有恐怖游戏都习惯性被划分到冒险游戏的分类中,虽然大量的动作成分贯穿着游戏的始终。《生化危机》系列的变革就是动作和冒险这两个核心游戏机制竞争发展的一个例子。《生化危机 4》对于动作要素的突出强调终于把这个作品从恐怖冒险类游戏完完全全的改变成了动作游戏。于是《生化危机 4》得到了许许多多关于创新的赞扬。而如果从游戏门类的变迁规律上看,《生化危机 4》并没有引入什么新的游戏门类,它只是两大成熟门类之间此消彼长的融合产物。

而本案例《手机大航海》也正是这种游戏类型融合理念下的产物。只不过,它比《生化危机 4》的"动作"和"恐怖冒险"两大门类的"此消彼长"的逻辑要复杂许多,第一因为它是网游,第二因为它的融合是"五位一体"。

当玩家在陆地上进行任务完成、学习技能、建立家园,活动于行会大厅、酒馆、码头、造船厂等这些场所的时候,玩家在进行的是相当标准的"策略游戏(SLG)"体验。因为无论《三国志》还是《大航海时代》系列,都是类似的游戏方式。但《手机大航海》中的策略游戏的元素有两个特点。

第一，它使用了“角色扮演”的形式来进行策略，这种说法比“使用了策略游戏的形式来进行角色扮演”更适用于该作，也就是说，“RPG-SLG”比“SRPG”的定位更准确。典型的一点是玩家扮演的角色是以AVATAR的形式出现，并通过玩家按键操作，在地图上各个建筑之间来回走动并和人物进行对话的。这和《大航海时代4》纯粹的策略游戏表现就不相同，后者至始至终没有任何陆地上的地图以及玩家扮演角色的走动甚至虚拟形象。但之所以不简单用“SRPG”来概括《手机大航海》的陆地游戏部分，是因为笔者认为这部分游戏本质上还是策略而非角色扮演。“通过合理的组合利用游戏提供的资源解决游戏中的困难”的游戏被称为策略类游戏。《手机大航海》的陆地部分的本质仍然在于为航海、探险、海战以及家园建设“解决困难”。而《手机大航海》里陆地部分的“策略游戏”，充分吸收了角色扮演类游戏中角色培养的概念，为自己带来诸如英雄单位这样的新的乐趣。

第二，《手机大航海》中的策略游戏，还融合有“模拟经营”的游戏元素，这就体现在港口贸易和交易上。和《大航海时代》系列一样，玩家在游戏初期缺乏金钱、缺乏经验值的时候，直接进行投资、海战，都是极其容易失败的。那么，最好的游戏方式，就是大量进行港口之间的贸易，通过交易获得金钱和经验值。这样，策略和模拟经营，就成为《手机大航海》初中级玩家最常使用的游戏元素，也是《手机大航海》陆地部分最重要的游戏元素。

而玩家一旦进入大海，就面临着另三种游戏元素的体验。

首先是模拟驾驶(SIM)，玩家通过手机键盘的操作来控制自己驾驶的船只。虽然没有单纯的竞速赛车游戏那般的刺激，但真实的海上驾驶体验还是能让人爱不释手。

其次是射击(FTG)游戏。要知道，《手机大航海》属于即时战斗类的手机网游，玩家需要打败海盗的时候，射击成为了游戏的表现形式。《手机大航海》中的即时战斗，既需要玩家的智慧，又需要玩家的装备，同时还需要玩家的操作。在早期，一度有一种观点认为，只有不考虑玩家按键时机和时间的策略游戏，才是真正智慧的游戏。因为真正的智慧往往会因为操作时机不当而被扼杀。但在今天游戏类型高度融合的时代，把“文游戏”和“武游戏”完全区分开来，恐怕是不合时宜的了。所以，《手机大航海》还原了海战中真实的要素，包括射击的距离、装备、弹药、船只或船帆的耐力、水手的数量等等。在海上射击的环节里，尽量让玩家去充分感受“射击游戏＋RPG角色扮演”的概念。玩家可以通过调出自己的装备，来攻击海盗；也可以通过结合模拟驾驶的操作，让海盗进入攻击范围后，通过炮弹进行攻击。前者属于RPG游戏属性升级、道具购买的范畴，而后者则是纯正的射击游戏的范畴。

最后，《手机大航海》的海上部分的游戏体验，还有冒险游戏的元素，这就是寻宝。这一点也是和《大航海时代》系列一致的。冒险游戏要求玩家通过“理解游戏提供的信息做出选择判断”来克服游戏进程中的困难。显然，通过激活必要的线索获得宝物所在的地理位置，正是《手机大航海》以及“大航海”系列中“理解游戏提供的信息做出选择判断”的环节。最让人津津乐道和回味无穷的，仍然是“大航海”系列中分布于各大港口城市的酒吧美女们的“女性的渴望”以及满足这些渴望之后所能获得的宝物信息。而寻宝的过程需要出海，这就意味着冒险游戏完成的过程需要借助模拟驾驶游戏的元素。游戏的类型在进一步的细节中依然在融合着。游戏产业幼年时期的单纯的文字类冒险游戏，才是纯正的单一类型。到了今天，无论是动作还是模拟驾驶，玩家总是要通过必要的其他的游戏类型元素，去完成冒险游戏的获得宝物的过程。

上述《手机大航海》中五大游戏类型的融合，究竟能给玩家带来什么样的游戏体验和收获呢？难道仅仅只是开发者标新立异、用以和其他手机网游形成差异化的目的吗？亦或只是《手机大航海》用以区别于《大航海时代》系列的策略？笔者以为不然。在笔者看来，《手机大航海》的这种多种游戏类型融合的目的在于"通过融合多种游戏机制，开创了游戏回报机制"。要让玩家在游戏里实现随意探索的自由度比较简单，但要让玩家在游戏中体会到游戏乐趣（回报）的自由就不是那么容易得了。比如《刺客信条》，Gameloft 费尽心思让所有的墙都可以爬，但却忘了告诉我们为什么要去爬，爬上去行动会有什么惊喜。后者正是所谓的"游戏乐趣（回报）机制"。在《手机大航海》的 MMORPG 游戏里，玩家对游戏世界的自由探索可以产生多种的回报，多数甚至和主线剧情毫无关联，但又都能够提供足够的乐趣和满足感。而且，多种游戏机制交织下，游戏机制之间的"探索—回报反馈"也产生了相互的交错，这让《手机大航海》的游戏回报具有了一定的不可预期性——即使是设计者也无法完全把握玩家探索行为的结果——这对于保持玩家对游戏的新鲜感起到了巨大的作用。而与单机 RPG 游戏相比，后者无论设计多少角色或剧情，一切也依然是预设的；而在《手机大航海》中，玩家一系列行为的结局完全是无法预料的，是独一无二的。这种"打造自己成为王者"而非"认可剧情人角色并使之成为王者"的本位变化，才是这种多游戏类型融合的形式背后的本质目的。